Do projecto ao edifício, do habitat ao espaço envolvente, do campo à cidade, do funcional à vanguarda, do pitoresco ao estético, da utopia à realidade — o campo de análise é imenso. A razão de ser desta colecção reside na abordagem, sob os ângulos mais diversos, das questões fundamentais da arquitectura e do urbanismo. Mas isso não implica, naturalmente, a exclusão de estudos referentes a outras épocas, sobretudo quando contribuem para melhor compreendermos a nossa.

ARQUITECTURA E URBANISMO

O ÚLTIMO CAPÍTULO DA ARQUITECTURA MODERNA

TÍTULO ORIGINAL
L'Ultimo capitolo dell'Architettura Moderna

© 1985, Gius. Laterza & Figli S.p.a., Roma-Bari.

Edição em língua portuguesa publicada através de acordo
feito através da Agencia Literária Eulama, Roma

TRADUÇÃO
José Eduardo Rodil

CAPA
FBA

NA CAPA
Faculdade de Engenharia da Universidade de Leicester
(projecto de James Stirling e James Gowan)

Depósito Legal nº 287100/08

Biblioteca Nacional de Portugal - Catalogação na Publicação

BENEVOLO, Leonardo

O último capítulo da arquitectura moderna. – Reimp. - (Arquitectura
& urbanismo ; 9)
ISBN 978-972-44-1402-7

CDU 72

PAGINAÇÃO, IMPRESSÃO E ACABAMENTO
PENTAEDRO
para
EDIÇÕES 70, LDA.
Janeiro de 2009

ISBN: 978-972-44-1402-7
ISBN da 1ª edição: 972-44-0702-0

Direitos reservados para todos os países de língua portuguesa
por Edições 70

EDIÇÕES 70, Lda.
Rua Luciano Cordeiro, 123 – 1º Esqº - 1069-157 Lisboa / Portugal
Telefs.: 213190240 – Fax: 213190249
e-mail: geral@edicoes70.pt

www.edicoes70.pt

LEONARDO BENEVOLO
O ÚLTIMO CAPÍTULO DA ARQUITECTURA MODERNA

70

INTRODUÇÃO

As experiências arquitectónicas que se verificaram desde 1960 até aos nossos dias formam um quadro ainda mal definido. Nos mais recentes livros de história da arquitectura moderna – entre os quais se contam o de Jencks, de 1973, o de Dal Co e Tafuri, de 1979 ou o de Frampton, de 1980 – foi tentada uma visão de conjunto como epílogo de uma evolução que tem os seus momentos mais importantes nos precedentes 50 anos. A sua avaliação encontra-se portanto ligada a um ponto de vista referente a acontecimentos que lhe são anteriores, e que ainda são fonte de controvérsia.

Ao proceder à actualização da minha *Storia dell'architetura moderna* – editada pela primeira vez em 1960 – limitei-me durante muito tempo a colocar os novos factos na estrutura expositiva já existente acrescentando toda uma série de «conclusões» diferentes. Mas este procedimento revelou-se impraticável a longo prazo e, na sua 12.ª edição, publicada em 1985, vi-me obrigado a levar a cabo uma tarefa até então adiada: a organização dos acontecimentos mais recentes numa nova visão histórica, com a devida articulação entre as suas fases e relações.

Embora mantendo o mesmo ritmo do texto anterior, acabou por se verificar um acrescento considerável – cerca de um sexto do volume original – e sobretudo uma inesperada exposição que, devido à sua dimensão, torna distante a presença dos anos anteriores. Sem dúvida que as inovações decisivas, na nossa área, tiveram lugar no período entre as duas guerras mundiais; e esta é uma constatação histórica bem evidente que é mesmo confirmada pelas mais recentes experiências (os próprios movimentos «pós-modernistas», que pretendem recuperar os laços com o passado, só foram possíveis graças ao distanciamento intelectual efectuado no primeiro pós-guerra). Esses anos prodigiosos parecem, no entanto, estar cada vez mais distantes e os Smithson evocam-nos justamente (em 1981) como «o período heróico da arquitectura moderna». O momento actual não pode de modo algum ser definido como «heróico» e os problemas que temos que enfrentar transformaram-se radicalmente. Para melhor os definir será útil colocar um pouco de lado o passado mais distante, com o peso das suas controvérsias, para reconstruir com cuidado a trama do passado próximo, com os seus momentos que sobressaem melhor, sem a comparação com a eminência dos factos dos primeiros decénios do nosso século.

Deste modo, pensaram o Autor e o Editor em apresentar este texto num volume independente. A caracterização dos factos arquitectónicos, estabelecida desta maneira, ajuda a compreender a fisionomia do período que se seguiria a 1960, que é bem distinto do anterior, mesmo num sentido histórico mais geral. Os acontecimentos dominantes – as guerras mundiais, a repartição do mundo – encontram-se situados na primeira metade do século, enquanto que as transformações verificadas em finais dos anos 50 – o relatório Kruschev, a eleição de João XXIII, a eleição de Kennedy, as descobertas fundamentais no campo da biologia e da electrónica – concorrem para diluir a herança do passado e iniciar um novo ciclo de factos e ideias.

No campo da arquitectura (mas não só) não se consegue entrever nenhum ponto de chegada. Espera-nos uma sequência de passos, dos quais ninguém pode imaginar o desenvolvimento. A herança do passado orienta-nos quanto à direcção, mas não quanto ao procedimento a adoptar, e entre as duas teses opostas – aceitar ou rejeitar o movimento da «arquitectura moderna» – sobressai uma terceira via: considerá-la como uma espécie de prova geral que, enquanto tal, chegou efectivamente ao seu termo. Mas é chegado o momento de dar lugar à apresentação dos factos.

PRIMEIRA PARTE

A VIRAGEM DOS ANOS 60

PREMISSA

Na sétima década do século XX verificou-se uma transformação que apenas hoje, devidamente distanciados no tempo, temos possibilidade de analisar: por um lado, a arquitectura moderna difunde-se por todo o mundo e acumula resultados cada vez mais numerosos e diversificados; por outro lado, perde as características de um movimento unitário, com as particularidades dos precedentes cinquenta anos.

Esta mudança verifica-se nos factos muito antes de se verificar nas discussões teóricas. Tentaremos esclarecê-la examinando cinco séries de acontecimentos: a crise das formas de associação próprias dos cinquenta anos precedentes (Capítulo I), a morte dos mestres (Capítulo II), as experiências projectuais de grande dimensão – que submetem à prova dos factos os modelos de agregação previamente estudados – (Capítulo III), o debate sobre a cidade (Capítulo IV), e o que se refere às novas orientações para a arquitectura (Capítulo V).

Capítulo I

A CRISE DO CIAM E O TEAM X

Os CIAM, criados em 1928 em La Sarraz, foram tendo uma importância cada vez menor. De 1928 a 1930 deram um contributo fundamental para a nova teoria arquitectónica; de 1930 a 1951 serviram para comparar e sintetizar as experiências iniciadas em todo o mundo, caracterizando-se por um vasto consenso ([1]); e de 1953 em diante registam-se discordâncias entre os grupos pertencentes a diferentes gerações e a diferentes países, empenhados em pesquisas cada vez mais heterogéneas.

Em 1953, em Aix-en-Provence, os «jovens» que não haviam tido colaboração directa na fase inicial do movimento – Candilis (1913-1995), Bakema (1914-1981), Van Eyck (1918-1999) e os Smithson (1923-2003 e 1928-1993) – criticam os princípios que presidem às formulações teóricas resultantes das reuniões precedentes, da Carta de Atenas de 1941 ao relatório efectuado por Sert sobre o CIAM de 1951 dedicado ao «coração da cidade», e apresentam os seus primeiros projectos importantes – o Alexanderpolder e o Golden Lane (figs. 1 e 2), baseados numa abordagem de conjunto da realidade do ambiente urbano.

São estes os arquitectos encarregados de preparar o décimo congresso e organizam-se em grupo, o qual toma a designação de Team X. O grupo reúne-se em 1954 em Doorn e em 1955 em Paris, confrontando-se com outros arquitectos de orientação idêntica, entre os quais Ralph Erskine, e mantendo contactos com Le Corbusier.

([1]) Os relatórios do quinto CIAM (Paris, 1937) encontram-se publicados no livro de J. L. Sert, *Can our Cities survive?*, Cambridge (Mass.), 1942; os do sexto CIAM (Bridgewater, 1947) no livro de S. Giedion, *A Decade of New Architecture*. Zurique, 1951; e os do oitavo CIAM (Hoddesdon, 1951) no livro de E. N. Rogers, J. L. Sert, J. Tyrwhitt, *Il cuore della città*, Milão, 1954.

O décimo CIAM tem lugar em Dubrovnik em 1956, embora sem o contributo dos antigos dirigentes, que se demitem. Le Corbusier, com a sua habitual agudeza de espírito, aceita de bom grado esta sucessão, escrevendo na altura:

«Aqueles que têm quarenta anos e que nasceram por volta de 1916, durante as guerras e as revoluções, e aqueles que têm vinte e cinco anos, nascidos cerca de 1930, durante os preparativos para uma nova guerra e durante uma profunda crise económica, social e política, e que se encontram no centro das atenções do nosso tempo, são os únicos capazes de compreender de um modo pessoal e profundo os problemas actuais, os objectivos a atingir, os meios para os alcançar, a patética urgência da situação presente... Os seus predecessores não se encontram já sob o impacto directo desta situação» ([2]).

Mas a nova «situação» não se presta a ser resolvida com declarações de princípio e à antiga direcção sucede um comité de coordenação presidido por Bakema, o qual se encarrega de preparar em 1959 um confronto o mais amplo possível entre as experiências realizadas.

Para esta reunião decisiva é escolhido o museu Kroller-Muller construído por Van de Velde em Otterlo, na Holanda. Os participantes, vindos de todas as partes do mundo – entre os quais Kenzo Tange, do Japão, e Louis Kahn, dos Estados Unidos – apresentam as suas obras, mas são poucos (Bakema e Van den Broek, com o plano do Noord Kennenmeerland e os Smithson com os projectos para Coventry e para o centro de Berlim) aqueles que propõem ainda uma metodologia comum, válida numa escala internacional. A discussão vem demonstrar que esta necessidade já não é partilhada pela grande maioria dos arquitectos e apenas resta, assim, recolher a documentação referente aos projectos, declarações e debates, a qual é publicada em 1961 como primeiro volume de uma colecção do editor Karl Krämer de Estugarda ([3]). Deste modo se esbate o objectivo fundamental desta série de congressos e os participantes, na última reunião, dissociam a sua actividade da sigla do CIAM, pondo fim à instituição.

O Team X – ao qual aderem também o polaco Jerzy Soltan (1913-2005), o espanhol J. A. Coderch y de Sentmenat (1913-1984) e o italiano Giancarlo De Carlo (1919-2005) – fica como um ponto de referência para os indivíduos ainda interessados na elaboração de uma metodologia colectiva, utilizando como meios de comunicação a revista holandesa *Forum* e a revista inglesa *Architectural Design*. Uma reunião particularmente participada tem lugar em 1962 em Royaumount, nos arredores de Toulouse, onde está a nascer o bairro Le Mirail da autoria de Candilis, Josic e Woods. Um anuário

---

([2]) Cit. in K. Frampton, *Modern Architecture*, Londres, 1980, pp. 271-272.
([3]) O. Neumann, *Ciam '59 in Otterlo*, Estugarda, 1961.

da actividade dos membros – *Team X Primer* – é publicado em 1962 e 1974 por iniciativa dos Smithson. Mas já em meados dos anos 60, após a reunião de Urbino em 1966, uma tendência divergente se manifesta também no interior deste grupo restrito: uma das regras metodológicas da polémica contra a carta de Atenas – a adesão à realidade nas suas articulações locais e particulares – orienta cada um em direcção a um itinerário diferente que, com o correr do tempo, se revela irredutível a um «movimento» comum. De resto, o Team X sempre evitou cristalizar as suas pesquisas num «manifesto» ou numa «carta», tendo aceite o desafio permanente da realidade em movimento, assim demonstrando que as tradicionais formas de debate cultural se encontram destituídas de utilidade no mundo contemporâneo. Durante pelo menos uma década, os membros do Team X permanecem na vanguarda da investigação arquitectónica e o conjunto dos seus resultados – independentes mas comparáveis – fornece uma adequada representação da nova fase do movimento moderno, que a partir de agora se desenvolve sem as barreiras colocadas por fórmulas ou modelos pré-estabelecidos. Os Smithson realizam finalmente entre 1966 e 1972 um bairro de dimensão considerável, os Robin Hood Gardens (fig. 7) para o Greater London Council. Van Eyck realiza alguns edifícios de dimensões limitadas mas de grande significado: a escola primária de Amsterdão (1957-60; figs. 3 e 4), a igreja protestante da sua aldeia natal, Drienbergen (1965) e uma igreja católica em Haia (1968-70; fig. 5). A equipa de Candilis, Josic e Woods, que se disssolve em 1970, rece-be dois encargos de escala excepcional, o bairro de Toulouse-de-Mirail, ini-ciado em 1961 e a Freie Universität de Berlim, iniciada em 1965 (fig. 8). Bakema e Van den Broek realizam, para além dos bairros de que falaremos no Capítulo III, uma parte dos edifícios da universidade de Delft (1959-73; fig. 6), e as câmaras municipais de Terneuzen (1963-72) e da cidade alemã de Marl (1958-67), tendo sempre em conta o princípio da continuidade entre as várias fases da elaboração de um projecto. De Carlo dedica longos anos à planificação de Urbino (1958-63) e à realização dos edifícios da uni-versidade dessa cidade italiana (de 1962 em diante), magistralmente relacio-nados com a escala e a paisagem da cidade antiga (figs. 9 e 10).

Fizeram-se posteriormente várias tentativas para ressuscitar os CIAM. Recordemos o ICAT (International Congress for Architecture and Town-planning), promovido pelo luxemburguês Jos Weber com um grupo de arquitectos europeus, alemães na sua maioria, e que se reuniu em Otterlo em 1982, em Hamburgo em 1983 e em Copenhaga em 1984, com a parti-cipação de algumas personalidades do ciclo anterior, Cor Van Eesteren e Alfred Roth. Mas o contraste entre esta fórmula e os desenvolvimentos mais recentes continua a ser irremediável e os objectivos propostos (a continui-dade da elaboração do projecto e da construção de edifícios, a troca de experiências, a procura de soluções comuns) vão ser definidos de novo, mas com outros instrumentos.

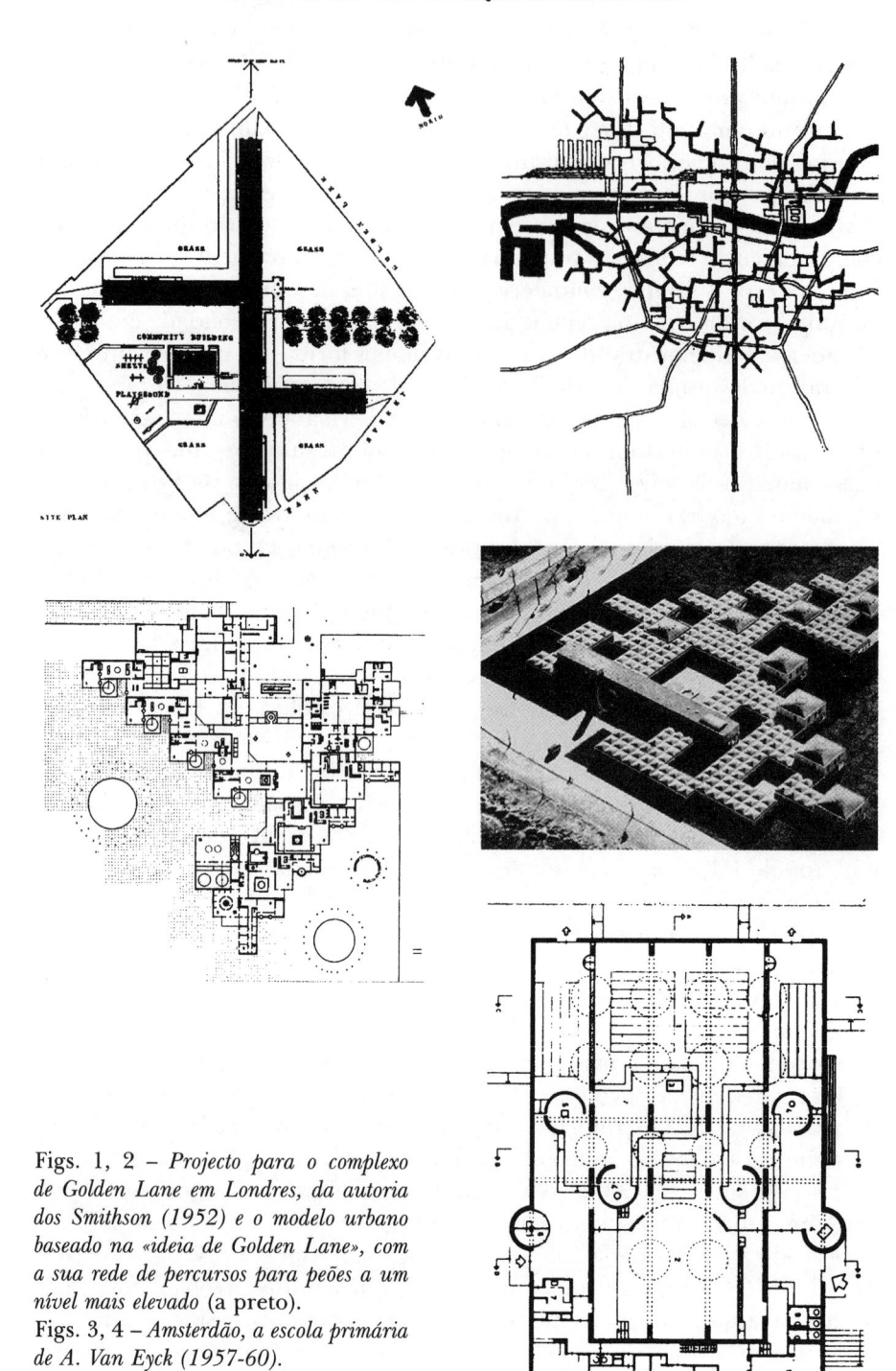

Figs. 1, 2 – *Projecto para o complexo de Golden Lane em Londres, da autoria dos Smithson (1952) e o modelo urbano baseado na «ideia de Golden Lane», com a sua rede de percursos para peões a um nível mais elevado* (a preto).
Figs. 3, 4 – *Amsterdão, a escola primária de A. Van Eyck (1957-60).*
Fig. 5 – *Haia, igreja católica (Van Eyck, 1968).*

16

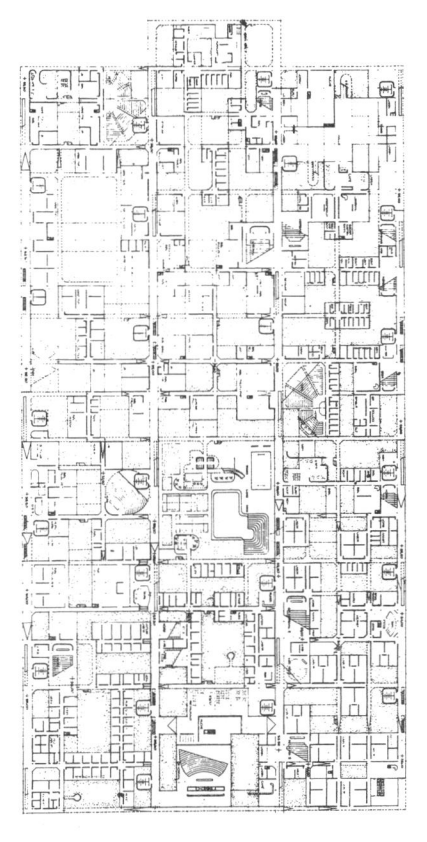

Fig. 6 – *Delft, auditório da universidade (Bakema e Van de Broek, 1961-66).*
Fig. 7 – *Londres, Robin Hood Gardens (A. e P. Smithson, 1966-72).*
Fig. 8 – *Berlim, planta da Freie Universität (Candilis, Josic e Woods, 1965).*

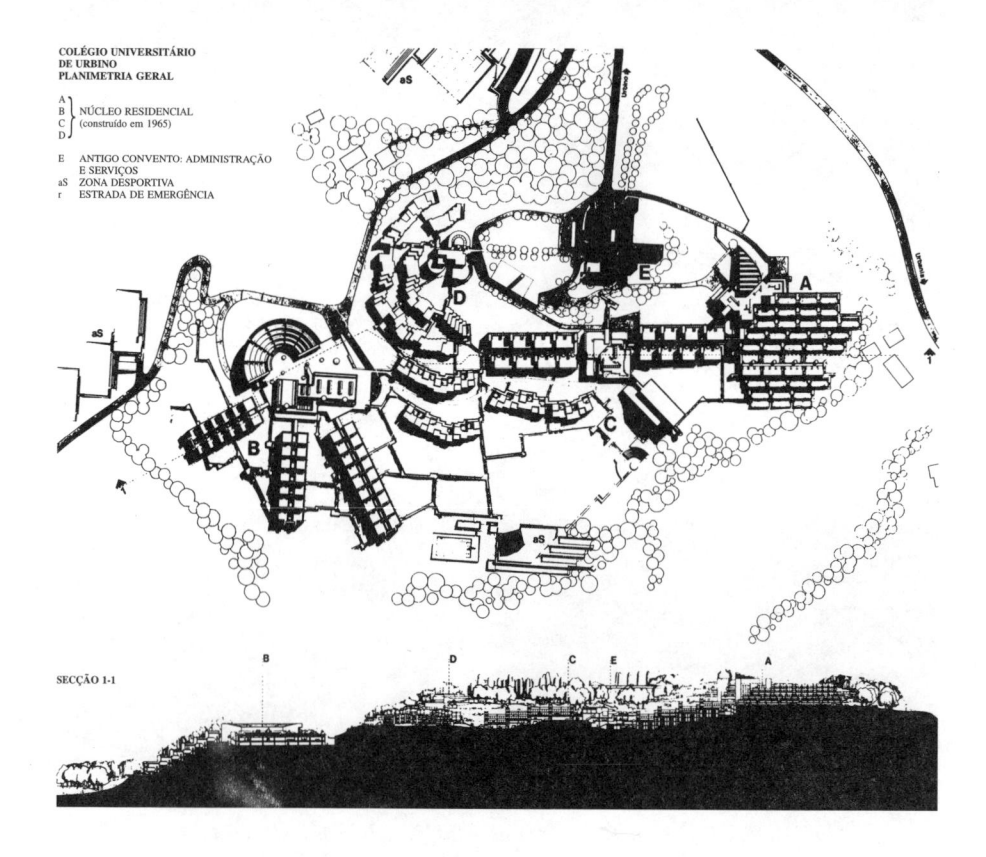

Figs. 9, 10 – *Urbino, edifícios da universidade, de G. De Carlo (1962-80).*

Fig. 11 – *Esboço do bloco de apontamentos de Le Corbusier por ocasião do seu encontro com Nehru em 22 de Novembro de 1951.]*

Capítulo II

A HERANÇA DOS MESTRES

Os três mestres da arquitectura moderna – Le Corbusier, Gropius e Mies van der Rohe – continuaram a manter uma acção de primeiro plano até aos últimos anos da sua vida e o seu desaparecimento deixou um vazio que ainda hoje, a anos de distância, é visível.

Le Corbusier morre em 1965, com 78 anos e, quando um artista atinge esta idade, na nossa época de rápidas transformações, é quase sempre a testemunha sobrevivente de um momento passado, para o qual deu o seu contributo decisivo. A crítica moderna tem sabido reconhecer a tempo estes contributos e os grandes artistas já não precisam de esperar por uma glória póstuma, podendo assistir nos últimos anos de vida à sua historicização e sendo homenageados, tal como as suas obras.

Também o velho Le Corbusier recebe este tratamento, sendo agraciado com diversas medalhas, diplomas e doutoramentos *ad honorem,* em relação aos quais não esconde o seu enfado. Com efeito, enquanto as autoridades e os académicos lhe concedem as suas homenagens convencionais, a sua obra vê-se no centro de um aceso debate, hoje mais apagado e prudente mas não menos necessário.

O objectivo da sua obra foi sempre muito claro: não se trata da modificação da forma dos edifícios no quadro da cidade tradicional mas antes da invenção de uma cidade diferente, independente das limitações postas pelo passado. A procura de novos padrões para a organização das funções da cidade e das suas variações, de modo a proceder à sua adaptação à medida que se vão dando transformações, tal é o motivo dominante de toda a actividade do mestre a partir do primeiro pós-guerra. Tudo o mais – a eloquência das formas plásticas, o jogo de referências históricas e simbólicas, a riqueza das invenções, a maravilhosa facilidade e felicidade do arranjo visual – é somente a manifestação do tom apaixonado, confiante e ousado com que leva a cabo a sua actividade.

A sua insistência na racionalidade e generalidade dos seus princípios tem como preço a sua tranquilidade e o sucesso económico, recusando-se Le Corbusier a deixar-se arrastar pelo mundo do entretenimento que o transformaria num artista satisfeito e exageradamente remunerado, a exemplo dos pintores e escultores que, cinquenta anos antes, com ele haviam colaborado para revolucionar a função da «arte» na sociedade moderna.

Le Corbusier encontra-se implicado, tal como Brunelleschi, numa profunda transformação cultural que vem contestar uma divisão do trabalho e uma tipologia das funções urbanas das quais depende um imenso número de instituições, de hábitos e de interesses consolidados. E daí a violência das suas declarações (tal como as que Brunelleschi sustentara na sua época, e que haviam levado a que, durante as discussões sobre a sua cúpula, «fosse levado em peso por funcionários para fora da sala de audiências, tendo sido tomado por louco»).

Malraux, nas palavras que proferiu no funeral de Le Corbusier, recordaria esta relação entre a dimensão do seu contributo e a intensidade das reacções que ele provocaria: «Le Corbusier teve alguns grandes émulos, dos quais alguns aqui presentes e outros já falecidos. Mas nenhum representou tão fortemente a revolução da arquitectura, pois que nenhum foi tão longa e pacientemente injuriado» ([4]).

Aceite até 1930 apenas por uma restrita clientela de amadores de arte, excluído dos programas de construção pública até ao segundo pós-guerra e destituído de responsabilidades urbanísticas concretas até ter sido encarregado de Chandigarh, ele apenas tem possibilidade de realizar os seus projectos quando se encontra consolidada a sua fama de artista e em virtude do indiscutível arbítrio que a tradição reconhece aos artistas. Daqui a trágica dificuldade das suas relações profissionais: ele pretende demonstrar a qualidade das suas propostas e não impô-las através de um acto arbitrário, mas apenas consegue obter sucesso na medida em que o seu prestígio pessoal o coloca acima das discussões. Pode-se fiar apenas na força demonstrativa que resulta de muitas experiências ligadas entre si, mas permanece sozinho quando se trata de garantir a coerência do seu trabalho. A solidão aumenta, de facto, proporcionalmente ao sucesso e vem a pesar no seu comportamento humano, especialmente nos últimos anos da sua vida.

Recordemos os principais encargos que perdeu ao longo da sua carreira.

([4]) Cit. in *L'Architecture*, Dezembro de 1965, p. 494.

O primeiro foi o concurso para o edifício da Sociedade das Nações em Genebra, em 1927. O seu projecto foi premiado *ex aequo* com outros oito e, implicitamente, Le Corbusier é aceite como representante do «estilo moderno», que assim se viu equiparado aos outros estilos. Na selecção que se seguiu, Le Corbusier é posto de parte, sendo a obra entregue a quatro arquitectos académicos que, no projecto definitivo, adoptam quase integralmente a solução distributiva do seu projecto, traduzida em formas convencionais. Le Corbusier protesta, tenta as vias legais, e acaba por escrever um livro para extravasar a sua amargura (a mesma situação de Brunelleschi quando participava no concurso para a lanterna da cúpula e que o levara a dizer do modelo de um seu concorrente: «Mandem-lhe fazer um outro e fará o meu»; Brunelleschi venceria no entanto o concurso). Le Corbusier encontrara a solução correcta, aceite mesmo pelos seus rivais devido ao seu intrínseco valor lógico, mas o juízo não é feito sobre as características objectivas da solução mas sim sobre o estilo, ou seja, sobre a variável subjectiva, e em 1927 o prestígio de Le Corbusier como exemplo do estilo moderno não se encontrava ainda suficientemente firmado para influenciar o júri.

Vinte anos mais tarde, Le Corbusier representará a França no comité de dez especialistas convocados a Nova Iorque para a superintendência do projecto do edifício das Nações Unidas. Le Corbusier toma contacto com Harrison, chefe do gabinete de execução do projecto e prepara um esquema de distribuição que é integralmente aceite pelo comité. Mas nesta altura o comité é destituído e o gabinete de Harrison desenvolve a execução do projecto por sua conta. Le Corbusier mostra-se uma vez mais desiludido e escreve um novo livro.

Cinco anos depois, Le Corbusier é chamado com outras quatro celebridades (Gropius, Costa, Markelius e Rogers) para formar a comissão que avaliaria o projecto para o edifício da Unesco em Paris. A obra havia sido inicialmente entregue a Beaudouin, que havia preparado um projecto e numerosas variantes, todas inferiores à importância do tema. A comissão dos cinco põe em causa tanto o nome do autor do projecto como a localização do terreno a escolher e, quando é convidada a propor um novo nome, os quatro colegas de Le Corbusier assumem a responsabilidade de o indicar como o único arquitecto possível, passando por cima da prática convencional que impede um grupo deste tipo de escolher um dos seus próprios componentes. E foi precisamente o culto da prática convencional que veio invalidar este parecer, tendo a obra sido confiada a outros três arquitectos, que realizariam o decepcionante edifício da Place de Fontenoy. Desta vez, Le Corbusier não aceita dar indicações sem poder depois controlar a sua aplicação, acabando por declarar: «Quando o primeiro projecto nos foi apresentado e foi fixado na parede, eu fiz esta reflexão: 'Existem dois métodos de trabalho: o primeiro quando os projectos estão na parede e as mãos nos bolsos, o segundo quando os projectos estão sobre a mesa e o lápis na mão'. Por mim, penso que nos devemos cingir à segunda solução» (⁵).

Quando, aos 63 anos, recebe pela primeira vez um encargo de dimensão condizente com a sua longa reflexão teórica – a realização de uma nova cidade de cem mil habitantes na Índia – Le Corbusier traça o plano geral e exerce um ténue controlo sobre os seus colaboradores encarregados de o desenvolver, embora reserve para si a elaboração do projecto das áreas dos quatro edifícios governativos. É assim que pode escrever em 1957: «A composição do Capitólio, por muito vasta que seja, é hoje planeada com a aproximação ao centímetro, tanto nas suas medidas de conjunto como nos seus detalhes». Este foi o único complexo de edifícios de grande dimensão cujo projecto executivo Le Corbusier conseguiu conduzir até ao fim; o controlo de todo o campo da elaboração do projecto, desde o urbanismo até à arquitectura, continua a ser de facto o único modo de a obra acabada se mostrar evidente por si própria, ultrapassando as dificuldades de troca de pontos de vista no decurso da elaboração do projecto. No entanto, Le Corbusier morrerá sem ter podido terminar a sua execução, deixando escrito o seu desejo de que o projecto do Capitólio fosse integralmente realizado (Brunelleschi tinha incluído no seu testamento a exigência de que a lanterna da cúpula «fosse construída tal como estava o modelo, e tal como havia deixado estabelecido por escrito»).

A maior parte dos modelos teóricos de Le Corbusier foram rejeitados antes mesmo de serem comprovados na prática.

A ideia da *unité d'habitation* surge em 1909 e é especificada com exactidão pela primeira vez em 1922, no projecto das *immeuble-villas*. Mas, nos vinte anos que se seguiriam, Le Corbusier não mostraria interesse em desenvolver este tipo de construção, propondo antes o *rédent* como alternativa do tecido urbano tradicional, qualquer que seja a dimensão da intervenção. Também na área do *ilôt insalubre* de 1936 ele coloca dois espaços de *rédent* que teoricamente poderiam continuar no resto da cidade, de modo a tornar evidente o contraste entre o novo e o antigo tecido urbano. O conceito da *unité* torna-se mais preciso depois da guerra, quando os seus anteriores estudos sobre a normalização dos alojamentos vêm ao encontro dos seus novos estudos sobre o agrupamento das habitações em relação ao conjunto dos serviços comuns: a unidade de 1200-1500 habitantes surge como o mais pequeno organismo no qual resulta útil a integração das habitações com alguns serviços primários – os *prolonguements du logis* – sendo ainda a célula fundamental no novo tecido residencial, no qual se torna possível a sua integração com os serviços secundários e terciários.

(⁵) Cit. in *Casabella*, n.º 226 (1959), p. 8.

Neste modelo se basearam os planos urbanísticos do primeiro pós-guerra para Saint-Dié, Saint-Gaudens e la Rochelle. Por fim, Le Corbusier obtém do ministro Petit a permissão para edificar em Marselha uma *unité* modelo, construída com inúmeras dificuldades de 1947 a 1952. Mas a *unité* era encarada como um edifício excepcional, e não como o protótipo de um novo tecido urbano. Hoje, o edifício é citado nos guias turísticos da cidade, encontra-se assinalado por placas indicadoras, tal como os monumentos do passado, e é referido pela designação de *cité radieuse:* a cidade, pelo contrário, é a mesma de sempre e as casas de tipo convencional concentram-se em redor do parque da *unité.*

Mais tarde, em Nantes, Berlim, Briey-en-Forê ou Firminy, a *unité* será aceite ainda como excepção, devendo estar destituída dos serviços comuns ou então integrar-se num bairro suburbano de tipo normal, como em Briey. A *unité* como organismo repetível e integrado num sistema mais vasto e ligado a toda a gama dos serviços urbanos permanece uma ideia no papel, ideia para a qual nunca foi tentada uma séria experimentação concreta.

As suas últimas obras: o convento da Tourette (fig. 12), o centro cultural de Firminy (fig. 13) e o projecto para o hospital de Veneza (figs. 14 e 15), concebido quando tinha já 75 anos, são obras à margem dos grandes problemas urbanos, a exemplo das suas vivendas dos anos vinte. Nelas empenha Le Corbusier todos os recursos do seu incomparável talento, consciente de apenas assim poder demonstrar, em referência a um passado, as potencialidades de uma arquitectura não virada para o momento actual, ontem como hoje, embora agora já dotada de uma consciência diversa que se revela na simplificação tecnológica, na ligeireza e essencialidade dos detalhes, na austeridade visual. Este afastamento torna-se cada vez mais perceptível com o passar do tempo e as frágeis construções projectadas ou as folhas com ideias não realizadas parecem-nos longínquas: mas fomos nós que abandonámos esse nível de pesquisa.

É conveniente que nos detenhamos no projecto não realizado do hospital de Veneza. Para a construção deste edifício, na área onde antes se situara o matadouro de S. Giobbe, em pleno centro histórico, fora aberto um concurso que obtivera como resultado propostas muito díspares e que haviam sido consideradas absurdas e irrealizáveis num ambiente tão delicado. É posteriormente chamado Le Corbusier, o qual aceita a tarefa e encontra a solução correcta e mesmo inevitável. «Não se pode construir em altura», observa de imediato, e concebe um hospital horizontal onde todos os doentes se encontram num único piso – o último – tendo à sua disposição o céu para iluminar as células individuais e a vista sobre a laguna para animar as salas de reunião. Esta placa, sulcada por clarabóias que captam a luz, encontra-se suspensa a uma dezena de metros sobre o nível da água, sobre uma série de *pilotis,* e é debaixo dela que se encontram todos os serviços

Figs. 12, 13 – *Eveux, o convento da Tourette (1952-60); Firminy, a casa da cultura (1961-65).*

técnicos do hospital: laboratórios, salas de operação, escritórios, depósitos, etc., os quais ocupam apenas uma parte do amplo espaço coberto (figs. 14 e 15).

Deste modo, a parte estável do organismo hospitalar – os alojamentos dos doentes, que dependem das necessidades individuais e colectivas das pessoas, já conhecidas e analisadas à partida – forma a parte estável do edifício, ou seja, a placa de cobertura habitada. Tudo o resto, que é destinado a mudar rapidamente consoante a evolução da técnica médica, pode ser livremente articulado no mais vasto espaço do átrio coberto pela placa.

O rigor da elaboração do projecto não deixa margem para a personalidade do arquitecto e, de facto, o hospital não é de modo algum marcado pelas esperanças ou desilusões do velho mestre: apenas a série das variantes – compiladas depois de 1965 pelo seu colaborador Jullian, e cada vez menos coerentes com o projecto inicial na inútil tentativa de ultrapassar as dificuldades burocráticas – revela o seu afastamento irremediável em relação à situação do seu tempo.

Nos seus últimos textos, o mestre olha de frente para esta realidade, sem subterfúgios mas também sem amargura. Ele não alimenta ilusões quanto à sinceridade dos apoios recebidos: sabe que a sociedade continua a ser hostil relativamente ao seu trabalho e mantém a atitude tomada no início da sua carreira. Não insiste porém com o tom de antigamente em propostas isoladas: é tarde para polémicas muito específicas, que agora deixa para aqueles que dispõem de mais tempo diante de si. Le Corbusier deve fechar as suas contas e por isso simplifica o seu discurso, ansiando por colocar em evidência o essencial, a lição de conjunto que pode ser deduzida de todo o seu trabalho.

No prefácio ao sexto volume da sua *Oeuvre complète* – escrito em 21 de Setembro de 1956 – ele tenta pela primeira vez expressar o lado interior da sua actividade através dos títulos de três livros projectados mas nunca escritos:

1) *Fim de um mundo: libertação;*
2) *O fundo do saco;*
3) *O espaço indizível.*

«Estes referem-se à atmosfera na qual o homem pode respirar, ao mesmo tempo que é constrangido a todo o tipo de trabalho, de invenções, à acrobacia impecável e implacável da proporção, da função, da finalidade da eficácia... É já uma sorte arriscada depois de ter podido cumprir, no decurso de sucessivas jornadas de 24 horas que são o pão quotidiano de uma vida, os actos necessários que permitem atingir o fim da corrida: direcção correcta, regularidade e persistência do esforço, minúcia e exactidão no gesto, escolha do momento, moral sempre elevada... Senhoras e senhores, o fundo do saco consiste no facto de que, estando tudo terminado, pago

Figs. 14, 15 – *Maqueta do hospital de Veneza,* de Le Corbusier *(1964).*

ou não pago, vencido ou perdido, o objecto que vos é apresentado produza uma emoção tão forte e intensa (uma vez por outra, nos dias privilegiados) que lhe possamos chamar indizível, vocábulo que se refere a uma das vias da felicidade e que não é traduzível, coisa extraordinária, em algumas línguas»[6].

Em 1964, quando surge nova edição do seu livro *La ville radieuse*, Le Corbusier acrescenta este comentário:

«Corrigi as provas tipográficas deste livro escrito de 1931 a 1933 e que foi publicado em 1935. Pois bem, Mr. Le Corbu, felicitações! Há já vinte anos que colocou as questões que se poriam nos quarenta anos seguintes! E recompensaram-no com uma abundante e contínua ração de pontapés no traseiro!

Este livro contém uma imponente massa de planos urbanísticos completos e minuciosos, os quais partem do pormenor para o conjunto, do conjunto para o pormenor. Responderam-lhe: Não! Consideraram-na uma loucura! Obrigado! Vós, senhores do 'Não', alguma vez pensaram que nestes planos estava a paixão total e desinteressada de um homem que toda a sua vida se ocupou 'do seu irmão homem' de um modo fraterno? Mas, deste modo, quanto mais razão tinha mais perturbava as combinações já feitas ou por fazer. Ele perturbava..., etc., etc.»[7]

Um mês antes da sua morte, no Verão de 1965, o velho mestre escreve uma série de apontamentos, parcialmente publicados no último volume da sua *Oeuvre complète*, dedicado às obras que ainda tinha entre mãos: um testamento desordenado, mas mesmo assim solene e revelador:

«Tenho 77 anos e a minha moral pode ser resumida deste modo: na vida é necessário actuar, isto é, agir na modéstia, na exactidão, na precisão. A única atmosfera possível para a criação artística é a regularidade, a modéstia, a continuidade, a perseverança.

A única coisa transmissível é o pensamento, a parte nobre do fruto do trabalho. Este pensamento pode-se tornar, ou não, para lá da morte, numa vitória sobre o destino, assim assumindo talvez uma outra dimensão imprevisível»[8] .

Estas afirmações de Le Corbusier traduzem a sua obstinação em tentar definir o núcleo permanente do seu trabalho, o qual permanece «indizível» mas não pessoal: uma proposta universalmente comunicável, aberta aos desafios de um futuro desconhecido. As ideias de ontem e de hoje têm direito a ser experimentadas e, de facto, os principais interessados podem agora reconhecer sem perigo o génio de Le Corbusier, depois de o ter tornado inofensivo; com ele aprendemos que não será sempre assim e disso é prova silenciosa e irrefutável o olhar lançado sobre o mundo das qualidades

---

[6] *Oeuvre complète*, 1952-1957, p. 8.
[7] *Op. cit.*, p. 347.
[8] *Oeuvre complète*, vol. 8, p. 170.

que existem fora das ideias predominantes. As suas obras realizadas e não realizadas continuam a revelar este mundo, desprezado mas não inatingível.

Em 1969, com poucos meses de intervalo, morrem os dois mestres alemães exilados nos Estados Unidos: Gropius e Mies van der Robe. De entre os grandes personagens da arquitectura, Mies surge como aquele que maior repercussão obteve: todas as suas propostas teóricas – o arranha-céus em aço e vidro, a casa isolada e livre na paisagem, o grande salão sem pilares, sustentado por uma estrutura externa – foram traduzidas na prática e aperfeiçoadas através de sucessivas experiências. Quase tudo aquilo que desejara fazer foi feito e refeito, podendo ser apresentado como realidade concreta. O Illinois Institute of Technology, para o qual fora chamado a ensinar trinta anos antes, foi transformado à sua imagem e semelhança: os cursos, os trabalhos dos estudantes, os edifícios do *campus* por ele projectados e até os que posteriormente seriam construídos, já projectados por outros – como a biblioteca e o Hermann Hall, de Skidmore, Owings & Merril (fig. 16) – foram feitos tal como ele desejava.

Nos últimos quinze anos da sua vida, e ao contrário do que sucedera com Le Corbusier, Mies alcança um indiscutível sucesso, recebendo numerosíssimos encargos que são por ele regularmente levados até ao fim, encontrando a fórmula organizativa certa para dela se encarregar: não investe no crescimento do seu estúdio pessoal, antes colabora com alguns dos maiores estúdios técnicos americanos, apresentando-se como intermediário e árbitro nas difíceis relações entre estes, os promotores da obra e os encarregados da sua execução. Deste modo, não renuncia à sua liberdade e pode concentrar-se nas opções essenciais, a nível da resolução, descobrindo até a maneira de continuar presente mesmo depois já da sua morte. Com efeito, o seu estúdio – dirigido pelo seu sobrinho Kirk Lohan, juntamente com Bruno Conterato e Joseph Fujikawa – tem capacidade para completar os projectos já iniciados e mesmo para os reproduzir em outros locais (por exemplo, na Nun's Island de Montreal) sem que se notem sensíveis perdas de qualidade.

O seu lema tantas vezes repetido é: *less is more,* «O menos é mais». Trata-se de reduzir cada problema aos seus termos mínimos, ao essencial, renunciando a esse «excedente» que os arquitectos sempre colocaram nos seus edifícios e que serve para distinguir as suas opções das dos empreendedores, dos construtores, dos clientes. Tem deste modo o arquitecto capacidade para coordenar e controlar, com o rigor da lógica, todas as operações necessárias à construção de um edifício, mantendo invariável aquilo que não tem razão para ser mudado e variando apenas o que corresponder às novas exigências de cada caso. O tema que lhe merece um estudo mais aprofundado é o do

Fig. 16 – *Chicago, o* campus *do IIT, com a Crown Hall e os novos edifícios de Skidmore, Owings & Merrill, vendo-se ao fundo o centro da cidade.*

edifício alto, o «arranha-céus», já em moda desde há cinquenta anos, mas que extraordinárias inovações ele lhe vai trazer! O arranha-céus tradicional é uma torre sempre igual na sua organização interna e sempre diferente na sua realização visível. Já os edifícios altos de Mies van der Rohe são sempre iguais nos seus elementos constitutivos (os painéis envidraçados de altura constante – igual à altura do piso – e de largura pouco variável de caso para caso) mas completamente diferentes na sua distribuição: compactos ou alongados, com ou sem um piso livre ao nível térreo, com a espessura necessária para poder comportar uma, duas ou três séries de ambientes, isolados ou agrupados em complexos – uma gama completa de organismos para satisfazer as mais diversas necessidades da cidade moderna e para serem inseridos nas situações sempre diferentes da cidade tradicional.

Daqui resulta a irresistível influência da sua obra e mesmo aqueles que não apreciam a sua arquitectura e que não estão dispostos a prosseguir a sua rigorosa investigação se vêm obrigados a aceitar os seus modelos, tão simples e claros que parecem sempre constituir as soluções óbvias e inevitáveis. Cada nova variação deve proceder da casuística estabelecida por Mies.

A discreta mas irresistível eficácia didáctica do seu trabalho – paralela e complementar da sua bem sucedida divulgação junto do público – inicia-se após a construção do Seagram Building e é bem patente na indústria de construção americana e mundial.

As características volumétricas e de construção do Seagram, num primeiro momento tomadas por gratuita exibição de riqueza, são importantes para o esclarecimento de dois problemas que se colocam aos elevados edifícios citadinos:

1) O recuo do edifício em relação ao alinhamento de Park Avenue e a praça que o circunda não são expedientes para valorizar um volume isolado, antes contêm uma crítica de fundo ao arranha-céus tradicional (de Hood a Lescaze, de Harrison e Abramowitz a Bunshaft, na Lever House construída exactamente na sua frente), na medida em que parte de um soco que investe toda a superfície do lote, reconstituindo ao nível do solo a continuidade da estrada-corredor, contribuindo assim para desvincular a torre do tecido urbano, como um antigo campanário (o exemplo mais evidente é o Empire State Building, construído numa escala absurdamente desproporcionada em relação ao seu lote, devido a um impossível desejo de dominar verticalmente o perfil de Manhattan).

Mies, tendo à sua disposição a cabeceira de um quarteirão, agrupa os poucos ambientes suplementares necessários aos pisos inferiores nos corpos recuados, os quais se apoiam nas construções adjacentes, e coloca o prisma do arranha-céus em contacto directo com o terreno e em relação com o espaço percorrível e aberto do lote. Assim desaparece a distinção entre o lote e a rua e a rede viária do século xix deixa de se projectar na vertical para se reduzir a um processo de dividir um único plano livre em zonas para viaturas e para peões (figs. 17 e 18).

Este raciocínio é repetido em muitas experiências posteriores. Skidmore, Owings & Merrill (SOM), encarregados de construir os novos escritórios do Chase Manhattan Bank em dois quarteirões adjacentes na City, propõem três soluções: ocupar o primeiro quarteirão com um tradicional volume em degraus, ocupar os dois quarteirões com dois volumes articulados entre si ou juntar as duas áreas para formar uma praça para peões, concentrando o volume da construção numa torre isolada construída sobre *pilotis* (figs. 20 a 23). É escolhida a terceira solução, repetida pela SOM e por outros nos lotes adjacentes. Deste modo, ao lado das avenidas encovadas da City abre-se um novo espaço cívico, formado por praças para peões que podem ser percorridas em todos os sentidos, praças que são envolvidas pelos prismas aéreos dos edifícios direccionais.

Figs. 17 *(nesta página)*, 18, 19 *(na página seguinte)* – *O Seagram Building de Nova Iorque comparado com o arranha-céus em vidro projectado por Mies em 1921.*

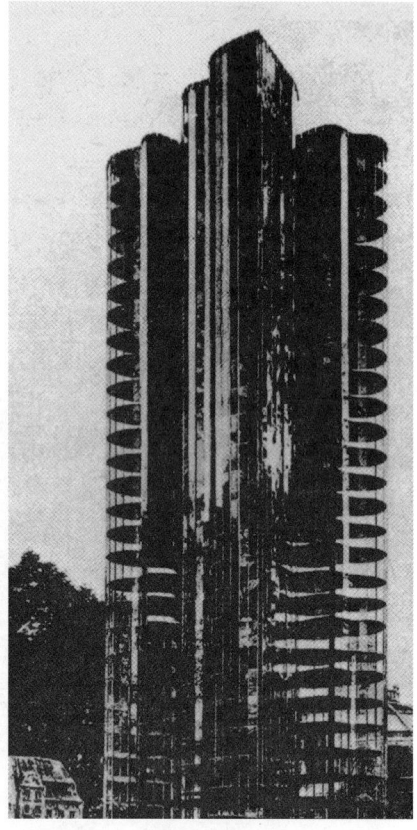

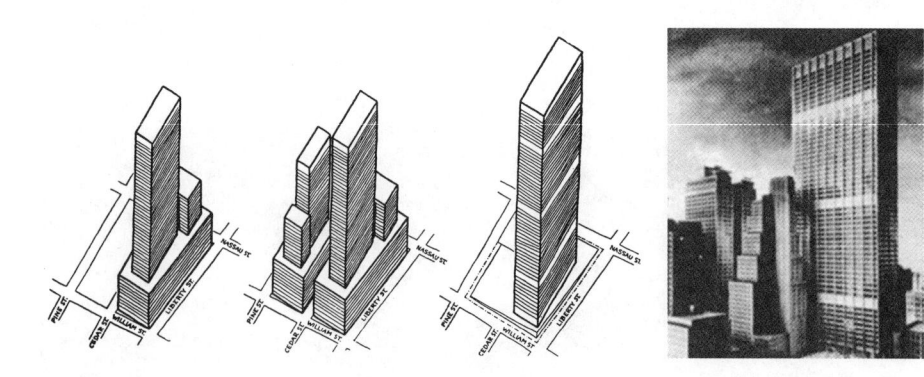

Figs. 20-23 – *O Chase Manhattan Building de Nova Iorque e as três soluções volumétricas propostas por Skidmore, Owings & Merril.*

2) A fachada de cortina do Seagram, realizada em bronze e vidro atérmico de cor escura, dá ao grande prisma uniforme um destaque excepcional, precisamente devido à renúncia a toda a disjunção cromática entre as linhas da estrutura metálica e as áreas envidraçadas, que tendem a se confundir em grandes planos opacos, totalmente unitários.

Mies verifica assim a conveniência de atribuir aos edifícios um acabamento monocromo e opaco, que faça sobressair o seu volume e que atenue os contrastes entre as diversas cercaduras metálicas, utilizadas também nos seus edifícios de Chicago anteriores a 1955. Mas o mesmo resultado pode igualmente ser obtido com o ferro negro e o vidro atérmico cinzento de qualidade mais corrente, materiais empregues pelo próprio Mies nos seus últimos edifícios de Chicago, Baltimore e Toronto, em fase de construção no momento da sua morte.

A simplificação da textura dá um imediato e atraente destaque às variações distributivas. Basta pensar no Federal Center de Chicago, que ocupa um quarteirão e meio do Loop, e que abre no tabuleiro tradicional um espaço insólito, baseado na livre união de três edifícios diferentes: um corpo baixo para o departamento de Correios, directamente apoiado no terreno e ocupado por uma única grande sala, que apenas se distingue dos espaços circundantes graças ao painel de paredes envidraçadas; um edifício de altura média, para o Tribunal Federal, com uma profundidade de quase 35 metros e que contém duas filas de escritórios ao longo das fachadas e ainda salas de audiência, com a altura de dois pisos, na zona mediana, de maneira a que a complexa organização interna, que pode ser abordada de diversos pontos de vista, se encontre englobada num invólucro compacto; e um edifício de grande altura para escritórios normais, este com uma profundidade modesta e que tem o aspecto de um leve diafragma translúcido em comparação com a grossura dos edifícios mais próximos, assim fazendo sobressair a escala da cidade contemporânea. O relacionamento entre os três edifícios engrandece a escala do conjunto, que parece enorme devido à inesperada liberdade de movimentos em várias direcções. Também os edifícios vizinhos – entre os quais o Monadnock, da autoria de Root – são atraídos pelo novo espaço, tornando-se perceptíveis de pontos de vista pouco habituais que não se limitam às obrigatórias posições frontal e de esguelha da grelha citadina do século XIX. Deste modo, é toda uma zona do centro citadino que se transforma e a riqueza das novas relações tridimensionais faz esquecer a diversidade gráfica de cada uma das fachadas alinhadas ao longo das avenidas.

O mesmo jogo é repetido nos complexos de Toronto e de Montreal, onde as plataformas que lhes servem de base englobam um grande número de serviços e de zonas comerciais. Toda esta área se desenvolve no piso coberto, público e transitável em todas as direcções, enquanto que os volumes

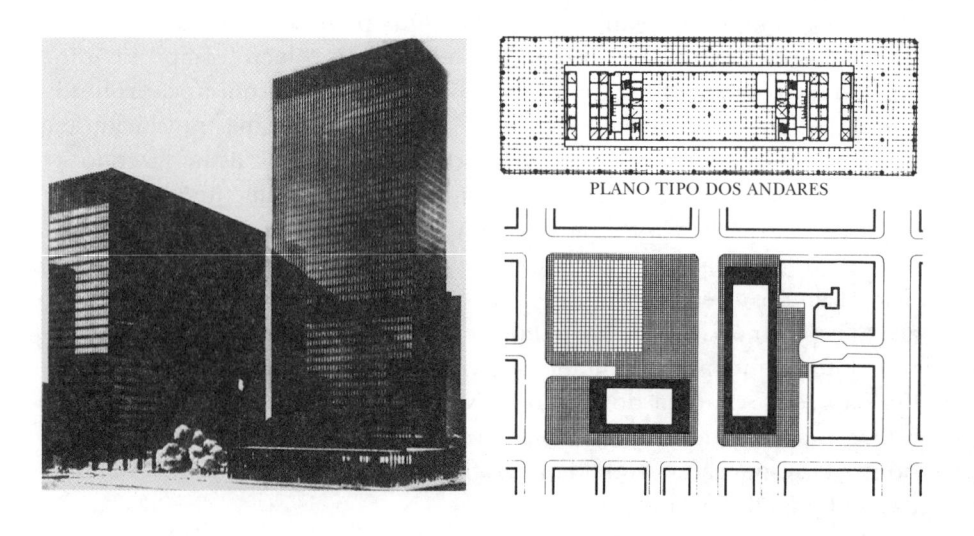

PLANO TIPO DOS ANDARES

Figs. 24-27 – *Chicago, o Federal Center com o edifício do Tribunal Federal de Justiça (Mies van der Rohe, 1960).*

destinados aos escritórios se desenvolvem verticalmente. Apenas os átrios envidraçados interrompem o espaço livre com os seus diafragmas transparentes, espaço parcialmente lajeado e relvado, concebido com magistral leveza pelo seu habitual consultor paisagista, Alfred Caldwell.

No empreendimento de Lafayette Park, em Detroit, a composição dilata-se na sua escala paisagística, conquistando um fôlego suplementar. Os vários edifícios – as habitações alinhadas, os edifícios elevados e os serviços colectivos do modelo de Hilbersheimer – estão situados entre enormes espaços verdes e a baixa densidade caracterizada das periferias norte-americanas concretiza-se pela primeira vez num ambiente organizado.

É em 1969 que Mies ultima na Europa um edifício não menos importante do que as suas fundamentais últimas obras americanas: a Galeria Nacional em Berlim Ocidental, uma nova e perfeita variação do grande salão isolado, projectado também para o teatro de Mannheim e o Convention Hall de Chicago.

A Galeria Nacional faz parte do novo centro cultural em Berlim, junto à Filarmónica e à Biblioteca Scharoun.

À sua maneira, estes edifícios constituem verdadeiros monumentos, resolvendo certos problemas graças a um excedente de elaboração formal no qual encontramos investidas as intenções dos arquitectos, sem que no entanto condicionem completamente a organização da zona de construção e do imóvel terminado. Torna-se assim inevitável uma divisão das decisões, que se distribuem pelos arquitectos, pelos directores dos trabalhos, pelos gabinetes de controlo, pelas empresas executoras da obra ou pelos fornecedores. Esta divisão pode ser racionalizada tendo em vista um certo resultado, ou então pode ser imposta por um conjunto de interesses prévios. Neste segundo caso, o arquitecto torna-se estilista, encarregado de modificar a forma aparente de um produto já definido, não para melhorar o serviço oferecido aos utentes mas para o tornar aceitável para os consumidores, isto é, para substituir uma oferta racional por uma oferta imposta, por uma falsificação da relação de produção que só vem beneficiar a parte empreendedora.

É o método de trabalho de Mies van der Rohe que torna tudo isto impossível. As suas obras, e também esta Galeria, reduzem os organismos edificados às formas mais elementares ao invés de as complicar. Para cada tipo de obra ele estabelece um «menos» de organização espacial que vem tornar possível um «mais» de controlo sobre a forma e a distribuição. Neste caso, a redução ao «menos» do organismo do museu é particularmente eficaz. O museu é um local onde certos objectos de valor são conservados e apresentados ao público. A sua conservação exige ambientes fechados e isolados, a sua apresentação ambientes abertos e que possam ser percorridos com

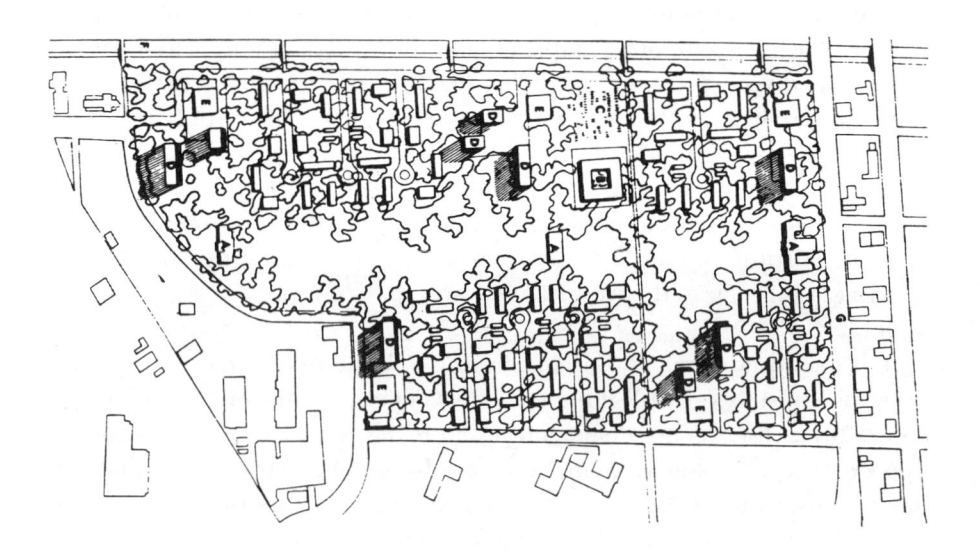

Figs. 28, 29 – *Detroit, Lafayette Park (1955-65)*.

Figs. 30, 31 – *Berlim, Galeria Nacional. Vista da estrada e do interior da sala com a biblioteca Sharoun ao fundo.*

facilidade – duas exigências que tendem a resultar em dois tipos de edifícios diferentes: um armazém ou então um percurso livre num espaço comum. Mies resolveu o problema distinguindo:

1) Uma zona onde predomina a primeira exigência: a base pouco mais alta que o nível do solo e que contém um museu de tipo convencional, com os seus serviços, equipamentos e os locais de exposição livremente organizados através de divisórias móveis, espaços artificialmente iluminados e ventilados (todo um lado, no entanto, abre-se através de vidraças para um jardim levemente embutido no terreno e que é reservado ao descanso dos visitantes).

2) Uma zona onde predomina a segunda exigência: o alpendre construído sobre a base, destituído de quaisquer divisórias opacas e equipado

com uma secção do espaço exterior e no qual são expostos de modo permanente ou rotativo os objectos mais importantes.

Deste modo, aquilo que é tradicionalmente considerado como um edifício desdobra-se em duas zonas: a primeira é apenas um pormenor da organização do terreno, a segunda é apenas uma cobertura que faz sobressair no espaço citadino – descoberto e aberto – primeiramente um espaço coberto e aberto e, em seguida, um espaço coberto e fechado por uma parede envidraçada, e assim subtraído às variações climáticas e próprio para a conservação das obras de arte. Mas os três espaços são comunicantes e podem ser livremente percorridos pelo olhar ou pelo movimento das pessoas. A cobertura é quadrada e assim não sugere qualquer eixo preferencial nem devido ao seu contorno nem devido à sua textura de nervuras cruzadas. Os pilares de sustentação não se encontram nos cantos, para não se distinguir um volume, mas sim em oito pontos intermédios. À simplicidade do invólucro corresponde uma riqueza dos possíveis modos de o apreciar. Antes de mais, dois itinerários diferentes para os visitantes especializados – que descem à zona inferior – e para os visitantes gerais, que se ficam pelo piso superior. Para estes últimos, ainda, todo um conjunto de experiências desde a visita pormenorizada até ao olhar lançado de passagem.

Esta arquitectura é apenas aparentemente estranha às condições do mundo contemporâneo.

As construções que formam o ambiente urbano satisfazem algumas necessidades funcionais circunscritas e, além disso, juntamente com outras características que se consideram relativas a um nível superior – artístico, figurativo – introduzem toda uma série de opções que não são passíveis de controlo. Ao identificar os dois níveis desaparece a condição técnica para esta alienação da arquitectura e revela-se a dissimulação cultural da repressão urbana. Com efeito, as partes empenhadas na realização de um edifício são obrigadas a chegar a um acordo quanto a um número limitado de decisões comuns que não podem ser escalonadas em vários níveis, tendo assim de confrontar continuamente as suas responsabilidades sobre questões concretas. E assim desaparece a divisão de tarefas pré-estabelecida pela classe dirigente para se apossar, em proveito próprio, da liberdade de pesquisa (e talvez desta situação possa nascer uma outra liberdade de pesquisa, independente da tradicional e virada para o benefício dos utentes). O arquitecto encontra-se finalmente numa posição vantajosa para dominar as relações entre os promotores e as empresas construtoras, podendo assim estabelecer uma mediação correcta na relação entre estes e os utentes. As forças alienantes não são eliminadas, mas podem-se defrontar abertamente.

A simplificação do processo traduz-se numa clarificação do resultado. O alpendre de Mies não atrai nem repele, não manipula de nenhum modo a reacção do público, propondo antes uma passagem elementar entre espa-

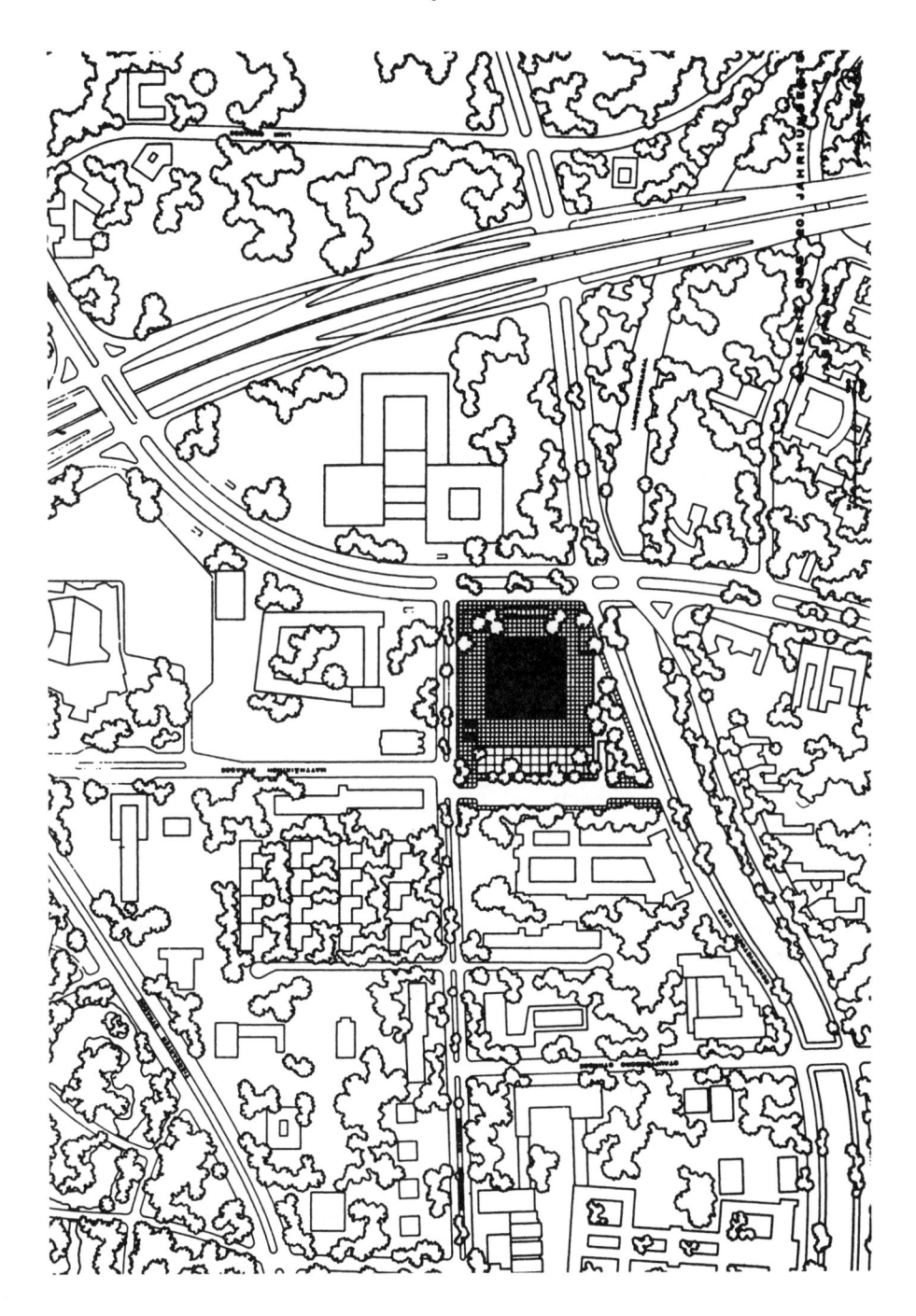

Fig. 32 – *Berlim, Galeria Nacional. Planimetria com os edifícios circundantes.*

ço aberto e fechado, respeitando a liberdade entre os muitos modos de proceder à sua verificação. Não se propõe interpretar uma situação humana que é sempre irredutível aos termos arquitectónicos – e muito menos a situação absurda de uma cidade dividida em duas zonas por um muro com sentinelas – como talvez tenha tentado Scharoun com as suas composições; cumpre antes a sua função, ou seja, coloca neste espaço dramático uma construção simples e racional, que aqui assume o valor de uma eloquente confirmação da confiança na razão.

O desaparecimento de Gropius sugere outras considerações. Desaparece, aos 86 anos, o mestre de todos, aquele que era considerado – para além de todas as diferenças de opinião e orientação – como o chefe moral do movimento iniciado havia 50 anos.

Não foi o maior arquitecto dos nossos tempos. Hoje, a alguns anos de distância, damo-nos conta de que a contribuição fundamental para a invenção da nova cidade não foi a sua. Mas Gropius contribuiu mais do que todos para que a principal orientação do trabalho do arquitecto fosse o progresso comum e não o engrandecimento individual. Esta mudança – a característica unitária, racional e objectivamente controlável do movimento arquitectónico moderno – foi a grande obra da sua vida. E como todas as mudanças importantes foi apenas o início de um novo curso de ideias e factos, então em grande parte bloqueado ou retardado pela resistência oferecida pelas ideias e factos precedentes.

Para compreender a essência das transformações por ele iniciadas recordemos as condições da sua origem, na Alemanha de 1910. Filho de um próspero funcionário berlinense, Gropius pertencia por carácter e educação à sociedade alemã de fim do século tantas vezes descrita pelo seu contemporâneo Thomas Mann, uma sociedade rígida, competente e empenhada numa incansável procura de sentimento. É o momento em que a experiência das vanguardas artísticas europeias adquire a sua máxima aceleração, em que a indústria alemã assume a sua característica estrutura concentrada que torna possíveis grandes despesas de representação e portanto uma generosa protecção dos artistas, o momento em que a direcção política já aplica os critérios de uma planificação centralizada em muitos dos sectores da vida civil, possuindo tais margens de controlo que concede mesmo lugares aos intelectuais no aparelho dirigente.

Toda a primeira parte do trabalho de Gropius, até 1914, se desenvolve nesta zona em que se encontram a vanguarda artística, a grande indústria e o aparelho estatal. Gropius não emite um parecer sobre esta combinação aparentemente inamovível que constitui apenas a forma mais recente de um já antigo compromisso entre arte, propriedade e poder, o mesmo em que se baseia a organização da cidade burguesa. Os seus interlocutores são os mesmos de Behrens e dos artistas mais antigos: Muthesius, o organizador do Werkbund, Rathenau, o presidente da AEG. É na discussão teórica e na elaboração dos seus projectos que Gropius vem introduzir um tom diverso, discreto e baseado na razão. As obras desses anos são concebidas como utensílios industriais, simples e acolhedoras, com um mínimo de sofisticação na sua aparência formal. Representam a lógica da indústria mas não a celebram com a ênfase agressivo característico das obras de Behrens, carregado para nós de sinistras antecipações.

A guerra vem interromper a sua carreira e a sua segurança. Gropius dá--se conta de que a combinação institucional vigente não pode ser encarada ainda como um ponto de partida, devendo antes ser criticada logo desde o seu pressuposto cultural, ou seja, a classificação de arte, técnica, economia e política como sectores separados. Torna-se necessário desenvolver um novo conceito de arquitectura como sendo um empenhamento de conjunto resultante das necessidades dos utentes e não da organização já pronta do aparelho dirigente. Esta transformação histórica não se deve limitar a ser o programa de um pequeno grupo que acabe por se esgotar numa polémica momentânea, mas deve antes tornar-se uma procura comum, permanente e gradual. Uma nova responsabilidade se deve sobrepor às aspirações e ambições de indivíduos e grupos, a partir de agora empenhados numa batalha estrutural que é tarefa de todos.

É com este propósito que funda em 1919 a Bauhaus. A sua tentativa de atacar uma parte do sistema social a partir do interior de uma instituição pública era insustentável nas circunstâncias da época, acabando a sua acção por ficar compreendida num brevíssimo período de tempo, praticamente desde o fim da inflação (1924) até ao início da crise económica de 1929.

Mas esse breve momento de liberdade é o bastante para que leve a efeito uma experiência decisiva, cujo valor político se encontra muito para além dos limites dos debates de então. De facto, o efeito da Bauhaus como ponto de referência do debate internacional é incalculável desde o seu início: pela primeira vez uma escola não trabalha para excluir mas antes para aceitar e relacionar um grande número de experiências em curso.

Gropius prosseguirá esta sua tentativa através de diversos meios: como profissional liberal em Berlim e depois na Inglaterra, como professor em Harvard, até ao limite da idade e ainda como animador de um grupo de ex-alunos, com os quais pretende formar um grupo para a elaboração de projectos.

Nem todos os projectos que têm a sua assinatura são de alta qualidade, nem todos trazem claramente a sua marca pessoal. Mas depois de os melhores talentos se terem esforçado, durante gerações, por se diferenciarem o mais possível, por apenas se assemelharem a si próprios, por fundar uma pequena cultura feita à medida da sua biografia, Gropius vem afirmar a necessidade de encontrar um terreno de entendimento, conjugando os esforços de muitos para resolver os problemas que ameaçam o nosso meio ambiente.

Nos seus últimos textos volta a insistir com calma, sem ilusões nem cedências, nos pontos que vinha defendendo já desde 1919: ideias bem conhecidas mas que ditas por ele ganham uma singular atracção:

«À medida que as transformações se vão verificando, a sociedade continua a exprimir a sua própria imagem segundo uma ordem visual específica, solidamente fundada num código ético que a si mesma se impôs... Na agitação da nossa época demasiadas vezes nos esquecemos de aprofundar e consolidar novos princípios estáveis. Aplaudimos o efeito de surpresa de novas maravilhas arquitectónicas mas descuramos a procura paciente e constante de soluções fundamentais passíveis de desenvolvimento, crescimento e repetição. Dispersamo-nos em contributos individuais de natureza mais ou menos brilhante que não conseguem depois encontrar inserção harmoniosa numa arquitectura ambiental civil e moderada que se possa expressar através de formas menos pessoais e mais correspondentes às necessidades da colectividade...

A batalha pela unidade está agora quase completamente perdida; mas corremos o risco de perder algo mais se não encontrarmos a coragem para fomentar uma visão mais realista que possa resolver o problema crucial com que todo o urbanista tem que se defrontar: o obstáculo que a propriedade privada dos terrenos representa para a racionalidade do desenvolvimento urbano.

Uma solução inicial encontra-se no direito público da expropriação, direito que é todavia aplicado com extrema parcimónia, mesmo quando está em jogo o interesse comum. É óbvio que a propriedade colectiva dos terrenos constitui uma premissa indispensável para uma vasta e duradoura acção de renovação das zonas urbanas» [9].

A ele se deve em grande parte que as obras dos mestres da sua geração – Le Corbusier, Oud, Aalto, Neutra, May e tantos outros – não se tenham excluído reciprocamente e esgotado numa série de pequenas revoluções locais e se tenham podido somar de modo a formar um movimento duradouro. É neste esforço que Gropius investe a sua vida, renunciando talvez a cultivar o seu talento pessoal e a tornar-se na última «prima-dona» do firmamento artístico que o vira nascer.

A força demonstrativa de Gropius, de Mies van der Rohe e de Le Corbusier – cada um no seu campo de trabalho – é o efeito acumulado de muitos anos de obstinado trabalho contra a corrente. A importância do seu esforço pode ser avaliada se considerarmos a imensa diferença entre o ponto de partida e o ponto de chegada: quando os três mestres começaram a trabalhar, há cinquenta anos, decorria ainda a batalha entre a arquitectura tradicional, sujeita à imitação dos estilos históricos, e a arquitectura de vanguarda, que

---

[9] *Civiltà delle macchine*, 1964, n.º 4, p. 76.

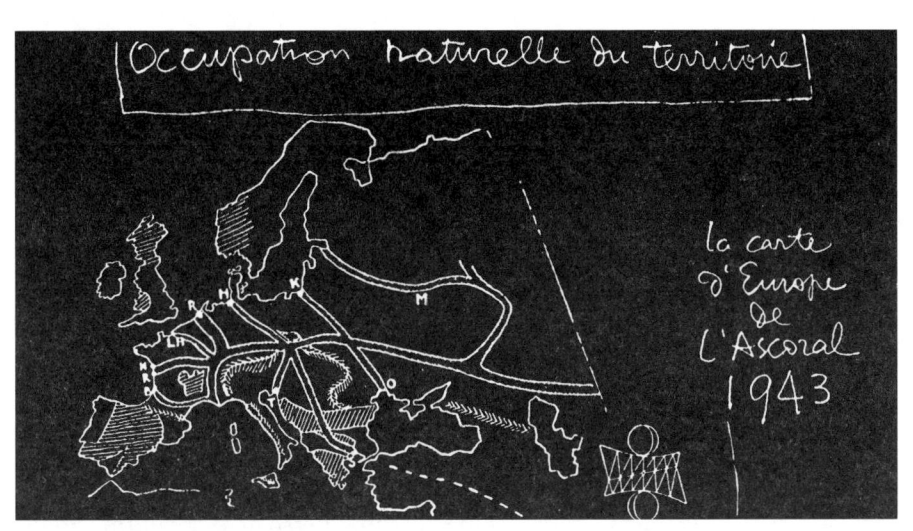

Fig. 33 – *Previsões de Ascoral para a urbanização mundial (1943).*

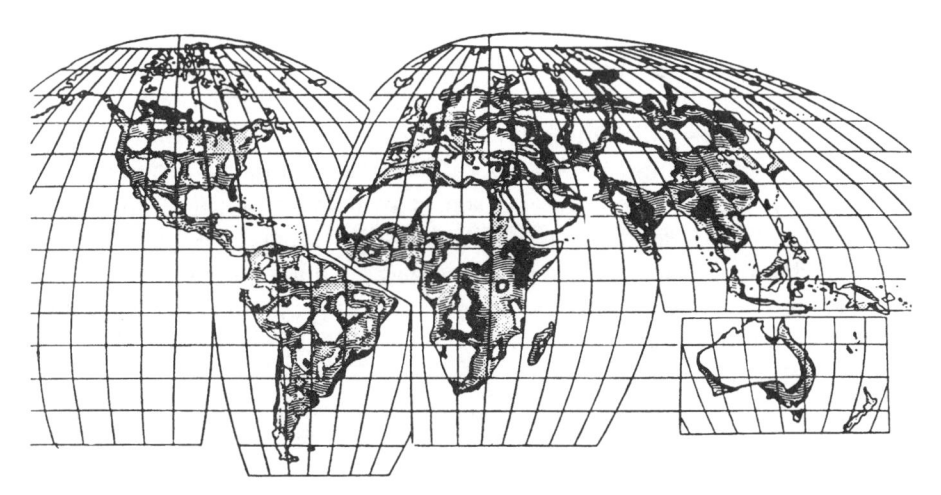

Fig. 34 – *As zonas urbanizadas do mundo no final do século XXI, segundo as previsões de Constantin Doxiadis.*

se queria libertar desta sujeição acentuando a liberdade das opções artísticas, isto é, a prerrogativa que a cultura tradicional reconhecia precisamente a uma classe de especialistas de modo a mantê-los afastados de responsabilidades decisivas relativamente à organização da cidade. Muitos outros desperdiçaram o seu engenho nesta oposição fictícia. Gropius, Mies e Le Corbusier souberam rejeitar esta determinação de base para procurar desde o início uma via alternativa. Empregando o lema de Mies, podemos dizer

45

que há cinquenta anos a arquitectura era o conjunto de todo o «mais», suficientemente variada para satisfazer todas as tendências e suficientemente abundante para parecer inesgotável. Com inflexível paciência, os três mestres trabalharam para derrubar esta montanha de passividade e para tornar possíveis os contrastes entre as tendências, ou seja, para fundar uma outra arquitectura, baseada numa nova escala de valores.

As personalidades que desencadearam esta mudança histórica – a mais importante na arquitectura desde o Renascimento – conseguiram também envelhecer de um modo diferente dos outros. Essas personalidades – do mesmo modo que Brunelleschi, Donatello ou Alberti nas suas épocas – foram educadas num sistema cultural e acabariam por promover um outro. Esta situação – que também podemos verificar em compositores seus contemporâneos tal como Schönberg, Hindemith ou Stravinski – produz um resultado perfeitamente original: uma transformação histórica decisiva para todos coincide com uma sucessão de acontecimentos pessoais e a multiplicidade dos seus desenvolvimentos dificilmente caberia numa vida, ainda que longa e muito activa.

Le Corbusier, com 78 anos, e Mies, com 83, foram não apenas os mais respeitados mas literalmente os mais corajosos. No seu seguimento não surge nenhuma obra de nível comparável aos seus últimos trabalhos, tal como já não temos à disposição um árbitro tão convincente como Gropius. A sua presença garantiu na sua época a unidade da teoria arquitectónica porque se podia sempre esperar a sua próxima contribuição, capaz já de prever futuras necessidades comuns. Após o seu desaparecimento esbateu-se esta possibilidade e a coerência da investigação – que não pode ser recuperada apenas com manifestos, declarações e reuniões – deve ser garantida através de um trabalho mais cuidadoso e mantido dentro de certos limites, o que ainda durará muito tempo.

Capítulo III

O DESAFIO DA GRANDE DIMENSÃO

A reconstrução do pós-guerra culminaria num período de desenvolvimento económico e social que se manifesta já nos anos 40 na América e nos anos 50 no velho continente.

Na década que se seguiu, de 1960 a 1970, a reconstrução estava terminada mas o desenvolvimento prosseguia em todo o mundo. A população aumenta tanto nos países industrializados como nos mais atrasados e as características desse desenvolvimento – com a transferência da população activa da agricultura para a indústria, o crescimento do sector terciário, a mudança da composição demográfica e dos modos de vida – vêm agravar o impacto sobre o «ambiente construído», que agora invade toda a superfície do planeta. Enquanto que a população mundial aumenta, entre 1960 e 1970, de 3 para cerca de 3,6 mil milhões, a população urbana passa de 30 para 40% (de 1 para 1,5 mil milhões) e as grandes aglomerações crescem a um ritmo ainda mais intenso. A Europa, onde estes fenómenos se haviam precocemente verificado, segue a mesma tendência, embora de modo mais moderado: a população europeia (sem contar a URSS) passa de 437 para 469 milhões e a população urbana de 56 para 58%, embora o aumento dos rendimentos e as mudanças sociais (definidas no seu conjunto por Galbraith no seu livro *The Affluent Society*, de 1958) conduzam a um crescimento e a uma diferenciação do património construído ainda maiores do que no passado.

Por toda a parte, tanto nos países de Leste como nos do Ocidente, se impõe a necessidade de um planeamento organizado das modificações territoriais e os métodos da teoria arquitectónica moderna, estabelecidos no período anterior, são considerados como parte integrante da «planificação». Os arquitectos modernos encontram-se assim, pela primeira vez, a projectar um elevado número de empreendimentos de grande escala, podendo-os comprovar na prática.

Passemos em revista as mais importantes das experiências que por todo o mundo se verificaram na sétima década do nosso século...

Em Inglaterra, as questões legais económicas resultantes das inovadoras leis do primeiro pós-guerra foram em grande parte solucionadas pelo Town and Country Planning Act de 1959 e pelo Land Compensation Act de 1961. O dispositivo fiscal e financeiro introduzido pela lei de 1946 é praticamente extinto e o preço a pagar pela aquisição dos terrenos necessários aos programas de intervenção pública é alinhado pelo seu valor de mercado. Devido a esta simplificação não só os programas públicos se podem desenvolver numa maior escala, como os próprios preços de mercado são regulados.

E com efeito, na década seguinte, as intervenções públicas adquirem um novo ímpeto. Em 1956 dá-se o arranque de uma 15.ª *new town*, Cumbernauld, com 70 000 habitantes. Depois de 1961 são iniciadas mais oito, e todas as suas dimensões previstas foram consideravelmente aumentadas. Em 1963 é publicada a primeira edição do livro de Osborn e Whittick[10] que dá conta das experiências levadas a cabo e que volta a despoletar a discussão internacional sobre o problema. A nova lei urbanística de 1962 obriga todas as autoridades locais a preparar um plano do seu território. Em 1963 é instituído um órgão central para a planificação urbanística articulando o Ministério dos Transportes, o Ministério das Obras Públicas e as administrações locais, dinamizando ainda as outras administrações e fornecendo critérios comuns. Os primeiros Departamentos de Planificação independentes são instituídos em Newcastle em 1960, em Leicester em 1962 e em Manchester em 1963, projectando novos bairros e estabelecendo planos de organização integrada dos centros. Na capital, o London County Council é substituído em 1965 pelo Greater London Council, que administra uma área mais vasta, compreendendo a *City* e 32 municípios periféricos.

Neste aparelho público renovado vêm convergir as tentativas de um planeamento inovador, tentativas que primeiramente se verificaram nos trabalhos privados.

As necessidades de uma separação rigorosa dos tráfegos (veículos automóveis, de duas rodas e peões), de uma integração entre as funções e de um aumento de dimensão de modo a alcançar uma mais completa vida urbana, resultam num modelo mais actualizado de *new town*, com uma população de cerca de 100 000 habitantes e uma estrutura concêntrica (uma cintura externa de indústrias, uma cintura interior de bairros residenciais

---

[10] F. J. Osborn, A. Whittick, *The New Towns, the Answer to Megalopolis*, Londres, 1963; uma segunda edição aumentada foi publicada em 1977.

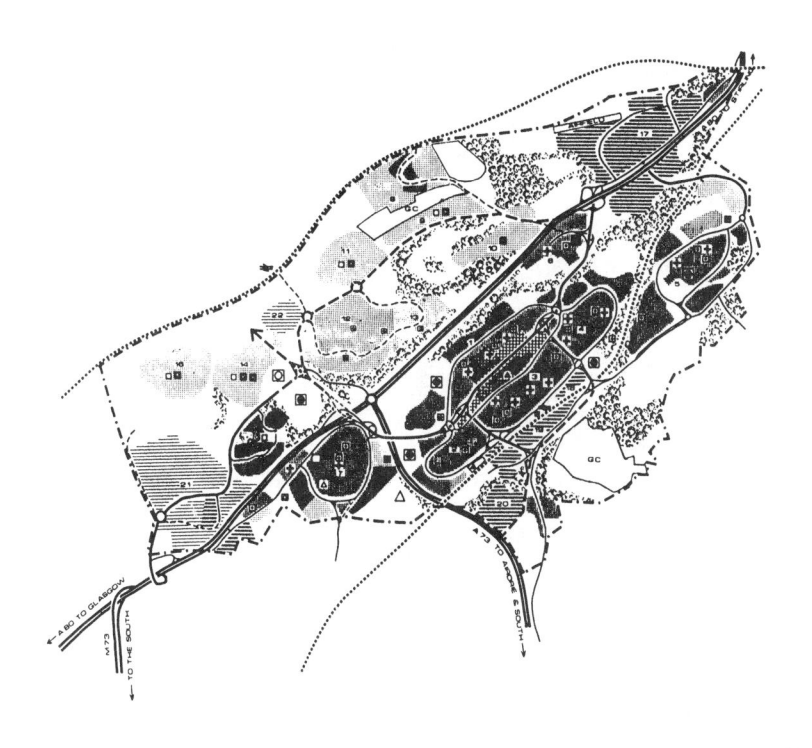

Figs. 35, 36 – *Planta de Cumbernauld New Town e um dos percursos para peões.*

49

Fig. 37 – *Vista aérea de Cumbernauld.*

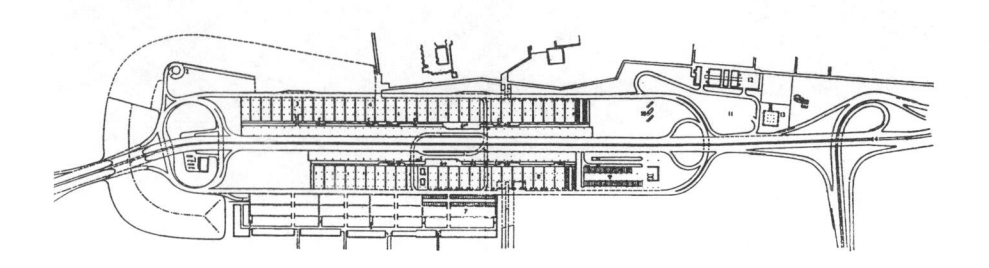

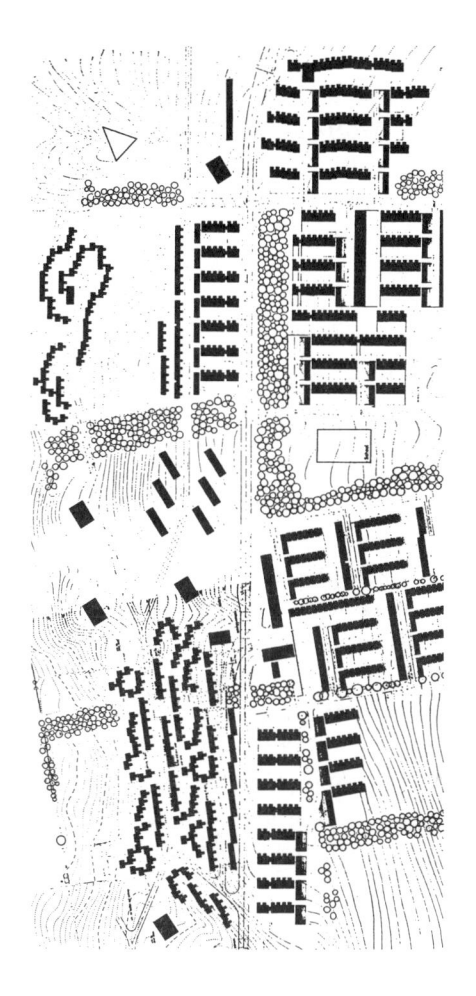

Fig. 38 – *Um detalhe da planta de Cumbernauld.*

Figs. 39 *(na página anterior)*, 40 – *Planta e corte do centro comercial de Cumbernauld: 1. auto-estrada, 2. hotel, 3. centro administrativo, 4. escritórios, 5. estacionamento, 6. habitações, 7. infantário, 8. serviços, 9. centro médico, 10. lojas.*

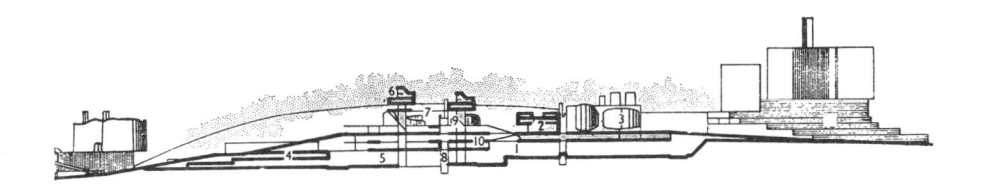

e um centro compacto para comércio e serviços). Este modelo é experimentado pela primeira vez em Cumbernauld, concebido em 1956 por Hugh Wilson (figs. 35, 36) e foi depois desenvolvido no projecto da nova cidade de Hook, estabelecido em 1960 pelo London County Council para o Hampshire County Council mas que acabaria por ficar no papel (fig. 41).

O princípio da separação vertical dos tráfegos é também sistematicamente desenvolvido no relatório de Colin Buchanan, encomendado pelo Ministério dos Transportes e publicado em 1963 ([11]). As suas sugestões viriam a ser aplicadas em muitos projectos dos anos seguintes, entre os quais algumas das mais recentes *new towns* e o plano de ordenamento do centro de Liverpool (1966).

Todas estas experiências surgem no contexto da planificação territorial que teve lugar na segunda metade dos anos 60. As opções iniciais dos planos locais respeitantes a novos empreendimentos ou à transformação dos já existentes são gradualmente submetidos a estudos aprofundados a uma escala superior, de entre os quais se destaca o plano estratégico para o sudeste de Inglaterra, publicado em 1970. O conceito teórico de *new town* resultante da cidade-jardim de Howard e caracterizado por uma dimensão previamente estabelecida (50 000 ou 100 000 habitantes), desaparece: trata-se agora de uma nova urbanização a realizar segundo um processo já conhecido e que tenha já dado boas provas, mas a ser adaptado sem preconceitos às necessidades locais; a sua dimensão é variável (Milton Keynes, iniciada em 1967, terá 250 000 habitantes no final do século, as duas novas cidades previstas no plano estratégico para o sudeste, próximo de Northampton e Warrington, terão 230 000 habitantes cada, a nova cidade do Lancashire central, iniciada em 1970, atingirá os 430 000 habitantes) e pode ainda englobar cidades ou bairros mais antigos, ou seja, não é sempre uma «cidade nova» em sentido rigoroso podendo ser comparada a um plano de ampliação intensiva (Runcorn, iniciada em 1964, é uma pequena cidade de 30 000 habitantes que deverá crescer até aos 90 000; Northampton e Warrington tinham já cerca de 130 000 habitantes cada no momento em que se iniciou o projecto, em 1968; Londonderry, na Irlanda do Norte, projecto de 1969, tinha 70 000 habitantes e deverá chegar aos 100 000). Algumas novas cidades da primeira série – Crawley, Hatfield, Hemel Hempstead e Welwyn – consideram-se «terminadas» e a sua administração passou das Development Corporations para uma comissão central para as *new towns*, instituída em 1959, enquanto que a New Towns Association, criada em 1970, procede a trabalhos de investigação e trata as informações referentes a todas as administrações interessadas.

([11]) C. Buchanan, *The Traffic in Towns*, Londres, 1963.

Fig. 41 – *A rede dos percursos para peões e para viaturas de Hook New Town (1960).*

A característica mais saliente das experiências inglesas é o facto de surgi-rem na continuidade das que foram efectuadas nos anos 40 e 50, o que resulta num ciclo coerente de projectos, realizações e sua crítica, sendo esta tida em conta nos novos projectos. Este circuito foi várias vezes repetido, e os resultados foram gradualmente melhorando não devido à maior capaci-dade dos seus inventores mas devido à selecção resultante do confronto com a realidade, tal como sucede em outros campos da pesquisa científica. A espiral do método experimental – hipótese, experiência, verificação – ha-via iniciado o seu movimento há já uma geração, vindo confirmar com a evidência dos seus efeitos a tese da cientificidade da arquitectura moderna, um dos princípios que se afirmaram entre as duas guerras. Tendo já atingi-do o número de 33 no início dos anos 70, alojando cerca de dois milhões de pessoas e tendo custado cerca de 1500 milhões de libras (mas tendo fei-to entrar uma soma ainda maior e terminando com lucro), a grande expe-riência das *new towns* adquire acima de tudo o valor de um método geral (que surge como alternativa ao método tradicional) para o desenvolvimento das cidades, para tal se baseando na combinação de dois factores: a dispo-nibilidade pública total, embora temporária, das áreas a construir (o Partido

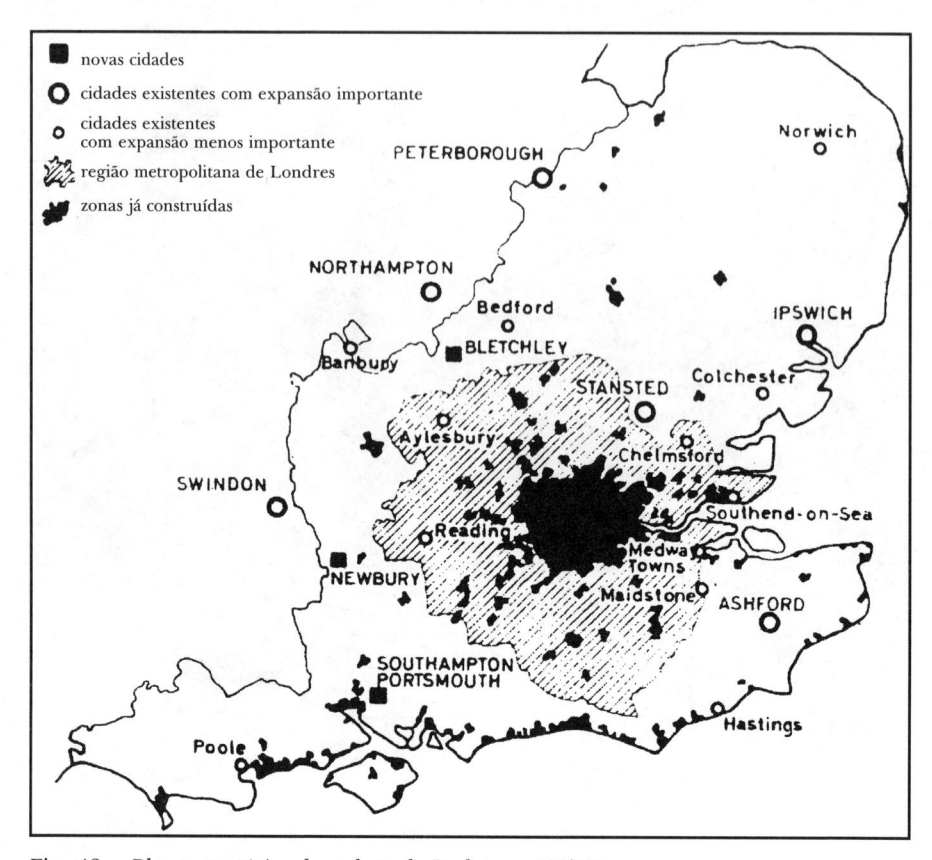

Fig. 42 – *Plano estratégico do sudeste de Inglaterra (1970).*

Trabalhista apresentou um projecto para a generalização deste processo no seu programa para as eleições de 1964) e a possibilidade de livremente inventar, nos novos espaços assim criados, a forma do ambiente que será edificado.

Hugh Wilson, autor do projecto de Cumbernauld, escreve na apresentação do estudo efectuado sobre o centro dessa cidade (v. figs. 38, 39, 40):

«*As new towns* devem ser consideradas como laboratórios de urbanismo nos quais poderão ser elaboradas as ideias para a reestruturação das cidades existentes. São grandes oportunidades para acumular ensinamentos úteis à solução dos problemas urbanísticos das antigas e novas cidades. O governo deve retirar todas as vantagens dos enormes investimentos feitos nas cidades novas de modo a que os seus habitantes, tal como os habitantes das antigas cidades a transformar, delas possam desfrutar o máximo» [12].

---

[12] Cf. in *Urbanistica*, n.º 53 (1968), p. 14.

De entre as experiências concebidas neste período consideramos como as mais significativas:

1) O projecto de Runcorn – 1964-1965 – aplica alguns dos princípios introduzidos em Cumbernauld (a forma compacta do organismo urbano – que tem quase a mesma dimensão, 90 000 habitantes – a rede das estradas principais completamente equipada, o centro comercial realizado numa única estrutura arquitectónica), mas renuncia à possibilidade de chegar a este centro a pé a partir de qualquer das zonas residenciais. Por isso se torna importante o sistema de transportes públicos, que se efectua através de estradas independentes. A nova cidade possui assim três redes de estradas distintas: uma para os peões, uma para os transportes privados e outra para os transportes públicos (fig. 43).

2) O projecto de Milton Keynes – 1967-1970 – baseia-se em princípios bastante diferentes, relacionados com a muito maior dimensão da cidade, 250 000 habitantes. Apenas os transportes motorizados podem resolver as ligações à escala citadina, enquanto que os percursos para peões funcionam exclusivamente à entrada do bairro. Não existe assim a necessidade de alcançar uma alta densidade e uma forma compacta do tecido habitacional: a área previamente escolhida é percorrida por uma rede de estradas principais – curvadas para se adaptarem às ondulações do terreno – nas quais confluem então todos os tipos de tráfego. Cada quadrado resultante é uma «área ambiental» na qual as residências e os serviços se encontram livremente distribuídos, com a densidade e as tipologias mais adaptadas à vida quotidiana dos seus habitantes.

Em ambos os casos se procuraram assegurar boas condições de vida e de trabalho mesmo nas fases intermédias da construção e em ambos os casos pareceu também fundamental o apoio em núcleos já existentes e de dimensão considerável: a antiga Runcorn (que tinha 30 000 habitantes) e as cidades incluídas no plano de Milton Keynes (Bletchley a sul, New Bradwell, Wolverton e Stony Stratford a norte, com 40 000 habitantes no seu conjunto). A edificação de Milton Keynes é iniciada a partir dos núcleos já existentes (que entretanto funcionam como centros de serviços), prosseguindo depois em direcção ao novo centro.

Também nas áreas metropolitanas se realizam algumas grandes intervenções de grandeza comparável às *new towns*. O Greater London Council é herdeiro dos programas iniciados pelo London County Council na zona de Londres (entre os quais a reconstrução do distrito de Stepney-Poplar para uma população de quase 100 000 pessoas e a da área de Barbican, em plena *City,* a qual compreende uma série de edifícios com diferentes funções: escritórios, lojas, escolas, centros recreativos e também casas de habitação para 6500 pessoas, instaladas numa zona a partir de então completamente reservada ao comércio e aos negócios). Projecta ainda um novo bairro para

Fig. 43 – *Planimetria da nova cidade de Runcorn, projectada cerca de 1965.*

60 000 habitantes em Thamesmead, ao longo do estuário do rio, com um sistema integrado de percursos para peões construídos a um nível superior e uma tentativa de integração entre o tecido habitacional e a paisagem aquática (fig. 48).

As iniciativas promovidas nestes anos, devido à sua dimensão, foram realizadas durante longos períodos pelo que só no final dos anos 70 adquirem uma forma concreta. Uma parte das opções feitas em matéria de projectos pode revelar-se criticável, mas as vantagens de um planeamento de conjunto são bem visíveis na paisagem contemporânea, onde permanecem ainda excepções a ser retomadas por uma futura planificação.

Em França o limiar da grande dimensão é transposto com decisão logo em 1958, quando são instituídas as ZUP. Mas apenas nos anos seguintes – e

Fig. 44 – *Perspectiva aérea de uma parte da cidade de Milton Keynes, incluída no plano de 1970.*

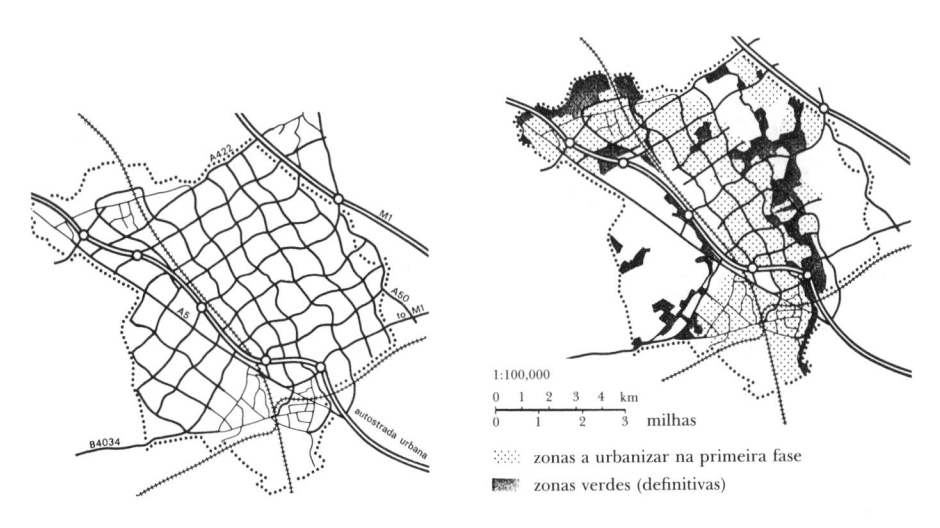

1:100,000

0 1 2 3 4 km

0 1 2 3 milhas

::::: zonas a urbanizar na primeira fase

▓ zonas verdes (definitivas)

Figs. 45, 46 – *A rede das estradas principais no plano definitivo de Milton Keynes, projectado cerca de 1970. A zona a urbanizar nos primeiros dez anos* (a pontilhado) *e o sistema das zonas verdes* (a cinzento).

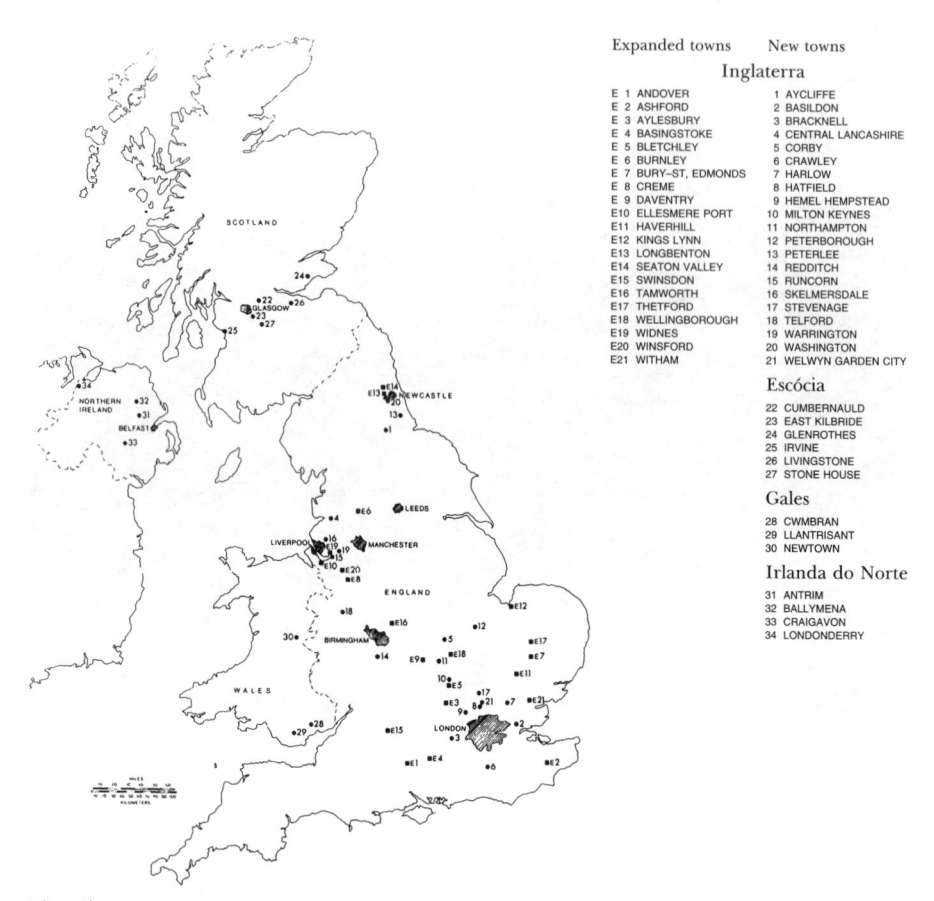

Expanded towns	New towns

Inglaterra

E 1 ANDOVER	1 AYCLIFFE
E 2 ASHFORD	2 BASILDON
E 3 AYLESBURY	3 BRACKNELL
E 4 BASINGSTOKE	4 CENTRAL LANCASHIRE
E 5 BLETCHLEY	5 CORBY
E 6 BURNLEY	6 CRAWLEY
E 7 BURY–ST. EDMONDS	7 HARLOW
E 8 CREME	8 HATFIELD
E 9 DAVENTRY	9 HEMEL HEMPSTEAD
E10 ELLESMERE PORT	10 MILTON KEYNES
E11 HAVERHILL	11 NORTHAMPTON
E12 KINGS LYNN	12 PETERBOROUGH
E13 LONGBENTON	13 PETERLEE
E14 SEATON VALLEY	14 REDDITCH
E15 SWINSDON	15 RUNCORN
E16 TAMWORTH	16 SKELMERSDALE
E17 THETFORD	17 STEVENAGE
E18 WELLINGBOROUGH	18 TELFORD
E19 WIDNES	19 WARRINGTON
E20 WINSFORD	20 WASHINGTON
E21 WITHAM	21 WELWYN GARDEN CITY

Escócia

22 CUMBERNAULD
23 EAST KILBRIDE
24 GLENROTHES
25 IRVINE
26 LIVINGSTONE
27 STONE HOUSE

Gales

28 CWMBRAN
29 LLANTRISANT
30 NEWTOWN

Irlanda do Norte

31 ANTRIM
32 BALLYMENA
33 CRAIGAVON
34 LONDONDERRY

Fig. 47 – *As* new towns *inglesas. Quadro geral em 1970.*

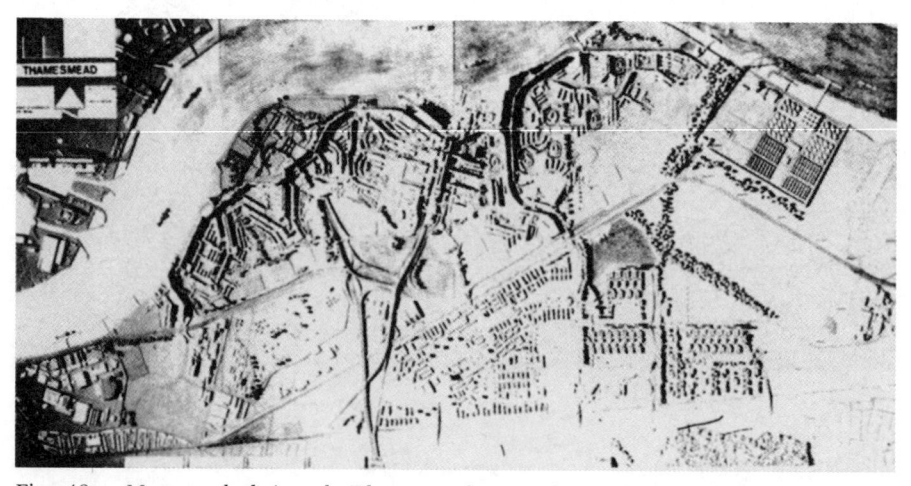

Fig. 48 – *Maqueta do bairro de Thamesmead, perto de Londres, projectado pelo Greater London Council em 1967.*

no quadro institucional da V República – se forma um sistema moderno de planificação do território.

Em 1960 é aprovado pelo governo o PADOG (Plano de Ordenamento e Organização da Região de Paris), o qual prevê um crescimento moderado da cidade (um milhão de habitantes de 1960 a 1970) e limitado a 3/4 nos *boulevards périphériques*; a *banlieue* deveria ser reestruturada por quatro centros-satélites relativamente próximos do centro, enquanto que uma parte do desenvolvimento da capital deveria ser transferido para cidades de dimensão média colocados a cerca de cem quilómetros de distância.

Mas este plano foi rapidamente ultrapassado pelas inovações institucionais e pelos programas dos anos seguintes, graças sobretudo a um grande especialista, Paul Delouvrier, apoiado directamente pelo Chefe de Estado, tal como sucedera cem anos antes com Haussmann. Em 1961, De Gaulle cria a primeira divisão de coordenação territorial, o distrito de Paris – com Delouvrier como «delegado geral» – e o primeiro departamento de planeamento nesta escala, o IAURP (Instituto de Gestão Urbanística da Região Parisiense). Em 1962 é publicada a lei que institui as ZAD (Zonas de Urbanização Diferida), as quais têm um funcionamento semelhante às ZUP, embora permitindo um mais alargadado direito de prioridade do sector público, de 14 anos, apropriado para programas a longo prazo. Entre 1963 e 1965 são criados os principais organismos de planeamento do território: a CNAT (Comissão Nacional para a Ordenação do Território), as DATAR (Delegações para a Organização do Território e a Acção Regional) que têm à sua disposição um fundo de intervenção (FIAT); as OREAM (Organizações para o Estudo e Ordenamento das Áreas Metropolitanas), que são coordenadas por um Grupo Central de Planificação Urbana (GCPU). Estes instrumentos permitem formular (no quadro dos planos trienais de 1963, 1965 e 1967) planos territoriais de vasto alcance: o esquema director da região parisiense (1963-1966) com oito ou nove cidades dispostas em duas faixas horizontais, a norte e a sul (reduzidas depois a cinco em 1969; fig. 52), o programa nacional das *villes nouvelles*, que tem lugar entre 1965 e 1970 e compreende, para além das cinco cidades na região de Paris (Cergy-Pontoise, Evry, Marne-la-Vallée, Melun-Sénart, St. Quintin-en-Yvelines) outras quatro nos arredores de outras cidades (Lille-Est, Marseille-Fos, Lyon-L'Isle d'Abeau, Rouen-Vaudreuil), o programa de reforço das «metrópoles de equilíbrio» (1968), destinadas a contrabalançar a aglomeração parisiense (Lille-Roubaix--Turcoing, Nancy-Metz, Estrasburgo, Lyon-St. Etiènne, Marselha, Toulose, Bordéus, Nantes; fig. 53).

O plano da região parisiense prevê até ao ano 2000 um aumento de população entre os 8 e os 14 milhões, um poder de compra quintuplicado, uma circulação automobilística três vezes maior, um acréscimo de 30% dos empregos na indústria, de 100% no sector dos serviços, o número de habi-

Figs. 49, 50 – *Dois aspectos do bairro Barbican na* city *de Londres.*

Fig. 51 – *Maqueta do bairro Barbican*

tações duplicado (de 3,2 para 6 milhões). Em toda a França prevê-se para o ano 2000 uma população de 75 milhões de habitantes, dos quais 77% (58 milhões) vivendo nas cidades. Para além de Paris, as aglomerações urbanas deverão duplicar, o que exigirá a construção de 700 000 habitações por ano. Tudo isto torna necessária a construção de cidades novas muito grandes, com uma população compreendida entre os 140 000 e os 500 000 habitantes. Nenhuma delas deve ser concebida como um organismo auto-suficiente, devendo estar estreitamente ligada a uma metrópole. A grandeza deverá permitir equilibrar e, em alguns casos, inverter a atracção do centro existente ([13]).

O processo de construção das *villes nouvelles* é regulado por uma lei de 1970, a qual prevê um agrupamento dos interesses comuns ou a criação de uma nova entidade administrativa, com um território próprio subtraído aos municípios originários. Várias formas de cooperação entre a iniciativa pública e privada são estabelecidas: em 1968 são instituídas as ZAC (Zonas de Organização Concertada), que devem conter pelo menos 10 000 habitações. Para a associação de capitais públicos e privados é frequente a recorrência a uma SEM (Sociedade de Economia Mista, regulada por um decreto de 1959), que recebe em concessão das entidades locais a construção de habitações ou de edifícios para serviços.

Nos planos para as novas cidades prefere-se evitar uma definição de zonas demasiado rígidas, deixando-se assim ampla margem de manobra para a execução de projectos posteriores. Mas a definição arquitectónica das no-

---

([13]) Nesta ocasião o IAURP leva a cabo um inquérito sobre as principais realizações análogas em países estrangeiros, inquérito que foi publicado no livro de P. Merin, *Les villes nouvelles*, Paris, 1969. *L'Arquitecture d'aujourd'hui* dedica a esta questão o seu número de Outubro/Novembro de 1969.

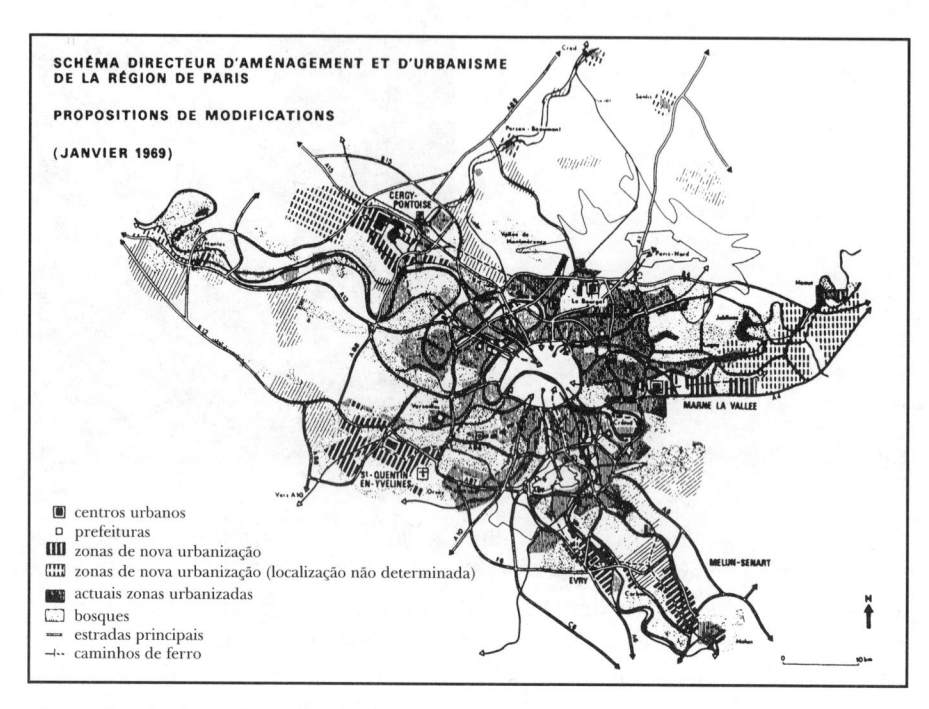

Fig. 52 – Schéma Directeur *da região parisiense (1969)*.

vas cidades só acontecerá sobretudo na próxima década, quando o quadro das previsões tiver sofrido um redimensionamento e as tendências arquitectónicas se tiverem transformado.

Os outros países europeus iniciam também, na sétima década do século, várias iniciativas urbanísticas de grande dimensão baseadas nas instituições e experiências dos quinze anos anteriores.

Na Alemanha Federal prossegue a reconstrução dos danos causados pela guerra, que ocupa ainda uma boa parte dos programas urbanísticos e de construção. Em 1960 é publicada uma nova lei geral que deixa aos municípios a tarefa de elaborar os planos urbanos, embora atribuindo aos *Länder* a elaboração dos planos regionais. As modalidades variam de um *Land* para outro, tornando-se mais complexas nas zonas de maior concentração urbana; por exemplo, o *Land* de Nordrhein-Westfalen prepara (em 1966 e em 1970) um plano regional para todo o seu território, embora delegando o planeamento efectivo de cada área – através de uma lei de 1962 – nas *Landesplanungsgemeinschaften*, constituídas por representantes dos municípios e do *Land*. Uma destas é a SVR (Siedlungsverband Ruhrkohlenbezirk) que foi criada em 1920 e que é transformada numa nova autoridade territorial,

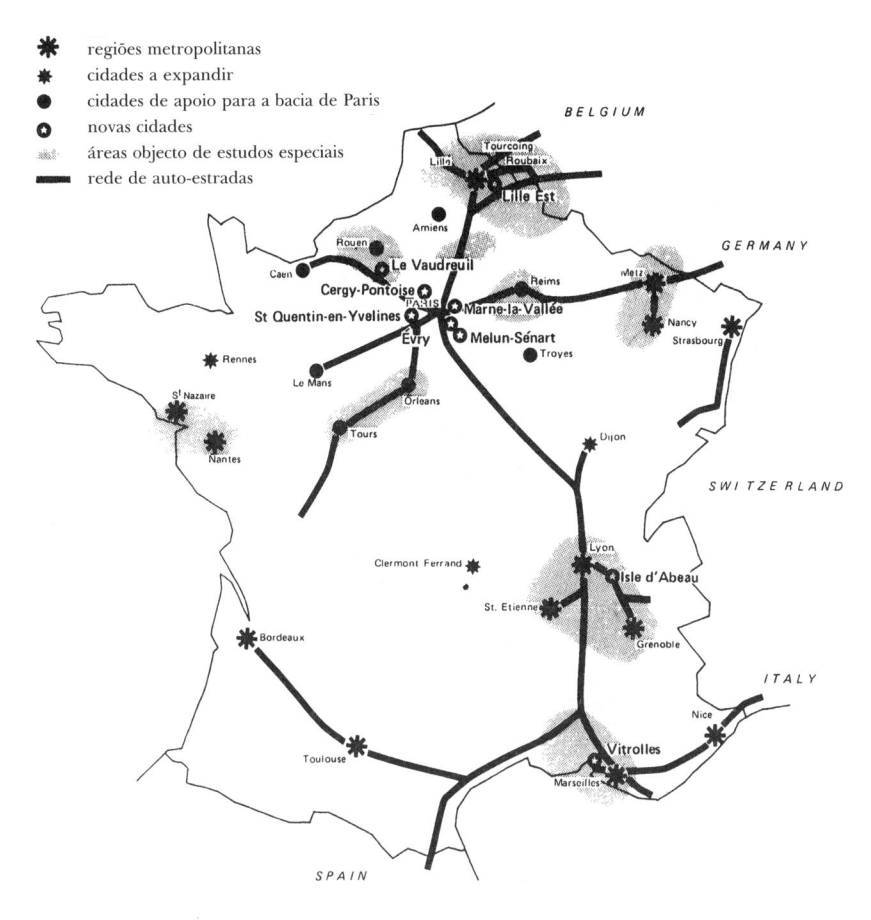

- ✳ regiões metropolitanas
- ✳ cidades a expandir
- ● cidades de apoio para a bacia de Paris
- ◉ novas cidades
- ░ áreas objecto de estudos especiais
- ▬ rede de auto-estradas

Fig. 53 – *Programa nacional da planificação francesa no final dos anos 60.*

Fig. 54 – *A nova cidade de Cergy-Pontoise. Aspecto do seu centro.*

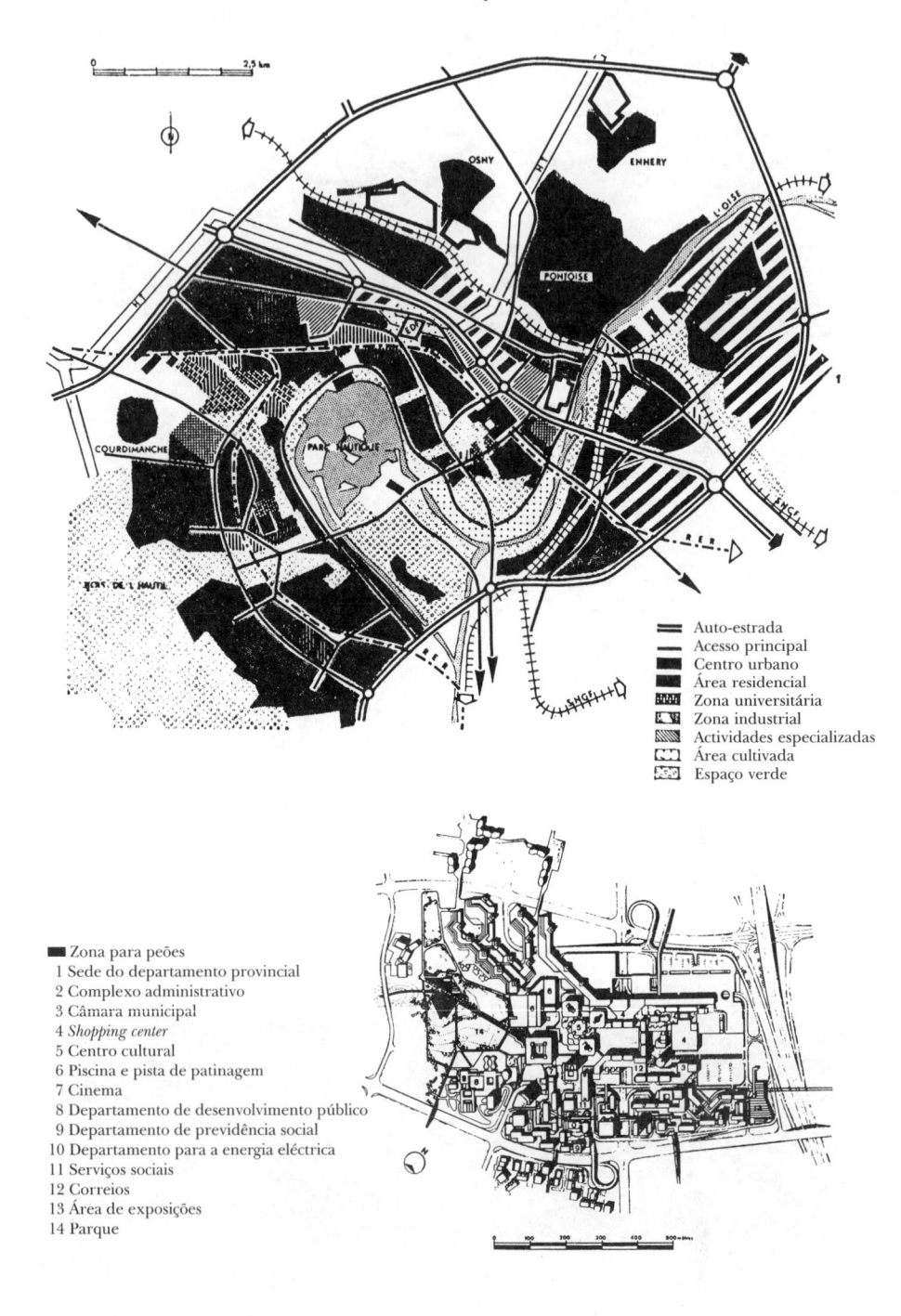

Auto-estrada
Acesso principal
Centro urbano
Área residencial
Zona universitária
Zona industrial
Actividades especializadas
Área cultivada
Espaço verde

Zona para peões
1 Sede do departamento provincial
2 Complexo administrativo
3 Câmara municipal
4 *Shopping center*
5 Centro cultural
6 Piscina e pista de patinagem
7 Cinema
8 Departamento de desenvolvimento público
9 Departamento de previdência social
10 Departamento para a energia eléctrica
11 Serviços sociais
12 Correios
13 Área de exposições
14 Parque

Figs. 55, 56 – *A nova cidade de Cergy-Pontoise. Planta geral (1970), planta do centro (1972).*

com uma série de poderes delegados pelas administrações e que se sobrepõem aos poderes locais. Tem a seu cargo o distrito do Ruhr, verdadeira metrópole policêntrica de cinco milhões e meio de habitantes. O plano territorial aprovado em 1966 prevê um crescimento posterior até aos oito milhões (número que foi depois reavaliado) e define ainda todos os empreendimentos necessários a este desenvolvimento, ao mesmo tempo que preserva cuidadosamente as áreas livres, tanto entre as maiores cidades – para evitar que se venham a unir –, como nas zonas periféricas paisagisticamente mais atraentes (fig. 57).

Na Alemanha não se verifica a necessidade de novas cidades artificiais dada a densidade das já existentes, mas foram realizados alguns grandes projectos de ampliação, entre os quais se destaca o de Wolfsburg, iniciado em 1939 para apoiar a fábrica de automóveis da Volkswagen (fig. 58). A dimensão da cidade é elevada, no novo plano regulador de 1962, de 90 000 para 130 000 habitantes, sendo particularmente cuidada a qualidade arquitectónica: um centro cultural é projectado por Aalto, um teatro por Scharoun.

No que se refere aos países escandinavos, recordem-se os novos planos urbanísticos de Copenhaga (1961) e de Estocolmo (1966), alargados à escala regional. O departamento finlandês encarregado da edificação de Tapiola projecta em 1961 uma segunda cidade satélite nos arredores de Helsínquia, Kivenlahti, chamando Aalto para conceber o projecto inicial. A escala das iniciativas não é substancialmente diferente das que já se haviam verificado no pós-guerra, facilitando a manutenção da tradicional alta qualidade tanto na concepção dos edifícios como do próprio ambiente.

Na Holanda, o dessecamento do Zuidersee dá oportunidade a um vasto programa de empreendimentos no novo território, entre os quais uma nova cidade, Lelystad, iniciada em 1965 e com uma população prevista de 100 000 habitantes. Também o plano de Amsterdão é refeito em 1962, tomando agora em consideração uma área mais vasta e introduzindo duas novas zonas de expansão a sudeste e a nordeste. No debate que se seguiria inclui-se o projecto de Bakema e Van den Broek ([14]) para uma nova expansão linear sobre a água, o que representa uma alternativa em relação aos processos habituais, se bem que ainda impraticável mesmo no avançado contexto holandês.

Este projecto baseia-se na ideia da unidade de habitação (discutida nos últimos CIAM e no Team X) e propõe a ocupação do Lago I – o último sector livre da cintura semicircular da moderna Amsterdão – com uma série de ilhas artificiais. Aqui deveriam ser construídos alojamentos para 350 000 habitantes com 35 unidades para 10 000 habitantes cada e que seriam atravessadas por uma via rápida (auto-estrada e monocarril) que do centro da

---

([14]) Publicado no número especial da revista holandesa *Forum* (n.° 3, 1965).

cidade conduziria aos terrenos recuperados dos *polder* orientais. Cada unidade compreenderia casas altas, médias e baixas, dispostas gradualmente desde o cruzamento com a via rápida até às margens exteriores e cada casa deveria comunicar simultaneamente, se bem que com diferentes graus de proximidade, com o espaço das relações com a cidade situado ao longo da espinha central, com o espaço das relações de bairro encerrado entre os edifícios da unidade e ainda com o espaço de recreação aberto entre duas unidades contíguas e comunicando com o lago (figs. 59-61 e 63-66). Deste modo, as diferenças entre os vários tipos de habitação não são de privilégio ou de inferioridade, antes correspondem a vários modos de vida, com vantagens e desvantagens que se compensam entre si, podendo ser livremente escolhidos em vez de impostos pelos níveis de rendimento.

É muito significativa a comparação entre o novo sistema residencial baseado na repetição das unidades e o antigo sistema baseado em vários modelos diferentes entre si (fig. 62): simplifica-se a rede de estradas, uniformizam-se os pormenores menos constantes, ou seja, nivelam-se as condições de vida, embora permaneça infinitamente variável a composição do conjunto, isto é, a paisagem humana inserida na paisagem natural.

Nos países do Leste europeu prossegue a realização dos empreendimentos que haviam sido projectados em grande número nos anos anteriores. Nos anos 60 inicia-se na Polónia uma tentativa de planeamento territorial completo (que se desenvolveria paralelamente à planificação económia), a qual se torna num importante exemplo, cientificamente discutido tanto nos

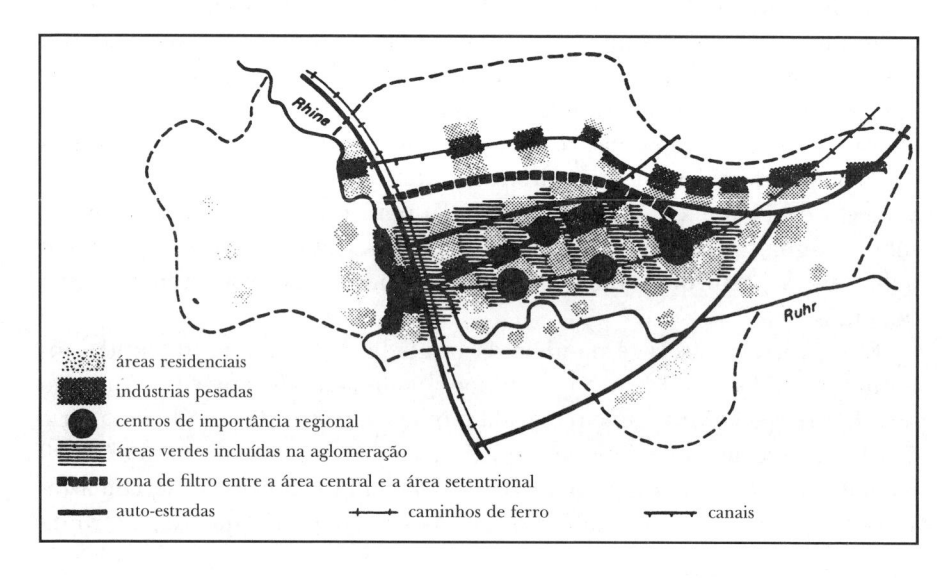

Fig. 57 – *Esquema do plano da região do Ruhr (1966).*

Fig. 58 – *Wolfsburg, um dos sectores da expansão.*

países de Leste como do Ocidente. Integrada na Academia das Ciências, é instalada em 1958 uma comissão de ordenamento espacial e em 1966 é criado um departamento de planeamento territorial que funciona junto dos órgãos do planeamento tradicional, começando-se a estudar um plano a longo prazo (para o período 1970-90) extensível a todo o país. O director da Comissão, Boleslaw Malisz, distingue-se como um dos especialistas em urbanismo com maior autoridade a nível mundial ([15]), trabalhando também no estrangeiro para a UNESCO e para os governos de vários países. Mas as próprias circunstâncias que facilitam a programação urbanística são um obstáculo a uma continuação que se traduza em projectos correctos de casas, bairros e edifícios para serviços, como sucede também em outros países socialistas. Por fim, a crise política de 1980 vem interromper a continuidade desta experiência e obriga o próprio Malisz a deixar o país.

([15]) A experiência da planificação territorial polaca é descrita no livro *Problematica della pianificazione di un territorio nazionale* (1974).

Figs. 59-61 – *A nova expansão linear de Amsterdão no Lago I projectada em 1965 por Bakema e Van den Broek. Planta geral e planta da intervenção e modelo de uma unidade de habitação.*

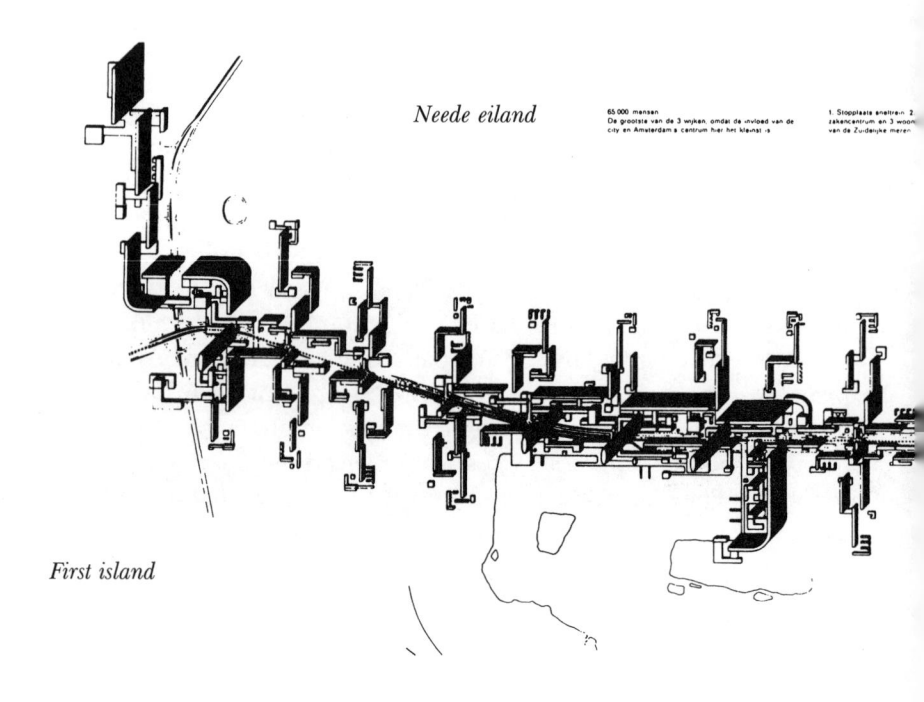

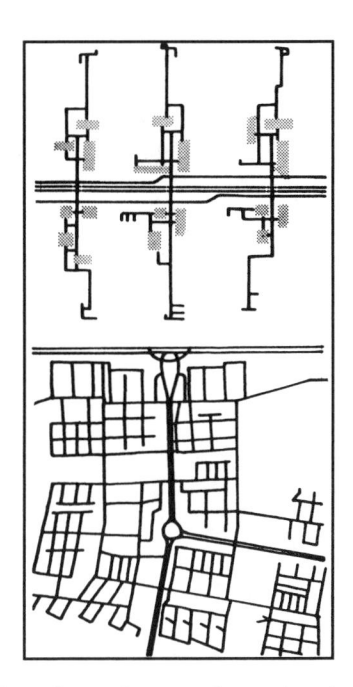

Fig. 62 – *Amsterdão. Comparação entre as redes estradais de um bairro de Amsterdão Ocidental e de três unidades do projecto: cada unidade de habitação possui uma rede secundária muito simplificada que faz a ligação entre a estrada e os estacionamentos cobertos* (a pontilhado).

Vierde eiland

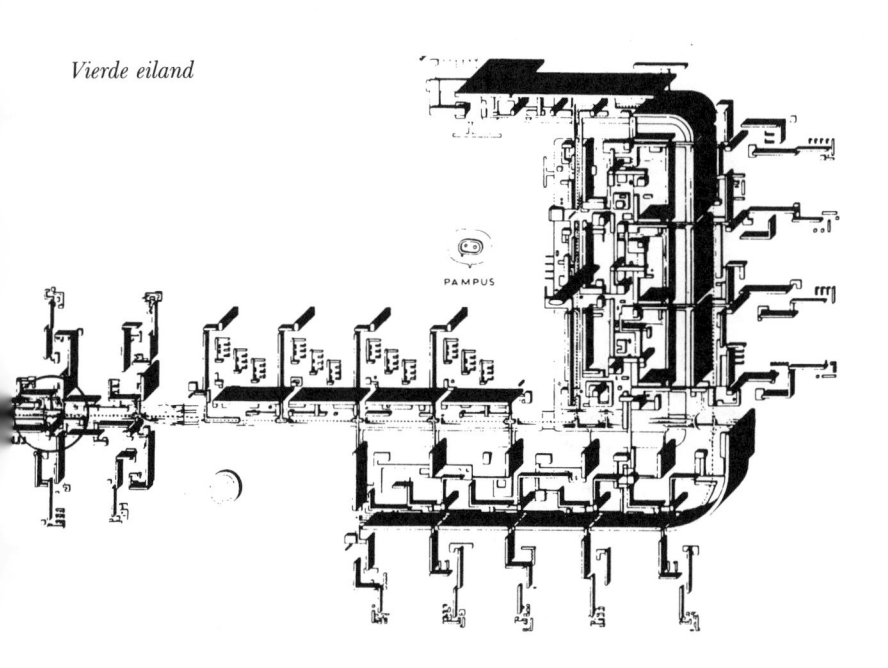

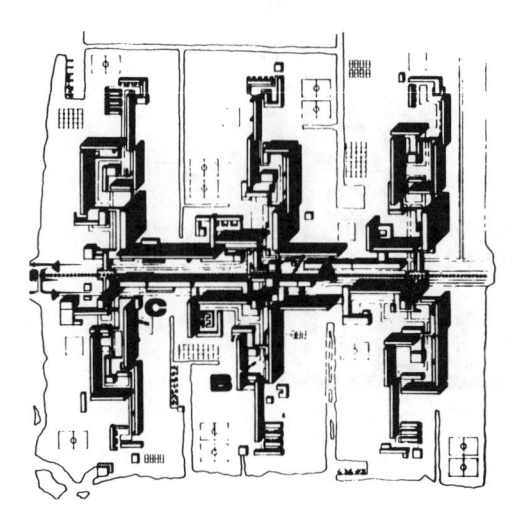

Figs. 63-66 – *Os três espaços da expansão linear de Amsterdão-Oriental: o das relações no cruzamento da unidade de habitação com a linha de tráfego rápido (A), o das relações de bairro entre os edifícios da unidade (B) e o espaço de recreio existente entre uma unidade e a outra (C). O habitante de uma casa (o do casaco aos quadrados) abeira-se simultaneamente do segundo e do terceiro espaço.*

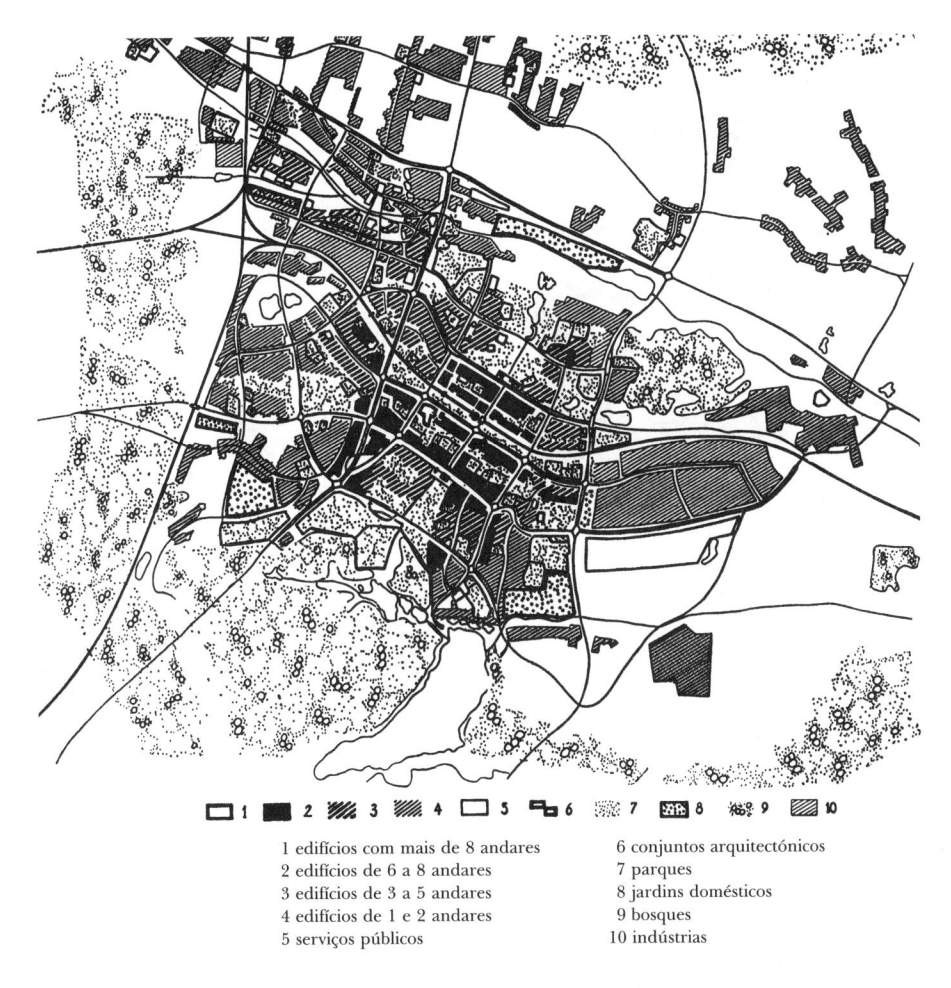

1 edifícios com mais de 8 andares
2 edifícios de 6 a 8 andares
3 edifícios de 3 a 5 andares
4 edifícios de 1 e 2 andares
5 serviços públicos

6 conjuntos arquitectónicos
7 parques
8 jardins domésticos
9 bosques
10 indústrias

Fig. 67 – *Plano geral regulador da nova cidade de Nowe Tychy (1960).*

A Itália permanece isolada entre os países europeus devido à sua incapacidade para desenvolver um planeamento urbano e territorial adequado ao seu desenvolvimento material. No quadro político de centro-esquerda (depois de 1961) são aprovados planos grandiosos para muitas cidades – entre os quais se destacam o de Roma de 1961 e o de Florença de 1962 –, preparam-se projectos de revisão das leis urbanas e institui-se um gabinete de planeamento nacional que chega a apresentar em 1970 uma proposta de ordenamento de todo o território nacional, o «Progetto 80». Mas permanecem inamovíveis o processo tradicional de urbanização dos terrenos privados e o sistema das autoridades locais, que não admite uma coordenação a um nível superior às comunas, pelo que as grandes perspectivas dos planos

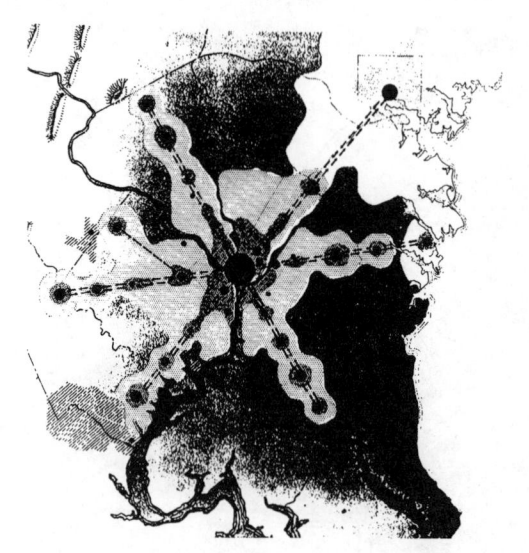

Fig. 68 – *Plano de expansão para Washington (1961).*

Fig. 69 – *As áreas metropolitanas dos Estados Unidos, definidas em 1950.*

reguladores servem para manter uma ampla liberdade de escolha no mercado dos terrenos enquanto que as inovações legislativas vêm criar um sistema de obrigações ao qual não correspondem as capacidades operacionais das administrações públicas. O único resultado importante desta fase é a lei de 1962 que atribui pela primeira vez às comunas a aquisição e urbanização dos terrenos destinados à construção económica e popular. As suas primeiras aplicações têm fracos resultados já que estas áreas se encontram dispersas em muitas zonas periféricas de pequena e média dimensão e que se não prestam a projectos de escala considerável, não se constituindo, no seu conjunto, como uma alternativa às periferias tradicionais. Apenas no decénio seguinte a lei de 1962 constituirá a base para algumas experiências inovadoras, das quais se falará na segunda parte.

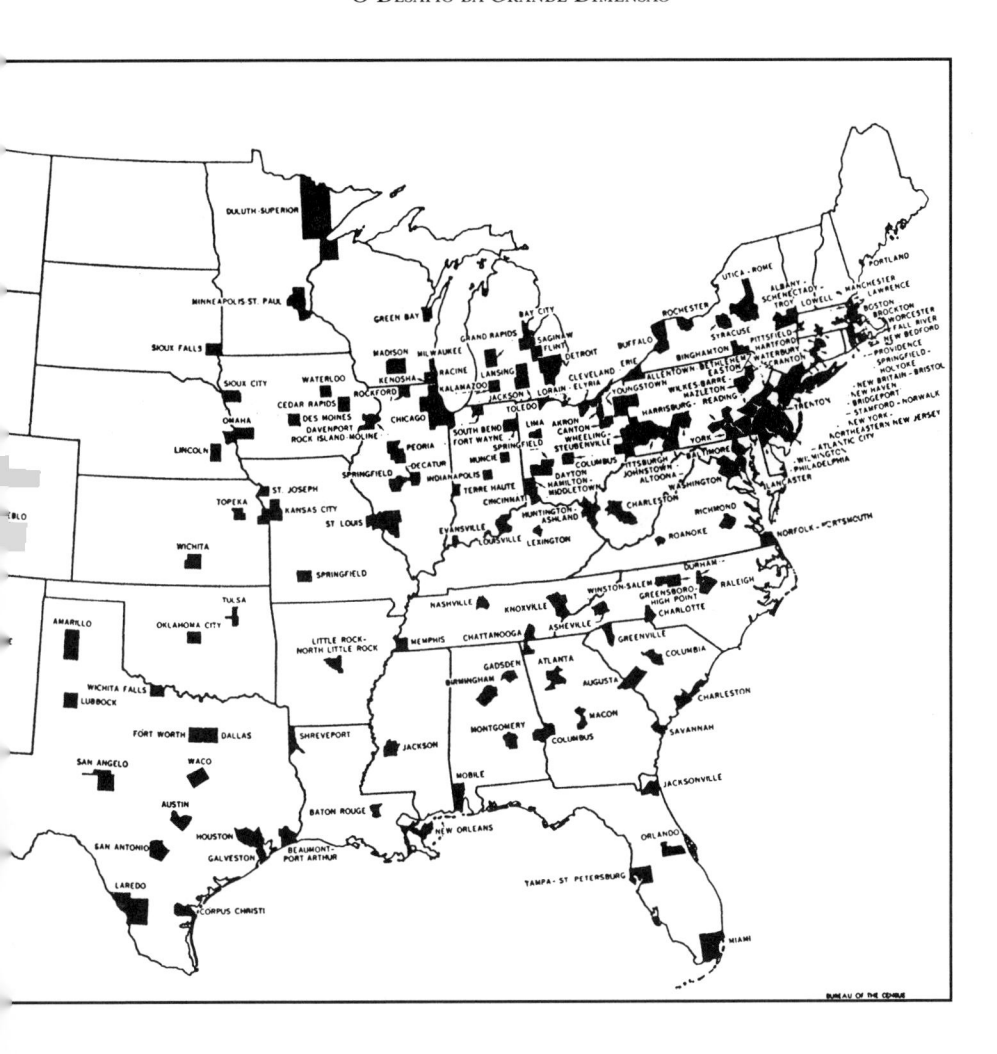

Nos Estados Unidos, a questão do planeamento territorial é bem recebida no mundo cultural e académico, mas dificilmente consegue sensibilizar as estruturas económicas e administrativas, que uma longa tradição tornara hostis a uma maior intervenção pública neste campo.

O Massachusets Institute of Technology e a Universidade de Harvard criam em 1959 o Joint Center of Urban Studies, o qual desenvolve uma vasta actividade de estudo e documentação de alcance internacional. A administração Kennedy lança-se com decisão nesta área e publica uma série de medidas no Housing Act de 1961. Somas consideráveis são destinadas à construção pública, para a aquisição de zonas verdes e para a elaboração de projectos e a execução de obras públicas. A coordenação horizontal destas intervenções cabe às autoridades locais, onde operam numerosos organismos

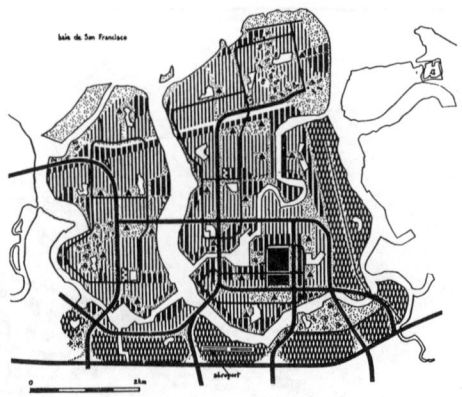

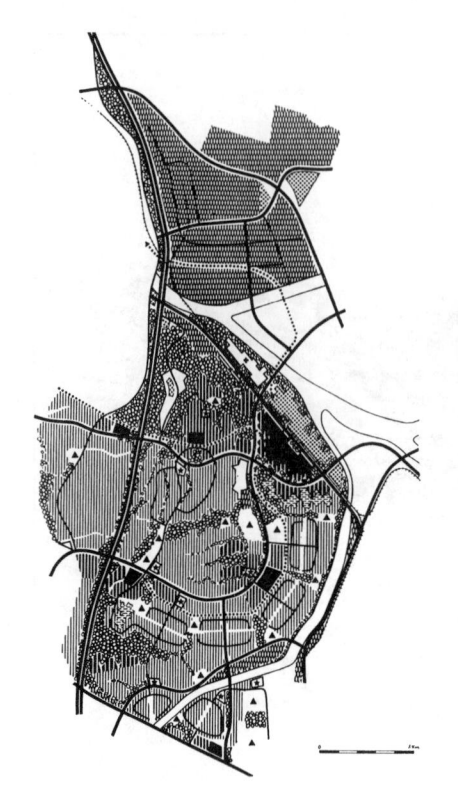

Figs. 70, 71 – *Plantas das novas cidades de Redwood Shores e de Valencia.*

Fig. 72 *(página seguinte) – Densidade populacional na Megalópolis de Gottmann (de um livro de 1961).*

de planificação cujos projectos são financiados pelo governo federal com base numa lei de 1955. Entre estes destaca-se o plano de 1961 para Washington, o qual propõe canalizar o rapidíssimo crescimento da capital para seis corredores dispostos radialmente, propondo um modelo de articulação dos novos empreendimentos agrupando-os numa série de novas cidades de 80 a 100 000 habitantes (fig. 68). A sua execução é entregue à iniciativa privada e é assim que nos anos 60 dois promotores – R. E. Simon e J. Rouse – realizam duas obras de grandes dimensões: Reston (para 75 000 habitantes) e Columbia (para 110 000). Os projectos são elaborados no primeiro caso pelo estúdio Whittlesey & Conklin, no segundo por um gabinete pertencente à companhia construtora.

Outras iniciativas análogas surgem no mesmo período, sobretudo na Califórnia: Foster City (projectada por Wilsey, Ham & Blair para 35 000 habitantes); Redwood Shores (projectada pelo TAC para 60 000 habitantes; fig. 70); Valencia (concebida por V. Gruen para 250 000 habitantes; fig. 71) e a maior de todas, Irvine, que abrange uma região inteira com capacidade para até 750 000 habitantes e com um novo *campus* para a Universidade da Califórnia. Neste caso, a presença da universidade exige o estabelecimento

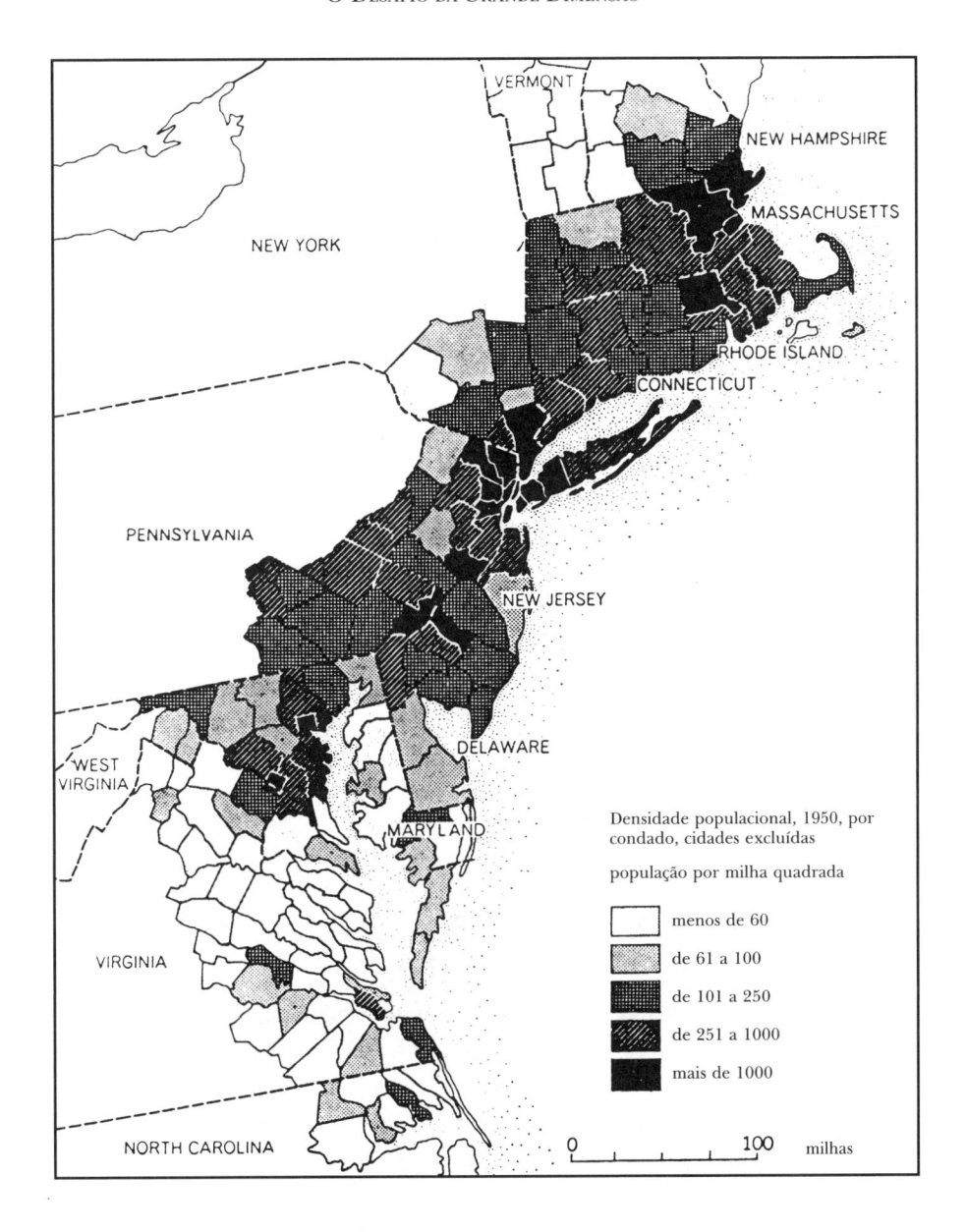

Densidade populacional, 1950, por condado, cidades excluídas

população por milha quadrada

	menos de 60
	de 61 a 100
	de 101 a 250
	de 251 a 1000
	mais de 1000

de um plano de conjunto semelhante ao das iniciativas públicas europeias, trabalho de W. Pereira e de uma numerosa equipa.

Estas experiências americanas conservam a baixa densidade das periferias tradicionais e distinguem-se pela sua concepção mais elaborada e pela quantidade de serviços proporcionados. Mas a insistência de uma iniciativa pública impede que a sua situação e dimensão dependam de uma necessidade calculada à escala do território. As tentativas feitas neste sentido (de entre as quais se destaca a da Urban Development Corporation – UDC – instituída em 1968 no estado de Nova Iorque por iniciativa de Nelson Rockefeller, e que propunha canalizar para uma série de novas cidades um terço do futuro desenvolvimento urbano), levam o National Committee on Urban Growth a formular em 1969 uma primeira proposta global compreendendo cem novas cidades de 100 000 habitantes e dez de um milhão. Mas o governo federal oferece apenas alguns incentivos, contidos no Housing and Urban Development Act de 1970.

O complexo mecanismo da construção urbana nos Estados Unidos, com o seu dinamismo, o seu grau de liberdade e o enorme potencial de espaços livres, permanece fora do alcance de uma planificação unitária e emerge apenas como objecto de estudos científicos, aos quais falta um prolongamento operacional. Entre estes se distingue o que foi promovido pelo MIT para a área entre Boston e Washington[16] (fig. 69). Os planos sectoriais para as infra-estruturas e serviços e os planos reguladores que pretendem orientar de um modo profundo as cidades apenas parcialmente permitem impor padrões a esta realidade.

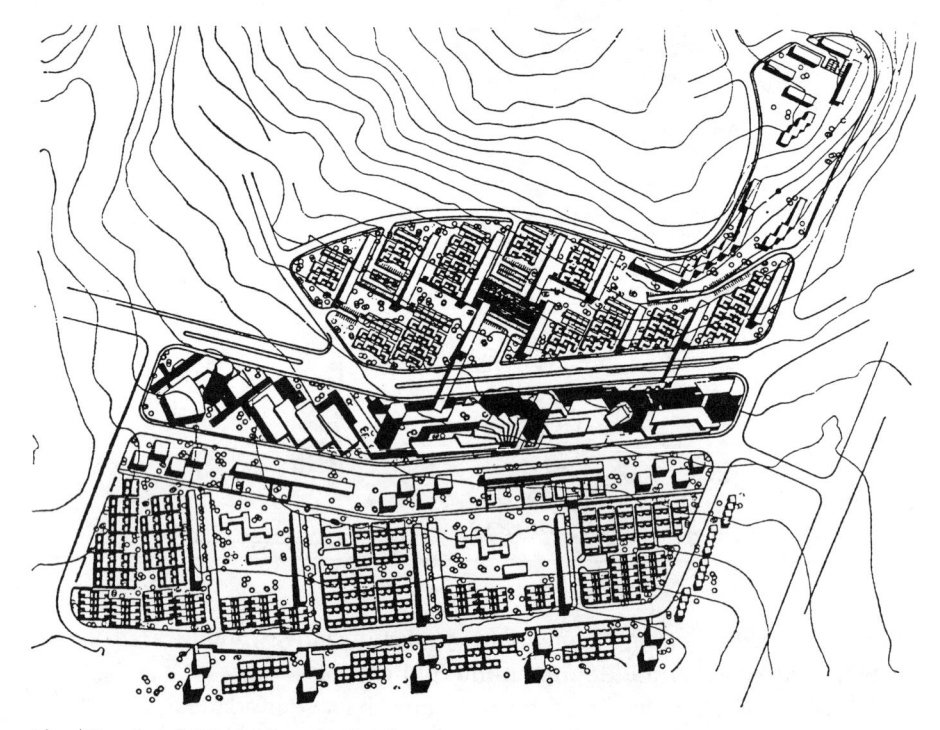

Fig. 73 – *Israel, planta da primeira fase da construção da nova cidade de Karmiel (1964).*

---

[16] J. Gottmann, *Megalopolis; The Urbanized eastern Seabord of the United States*, Cambridge (Mass.), 1961.

No resto do mundo, onde os recursos são mais escassos mas as necessidades são de longe maiores devido ao desenvolvimento demográfico e ao afluxo da população às áreas urbanizadas, surgem neste período algumas iniciativas urbanísticas de grandes dimensões, por vezes projectadas e assistidas por países mais desenvolvidos. O programa das novas cidades israelitas é estabelecido e materializado sobretudo na década de paz que decorre entre a expedição do Egipto (1956) e a Guerra dos Seis Dias (1967; fig. 73).

A capital do México passa de três milhões de habitantes em 1950 para doze nos anos 70, sendo este desenvolvimento canalizado predominantemente para empreendimentos especulativos, entre os quais é de salientar o grande bairro de Nezahualcoyotl, no leito do lago Texcoco, e que em 1970 alberga 650 000 habitantes. O governo responde com intervenções públicas de inusitada dimensão, tal como o bairro Nonoalco-Tlatelolco, coordenado por Mario Pani, o qual inclui um característico centro urbano – a Praça dos Três Poderes – edificada sobre o local da última batalha de Cuauhtemoc contra Cortez e onde as ruínas dos templos astecas se encontram deliberadamente ao lado dos modernos arranha-céus (fig. 74, 75). Pedro Ramirez Vasquez (n. 1919) realiza neste período algumas espectaculares obras públicas, entre as quais o Museu de Arte Moderna e o Museu de Antropologia na Cidade do México, além de ter coordenado o projecto das instalações desportivas para as Olimpíadas de 1968.

Na Venezuela, onde as cidades já existentes não possuem uma situação geográfica favorável ao seu desenvolvimento, o governo central promove algumas novas cidades de grande dimensão: em 1961 Ciudad Guayana, sobre o Orenoco (com a consultoria do Joint Center do MIT e da Universidade de Harvard), em 1968 El Tablazo, à vista de Maracaíbo mas do outro lado da laguna (fig. 76) e Tuy Medio, num vale a leste de Caracas, supervisionadas pelos ingleses Llewelyn-Davies, Waeks, Forestier-Walker e Bor. Ciudad Guayana foi projectada para 250 000 habitantes mas cresce tão rapidamente que esse número duplicará logo em 1965. El Tablazo e Tuy Medio foram programadas em várias fases, a exemplo das *new towns* inglesas, devendo atingir respectivamente 330 000 e 420 000 habitantes em 1990.

Na Índia, as novas indústrias pesadas encontram-se associadas a uma série de novas cidades com populações que variam entre os 100 000 e os 125 000 habitantes (figs. 77, 78). Desde 1959 que o Paquistão se empenha na construção de uma nova e grandiosa capital, Islamabad, capaz de crescer indefinidamente – o planeamento territorial é confiado ao inglês Robert Mathew e o planeamento urbano à C. Doxiadis Associates.

Novas cidades ainda maiores seriam projectadas no final da década, de modo a acompanhar o desenvolvimento dos grandes aglomerados do terceiro mundo: em 1968 a Ciudad Parallela entre Cuernavaca e Yautepec para

Figs. 74, 75 – *Cidade do México, dois aspectos do bairro Nonoalco-Tlatelolco.*

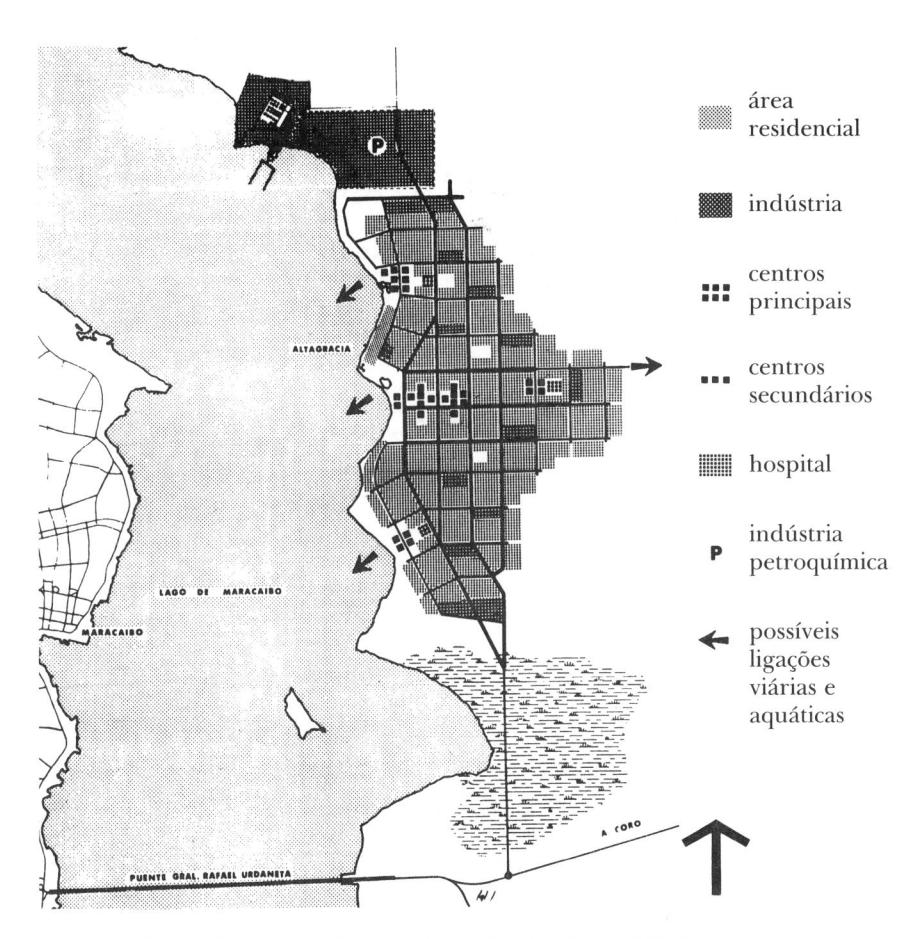

área residencial

indústria

centros principais

centros secundários

hospital

P indústria petroquímica

← possíveis ligações viárias e aquáticas

Fig. 76 – *Planta de conjunto da nova cidade de El Tablazo* (1968).

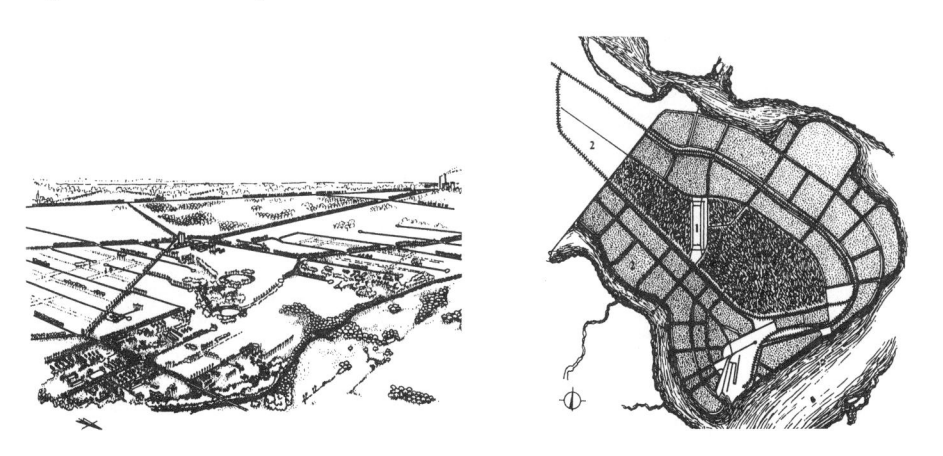

Figs. 77, 78 – *Planta e vista da nova cidade indiana de Haldia (1968-72), a qual inclui uma zona agrícola no seu interior.*

79

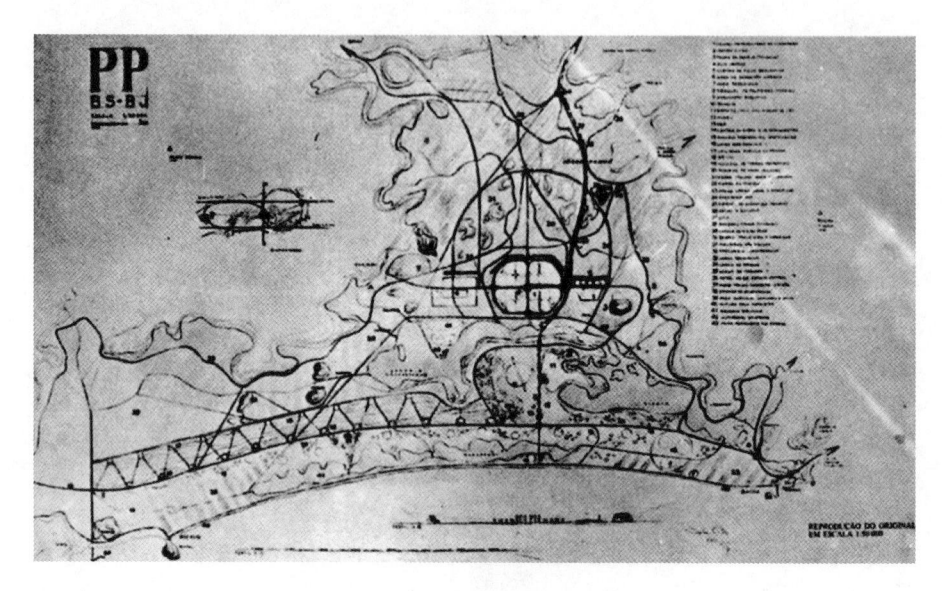

Fig. 79 – *Esquema do empreendimento de Jacarepaguá, perto do Rio de Janeiro (L. Costa, 1970).*

descongestionar a Cidade do México, projectada por F. Escalante para três milhões de habitantes; em 1970, Jacarepaguá, concebida por Lúcio Costa numa laguna a sul do Rio de Janeiro, com uma capacidade de dois ou três milhões de habitantes.

Capítulo IV

AS NOVAS UTOPIAS E O DEBATE SOBRE A CIDADE

Uma parte dos projectos referidos – sobretudo no Terceiro Mundo – possui dimensões exageradas em relação às necessidades que devem satisfazer, resultando assim em projectos utópicos. Mas a teoria arquitectónica deste período prolonga deliberadamente o seu empenhamento para além das ocasiões concretas, produzindo uma série de modelos que se antecipam à realidade para assim aproveitar as consequências qualitativas da maior dimensão e da maior velocidade de crescimento ([17]).

Kenzo Tange, convidado para o CIAM de Otterlo em 1959, apresenta juntamente com as suas obras dois projectos teóricos de K. Kikutake: Sea City c Marine City. No ano seguinte, na World Design Conference de Tóquio, um grupo de arquitectos japoneses, entre os quais Kikutake, A. Isozaki (n. 1931) e Kisho Kurokawa (1934-2007), apresentam-se sob a designação de Metabolism e propõe uma distinção entre grandes infra-estruturas – desenvolvidas em três dimensões e portanto legíveis como imagens arquitectónicas em grande escala – e invólucros para as funções específicas (habitar, trabalhar, etc.), inseridos nas anteriores com as suas exigências de pequena escala e de variabilidade no tempo (fig. 80). Tange aprofunda esta via no projecto de 1959 para Boston, desenhando com alguns dos metabolistas o projecto de 1960 para Tóquio.

Os japoneses vêm antecipar em alguns anos uma orientação que se viria a divulgar em todo o mundo e estas primeiras condições caem num apare-

---

([17]) Este ciclo de experiências foi previamente historiado no livro de R. Banham, *Megastructure, Urban Features of the Recent Past,* Londres, 1976.

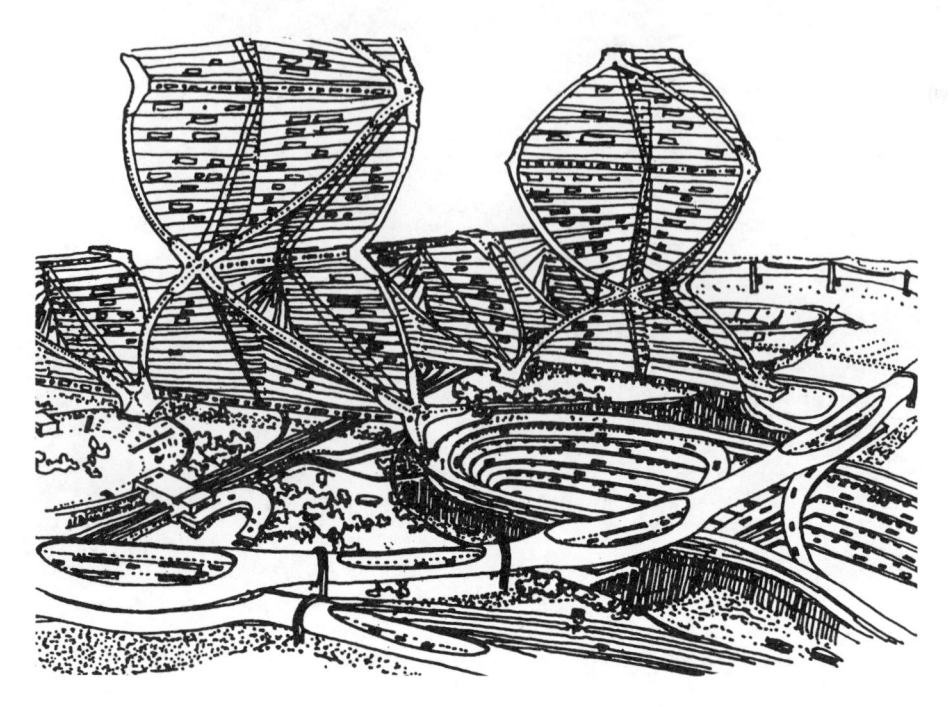

Fig. 80 – *A cidade helicoidal projectada por K. Kurokawa em 1961.*

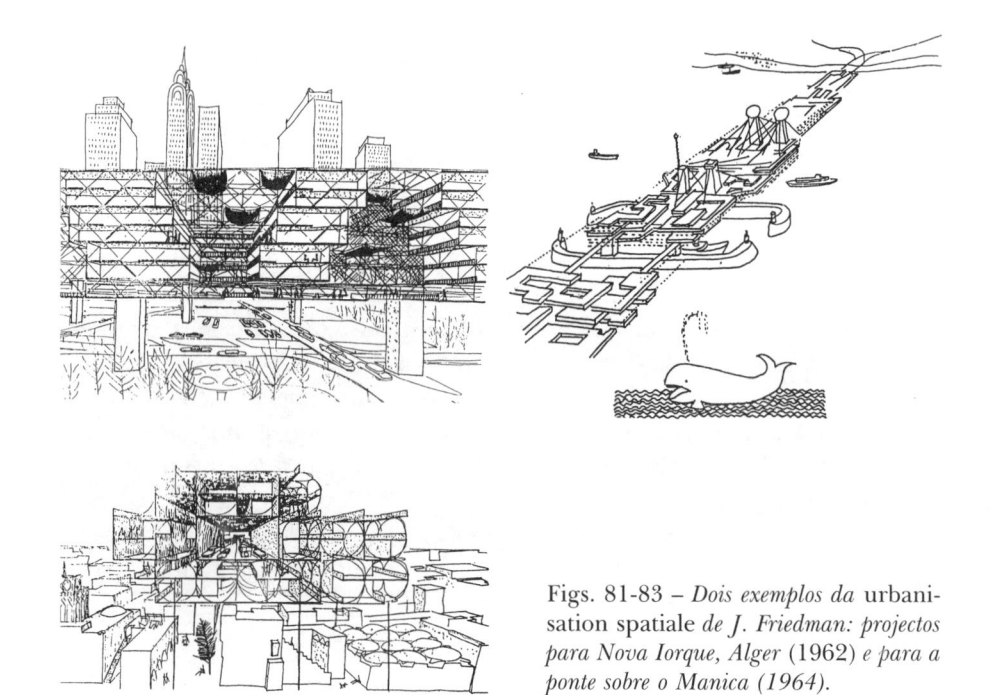

Figs. 81-83 – *Dois exemplos da* urbanisation spatiale *de J. Friedman: projectos para Nova Iorque, Alger (1962) e para a ponte sobre o Manica (1964).*

lho mass-mediático – revistas, convénios, conferências, trabalhos universitários – já desenvolvido e que vai reagir à escala internacional. Em França, a
revista *Architecture d'aujourd'hui* e o livro de Michel Ragon *Où vivrons-nous
demain?* (1963) divulgam vários projectos teóricos do mesmo tipo, entre os
quais se destacam os de Yona Friedman (figs. 81-83), que dão maior ênfase
às características de mobilidade e de leveza do novo ambiente, conotado com
o adjectivo «espacial». Em Itália, estas pesquisas encontram um lugar no
mundo universitário e influenciam – praticamente apenas na sua aparência
formal – os projectos apresentados nos primeiros anos da década de 60 para
os centros direccionais de Turim e de Bolonha, para os bancos de areia
de S. Giuliano e para a ilha de Tronchetto, em Veneza. Na Inglaterra, o
grupo Archigram – Peter Cook, Ron Herron, Brian Harvey, Warren Chalk
e outros – põe em circulação uma série de modelos declaradamente utópicos
(fig. 84), os quais se popularizam sobretudo devido ao seu tom divertido e
irónico: a Walking City de 1962, a Plug-in-City de 1964, Control of Choice
de 1967, Oasis de 1968 (e ainda o «kit» de papel dobrado para uma mega-
-estrutura «faça-você-mesmo», incluído num fascículo que o grupo editou
em 1966). Estas visões surgem no contexto dos grandes empreendimentos
tecnológicos do decénio (por exemplo, o programa Apollo da NASA que
conduz em 1969 ao desembarque do homem na Lua; e veja-se a série das
cápsulas habitáveis concebidas pelo Archigram) e do mundo do entretenimento, a partir de agora desvinculado de uma verosimilhança técnica (o
mesmo estilo gráfico pode ser encontrado no cenário de Heinz Edelman
para o filme dos Beatles *Yellow Submarine*, de 1968). Elas vêm tornar evidente não só a incapacidade da arquitectura para coordenar um universo
tecnológico que se expande com demasiada rapidez, fraccionando-se em
sectores especializados, mas também a inadequação dos tipos de construção
e dos modelos urbanos herdados das fases anteriores ao moderno movimento arquitectónico.

Na segunda metade dos anos 60 surgem as oportunidades para tornar
realidade uma parte destas propostas. Para a exposição universal de 1967
em Montreal o grupo canadiano ARCOP (Affleck, Desbarata, Lebensold e
Size) realiza dois grandes pavilhões temáticos («o homem explorador» e «o
homem produtor») e um grande edifício multifuncional no centro da cidade,
na Place Bonaventure; Moshe Safdie (n. 1938) realiza uma parcela de tecido
residencial contínuo (o Habitat), o qual de imediato se torna famoso;
Buckminster Fuller constrói uma grande cúpula geodésica que cobre o pavilhão americano e na qual entra a ferrovia a um nível superior que distribui
os visitantes da exposição (fig. 86). Estas construções experimentam algumas
das ideias elaboradas nos anos anteriores – a montagem de módulos estruturais pouco usuais (como os tetraedros arredondados concebidos por Guntis
Plesums), o cruzamento de muitas funções num invólucro gigantesco, a livre

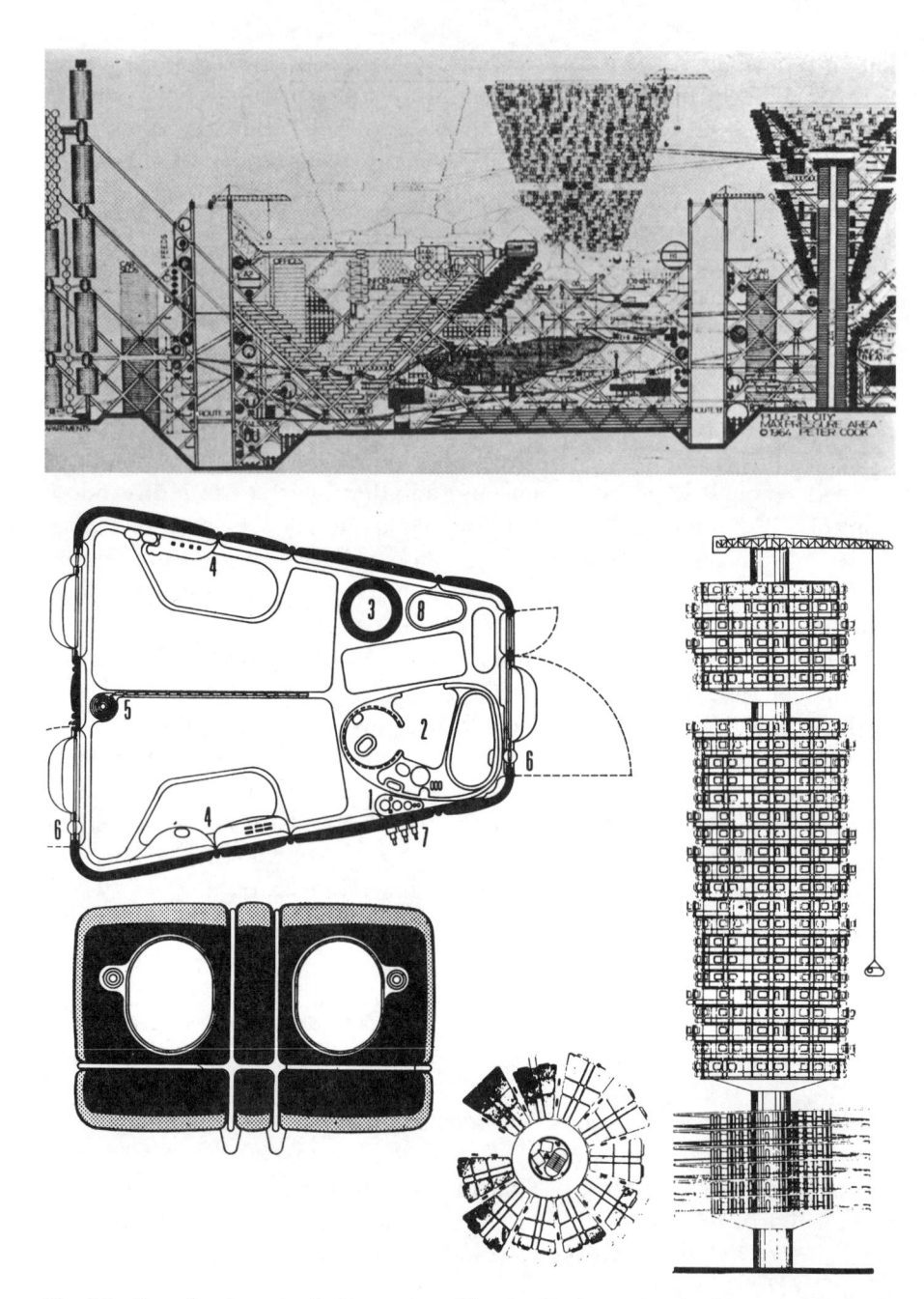

Fig. 84 – *Desenhos do grupo Archigram para Plug-in-City (na revista* Architectural design): *corte ao longo da área mais densa; planta e frente de um apartamento; plano de uma torre ocupada por uma série de moradas. 1. canalização dos serviços; 2. cozinha ou casa de banho; 3. elevador pneumático; 4. parede com aparelhagens; 5. divisório móvel; 6. portas de serviço; 7. ligações para os serviços; 8. unidade de armazenagem.*

Fig. 85 – *Yellow Submarine (do filme dos Beatles de 1968)*.

combinação de células residenciais unificadas, a grande cobertura leve, as vias de comunicação destacadas do solo –, as quais se revelam realizáveis cada uma por si, sem no entanto se combinarem convincentemente num novo cenário.

Para a exposição universal de Osaka, em 1970, Tange realiza uma grande cobertura suspensa, a qual abriga um conjunto de objectos grandes e pequenos, entre os quais os «robots» semoventes de Isozaki.

Mais difícil se mostra a aplicação destas concepções aos edifícios de todos os dias: os centros comerciais de Cumbernauld (H. Wilson e G. Copcutt, 1960-70) e de Runcorn (R. Harrison, 1967), o centro de comunicações Yamanishu em Tóquio (K. Tange, 1967), o centro Pompidou em Paris (Piano, Rogers e Franchini, que vencem o concurso em 1970; fig. 227), o complexo londrino de Brunswick Centre (L. Martin e P. Hodgkinson, 1962-70). A configuração é a que se desejar – uma multiplicidade de elementos montados numa única estrutura – mas a mobilidade dos elementos perde-se pelo caminho. Estes edifícios – tal como o Habitat de Safdie em Montreal – são «esculturas monolíticas que aludem a uma adaptabilidade irrealizável na construção real»[18]. Uma verdadeira montagem de invólucros separados é tentada nos arranha-céus de Kurokawa em Nagakin (fig. 89) e de Watanabe

---

[18] R. Banham, *op. cit.*, p. 55.

Figs. 86, 87 – *Montreal, duas realizações da exposição de 1967: a cúpula geodésica de B. Fueller e o Habitat de M. Safdie.*

em Tóquio, mas não terá seguimento. A grande dimensão – acima do quilómetro – é atingida nas realizações ligadas aos sistemas de transporte: os novos aeroportos americanos de Dallas (1966), de Boston (1967) e o terminal para automóveis à entrada da ponte George Washington de Nova Iorque (o qual inclui a garagem de Nervi de 1966). Em algumas das grandes intervenções públicas já referidas (Barbican, Thamesmead) a excessiva complexidade dos níveis de circulação resulta dos modelos teóricos da primeira metade dos anos 60 e será abandonada apenas quando a animação destes espaços se demonstrar impossível.

Fig. 88 – *A exposição de 1970 em Osaka, de K. Tange.*

Mais tarde, nos anos 70, esta via de investigação encontra uma justa medida e uma materialidade arquitectónica quando é aplicada aos grandes espaços fechados (tornados possíveis pela nova tecnologia das coberturas envidraçadas e exigidos nos países de clima mais frio). Recordemo-nos sobretudo dos exemplos canadianos: o Eaton Centre de Toronto da autoria de E. H. Zeidler, o Scarborough Centre de A. Moriyama (figs. 90 e 91), os escritórios de departamentos públicos no centro cívico que Erickson concebeu em Vancouver (fig. 252). A presença simultânea de muitos elementos pequenos num ambiente de grandes dimensões e a mobilidade (dos peões e não dos volumes construídos) tornam-se uma realidade experimental e praticável (figs. 90 e 91).

As realizações e propostas até agora referidas vêm intensificar um vasto debate entre vertentes teóricas, análises históricas e opções programáticas, que se entrecruzam entre si como causas e consequências.

A experiência das intervenções em grande escala revela antes de mais os defeitos dos modelos anteriores, elaborados entre as duas guerras e no primeiro pós-guerra, mas que se ficaram pelo papel devido à resistência que lhes foi oposta pela cultura académica. As polémicas dos últimos CIAM tiveram como base esta situação: os arquitectos que realizaram ou viram realizar os mais importantes projectos urbanos dos anos 50 – os ingleses Smithson e Howell, os holandeses Bakema e Van Eyck, Candilis e os seus colegas do ATBAT que trabalharam em Marrocos para o governo francês – constatam a insuficiência das regras estabelecidas na Carta de Atenas e tentam formular outras, mais complexas e condizentes com a realidade. Por sua vez, estas são postas à prova nos anos 60, mostrando-se como construções provisórias, abertas a uma série infinda de correcções. Gradualmente, a natureza pessoal e de tendência da investigação arquitectónica demonstra-se insuficiente

Fig. 89 – *A torre Nagakin em Tóquio de K. Kurokawa* (1972).
Figs. 90, 91 – *Dois espaços públicos interiores em Toronto: o Eaton Centre e os departamentos municipais de Scarborough.*

para resolver a complexidade dos problemas que se colocam à construção e incapaz de padronizar o repertório tecnológico que vai crescendo por si próprio. Deste modo se desfaz definitivamente a unidade da investigação: uma parte desliza para a utopia oscilando entre o propósito de seguir de perto a realidade em movimento e o de dela se afastar definitivamente; uma outra parte aprende a abandonar as sínteses apressadas e a contentar-se com resultados parciais, sempre passíveis de aperfeiçoamento.

A discussão diz respeito ao confronto entre estas respostas e instala-se assim no interior da teoria arquitectónica moderna. Os modelos académicos (que durante longo tempo resistiram nas obras de grande dimensão por falta de modelos alternativos: basta considerar os modelos simétricos das novas capitais dos primeiros anos do século XX, como Camberra e Nova Deli, da *ville contemporaine* de Le Corbusier em 1923 e de Brasília em 1957) parecem ser finalmente superados. Os modelos modernos que os vieram substituir são muito diversos e problemáticos, mas a comparação a fazer entre eles não pode ser baseada em elementos abstractos, ela deve resultar de uma verificação dos resultados concretos. Não se trata mais de contrapor uma proposta futura a uma realidade presente através da análise das carências desta última. A arquitectura moderna tem já uma história de quarenta anos e produziu um certo número de novas cidades e de bairros – ainda limitados e minoritários – e um grande número de edifícios, que, no conjunto, transformaram de forma relevante a fisionomia dos centros urbanos e das periferias. Estas realizações podem ser criticadas pelos seus efeitos, assim se activando o circuito entre projectos e sua verificação, circuito próprio de toda a actividade científica, e que vem a partir de então mudar os termos do debate.

Em 1953, no CIAM de Aix-en-Provence, os Smithson mostram as fotografias de Nigel Henderson sobre a vida nas ruas de Londres. Dez anos depois surge uma vasta literatura sobre a cidade, a qual parte de uma análise directa da realidade, nesta base se avaliando os projectos e as tendências: em 1960 é publicado o primeiro livro de Kevin Lynch, *The Image of the City* [19] (figs. 92, 93 e 94); em 1961 Gordon Cullen publica o seu relatório sobre a Townscape [20] (paisagem urbana) e Jane Jacobs o seu livro sobre as cidades americanas; em 1963 é publicado o primeiro ensaio teórico de Christopher Alexander [21], o qual tenta descrever cientificamente a estrutura de conjunto de um organismo urbano. Em 1965 Françoise Choay faz uma retrospectiva das tendências urbanísticas modernas, confrontando-as com os resultados reais [22]; em 1966 a revista *Scientific American* dedica um número às

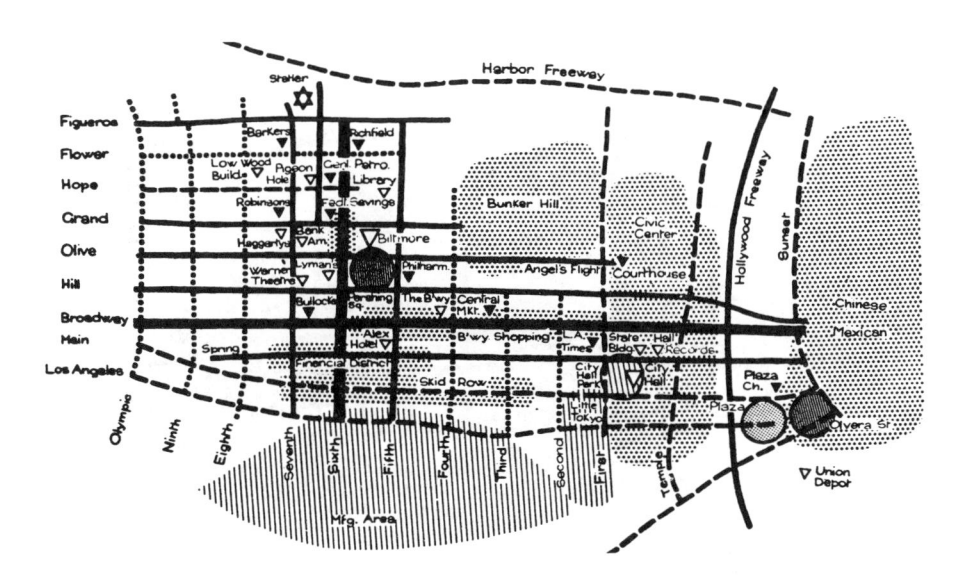

---

[19] Cambridge (Mass.), 1960; *A Imagem da Cidade*, Edições 70, Lisboa, 1983; seguir-se-á *Site Planning*, *idem*, 1962;

[20] *Paisagem Urbana*, col. «Arquitectura & Urbanismo», Edições 70, Lisboa, 1984.

[21] *Community and Privacy* (escrito com S. Chermayeff e dedicado a Walter Gropius); seguem-se *Notes on the Synthesis of Forms* (1964); *A City is not a Tree* (in *Design*, Fevereiro de 1966); *Houses generated by Patterns* (escrito com Hirschen e Ishikawa, 1969).

[22] F. Choay, *L'urbanisme, utopies et réalités*, Paris, 1965.

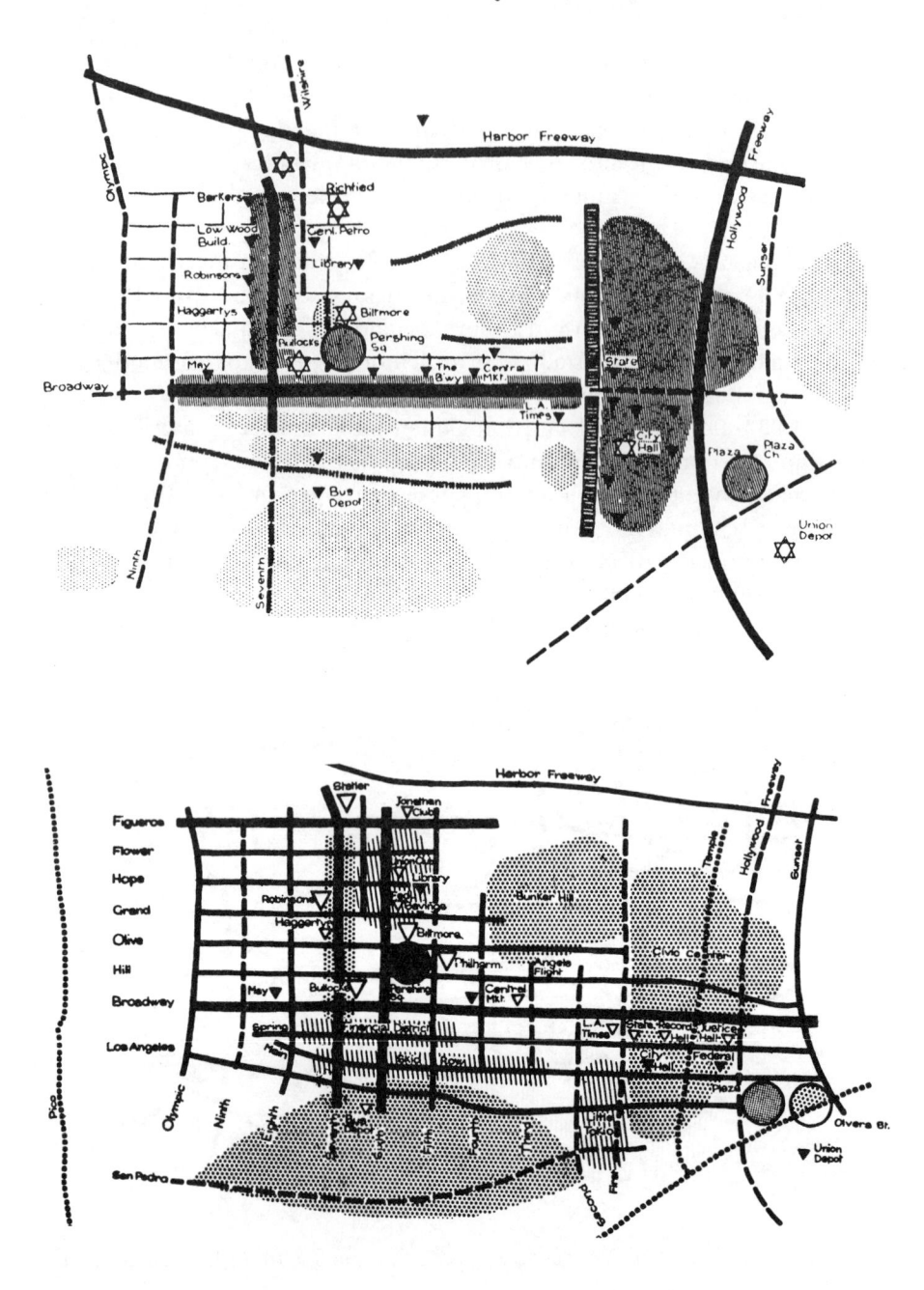

Figs. 92 *(na página anterior)*, 93, 94 – *Três esquemas de Los Angeles resultantes de depoimentos verbais e gráficos (K. Lynch, 1960).*

cidades [23], levando estas questões até ao grande público de todo o mundo e Peter Hall publica um interessante livro de divulgação sobre as grandes cidades [24]; em 1968 Lawrence Halprin propõe um sistema de notação dos valores dos espaços urbanos [25], abrindo o caminho para arquitectos principiantes como Eisenman e Graves; os psicólogos da escola de Frankfurt criticam a «cidade inabitável» [26] do presente e atribuem os seus defeitos ao movimento moderno dos quarenta anos anteriores.

Deste modo, a confiança no futuro – que alimentou na segunda metade do século todos os movimentos de inovação e de protesto – começa a esbater-se também no campo da arquitectura. O desenvolvimento já não é encarado como um processo simples e ilimitado e as opiniões passam a centrar-se mais nos factos do presente do que nas propostas para o futuro.

---

[23] Setembro de 1966.

[24] *World Cities,* Nova Iorque, 1966; a nova edição actualizada foi publicada em 1977.

[25] Cf. R. C. Smith, *Supermannerism. New Attitudes in Post-Modern Architecture,* Nova Iorque, 1977.

[26] A. Mitscherlich, *Die Unwirklichkeit unserer Städte,* Frankfurt, 1965; H. Berndt, A. Lorenzer, K. Horn, *Architektur als Ideologie,* Frankfurt 1968.

Capítulo V

A PROCURA DE NOVAS ORIENTAÇÕES PARA A ARQUITECTURA

As orientações divergentes no que se refere ao debate sobre a cidade fundam-se, por um lado, na crítica das situações existentes e, por outro, na esperança de que existam outras vias praticáveis para a invenção arquitectónica, vias diversas daquela que fora seguida nos quarenta anos anteriores e diversas entre si, ou seja, não submetidas a um controlo racional.

Esta aspiração manifestava-se de várias maneiras já no período precedente, mas surge agora apoiada em resultados novos e sobretudo impulsionada pelo aparecimento de um «mestre» atípico que obtém resultados de um nível qualitativo próximo do nível atingido pelos mestres desaparecidos na mesma altura, embora seguindo uma outra linha. Trata-se de Louis Kahn (1901-1974), emigrante nos Estados Unidos e que iniciou a sua actividade na arquitectura em 1925, embora tenha permanecido na sombra até meados dos anos 50, quando realiza uma série de obras que se impõem à atenção americana e mundial: enquanto ensina em Yale (de 1947 a 1957), a galeria de arte da universidade de New Haven (1951-53); quando se transfere para a universidade de Filadélfia, de 1957 em diante, os laboratórios Richards de pesquisas médicas e biológicas naquela cidade (1957-61), os laboratórios Salk em La Jolla (1959-65), os dormitórios do Bryn Mawr College, nos arredores de Filadélfia (1960-65). Torna-se famoso apenas aos sessenta anos – Vincent Scully dedica-lhe um livro em 1962 – e no breve período que decorrerá até à sua morte inesperada, em 1974, recebe um grande número de encargos importantes: o plano para o centro histórico de Filadélfia, elaborado entre 1956 e 1962, os edifícios governamentais em Daca (1962) e Islamabad (1965), para o governo paquistanês, o teatro de Fort Wayne (1966), o centro britânico em New Haven e o palácio de Congressos para Veneza (1969); alguns ficaram no papel, outros foram realizados com o mesmo prestígio das suas obras anteriores (figs. 101, 102 e 103).

A arquitectura de Kahn combina referências antigas e modernas com uma seriedade sem precedentes. As contribuições dos mestres modernos, do classicismo grego e romano, da arquitectura medieval, islâmica e até do academismo do século XIX são utilizadas de uma maneira que torna de imediato antiquados os revivalismos tentados no período anterior: elas perdem a sua habitual carga polémica, são reconduzidas ao essencial e convivem com naturalidade, como se inesperadamente houvessem emergido da memória, após uma longa espera. Os desenhos são calculados e sofisticados no mais elevado grau, mas na execução as formas simplificam-se, tomando corpo numa gama de materiais apropriados e acolhedores, muitas vezes naturais ou retirados da tradição. Nasce um mundo de novas e ambíguas formas que não comunicam orientações unívocas mas estimulam a invenção de outras formas de um modo discreto e irresistivel.

Kahn, ao contrário dos loquazes mestres que o precederam, não explica nem demonstra nada. Os seus comentários escritos ou falados são herméticos e sugestivos como estes:

«Em nós
Inspiração a aprender
Inspiração a questionar
Inspiração a viver
Inspiração a exprimir
São estas que dão ao homem as suas instituições.
O arquitecto é aquele que cria os seus espaços...
As instituições são a morada das inspirações. Escolas, bibliotecas, laboratórios, ginásios. O arquitecto, antes de aceitar as imposições exigidas pelo espaço, considera a inspiração. Ele questiona-se sobre a sua natureza e sobre o que distingue uma inspiração de outra. Quando compreendeu a diferença, está então em contacto com a sua forma correspondente. A forma inspira o projecto.
Uma obra de arte é a criação de uma vida. O arquitecto escolhe e compõe para traduzir as instituições do homem em ambientes e relações espaciais. É arte se se responde ao desejo e à beleza da instituição» [27].

«Projectar não é produzir o Belo.
O Belo emerge da selecção,
da afinidade,
da integração,
do amor.

---

[27] Cit. in P. Portoghesi, *Dopo l'architettura moderna*, Roma-Bari, 1980, pp. 104-105. [*Depois da Arquitectura Moderna*, col. «Arte & Comunicação», Edições 70, 1983].

Figs. 95, 96 – *New Haven, a Art Gallery da Universidade de Yale (L. Kahn, 1951-53).*

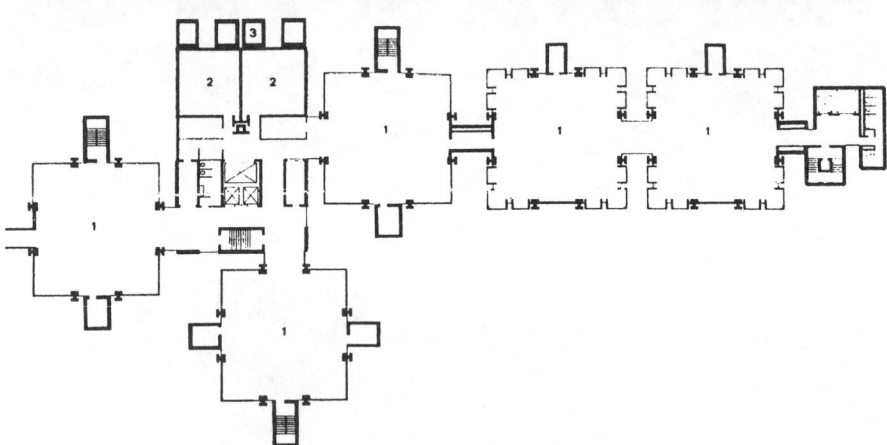

Figs. 97, 98 – *Filadélfia, os Laboratórios Richards da universidade da Pensilvânia (L. Kahn, 1957-61). Vista do parque e planta de um andar típico.*

Figs. 99, 100 *(na página seguinte)* – *Bryn Mawr, Pensilvânia. Eleanor Donnelly Erdman Hall, dormitório para estudantes do Bryn Mawr College* (L. Kahn, 1960-65). *Vista da estrada e planta.*

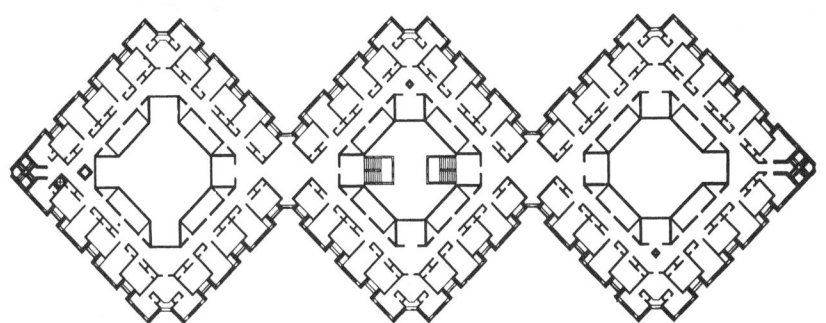

A arte é uma forma que introduz vida na ordem
a ordem do espírito é intangível:
é um nível de consciência criativa
que alcança sempre um nível cada vez mais elevado.
Quanto mais elevada a ordem, maior a variedade no projecto.
A ordem sustenta a integração.
A partir daquilo que o espaço deseja ser
pode o desconhecido ser revelado ao arquitecto.
Da ordem ele retirará a força criativa e o poder de autocrítica
para dar forma a este desconhecido.
O Belo evoluirá [28].

---

[28] In R. Giurgola, *Louis Kahn,* Bolonha, 1981, p. 10.

Fig. 101 – *Filadélfia, vista do novo centro (do plano de L. Kahn de 1956-62). Os grandes edifícios cilíndricos são garagens de vários andares, inseridas ao lado dos arranha-céus para escritórios e dos locais de reunião. À esquerda, o centro tradicional com a torre e a estátua de Penn.*

Estes textos não vêm senão reforçar a presença autónoma dos objectos arquitectados. Eles falam por si, com o seu indiscutível prestígio não resultante de um raciocínio lógico ou de um programa válido para todos. E esta é uma inovação importante, depois de durante uma geração o elevado nível arquitectónico ter surgido inseparável de um empenhamento racional. Como um meteoro, Kahn atravessa o mundo da arquitectura durante quinze anos ([29]), deixando um rasto sob certos aspectos efémero (as suas obras não serão imitadas e não provocam o aparecimento de uma escola), mas sob outros aspectos durável: a nível dos factos vem quebrar a unidade da pesquisa moderna, ao mesmo tempo que demonstra que são possíveis resultados igualmente excelentes em direcções diversas. A algum tempo de distância, não é difícil descobrir a relação positiva de Kahn com as experiências que o precederam. O movimento moderno desmantelou a tradição eclética e durante uma geração considerou as várias experiências anteriores como sendo de nível inferior, fornecendo uma conclusiva demonstração da esterilidade daquela abordagem. Este compasso de espera permite-nos agora encarar o passado com um novo olhar, fora dos termos da polémica entre antigo e moderno. No campo historiográfico, os frutos deste afastamento amadurecem entre o final dos anos 50 e o início dos anos 60: em poucos anos, por exemplo, são publicados os livros de Chastel, Ackermann, Forssman e Wittkower ([30]),

---

([29]) P. Portoghesi, *op. cit.*, p. 109.

([30]) A. Chastel, *Art et humanisme à Florence au temps de Laurent le Magnifique,* Paris, 1959; J. Ackermann, *The Architecture of Michelangelo,* Londres, 1961; E. Forssman, *Dorisch, Jonisch, Korintisch. Studien über den Gebrauch der Säulenordnungen in der Architektur des '16-'18 Jahrhunderts,* Estocolmo, 1961; R. Wittkower, *Architectural Principles in the Age of Humanism,* Londres 1962.

Fig. 102 – *Um desenho de Kahn: «As principais fontes luminosas cintilam e colocam em destaque, resplandecendo, as qualidades dos materiais.»*

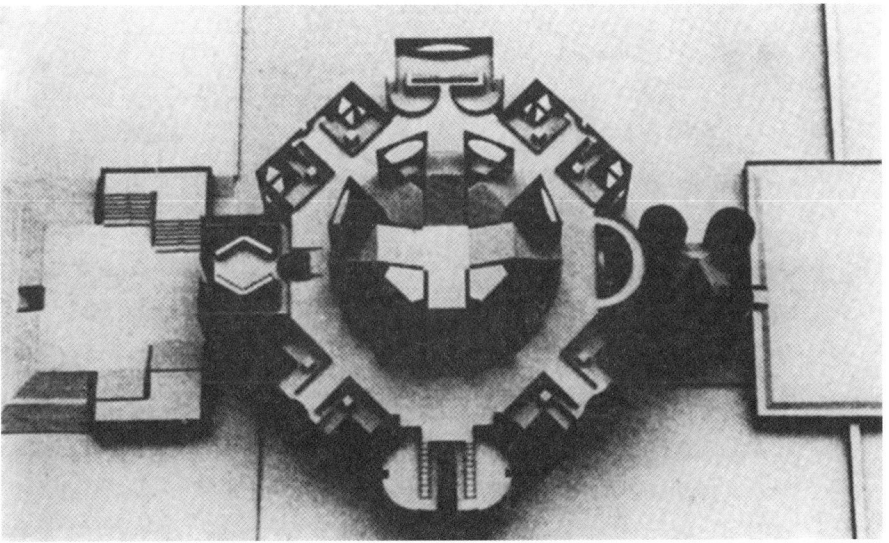

Fig. 103 – *Dacca, maqueta da sala para a Assembleia Nacional (L. Kahn, 1962).*

os quais revolucionam a compreensão do renascimento italiano, epicentro da tradição académica moderna. Não é talvez por acaso que, simultaneamente, um resultado análogo surge na composição arquitectónica: as sugestões do passado ganham vida na memória de um personagem isolado – um estónio emigrado nos Estados Unidos, formado nas atmosferas rarefeitas das universidades americanas do Leste, onde trabalham precisamente os grandes historiadores citados – e conciliam-se espontaneamente com o repertório moderno, já dotado de maturidade e dispondo de uma espessura tradicional própria.

Esta proposta que vem de longe exerce um fascínio imediato sobre a geração que surge neste período: Romaldo Giurgola (n. 1920), Charles Moore (1925-1993), Robert Venturi (n. 1925).

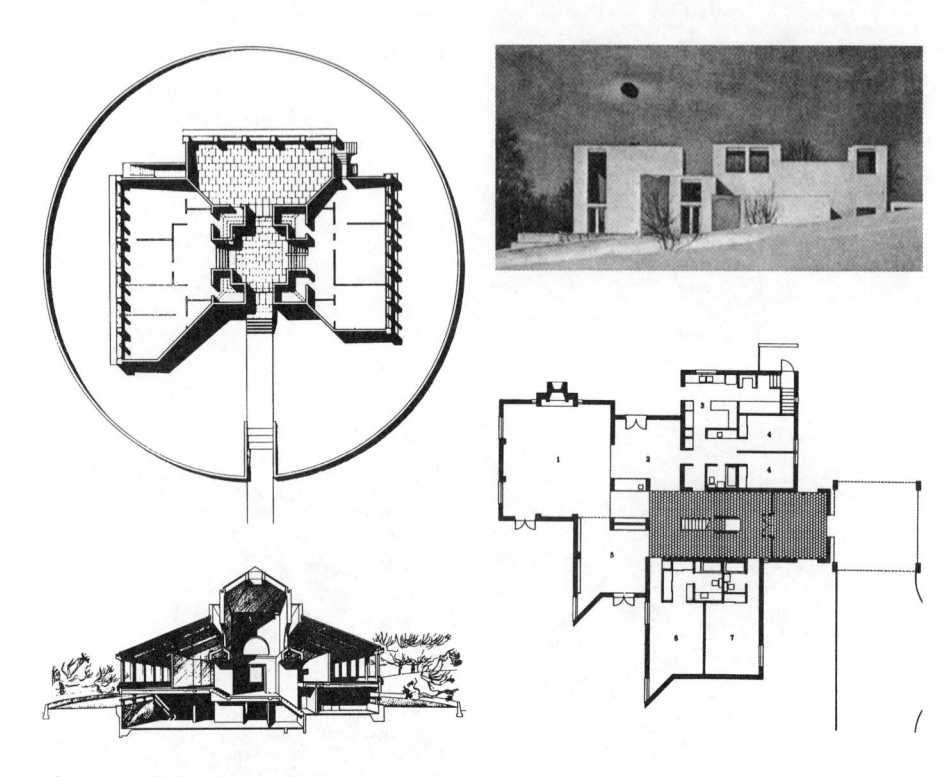

Figs. 104, 105 – *Bryn Athyn, Pensilvânia, o edifício administrativo da Academy of the New Church (Giurgola e Mitchell, 1959-64).*
Figs. 106, 107 – *Chestnut Hill, Pensilvânia, casa de Mrs. Thomas Raeburn White (Giurgola e Mitchell, 1963).*

Giurgola, formado em Roma e tendo aprofundado os seus estudos em Columbia em 1951, estabelece-se em Filadélfia, onde abre em 1958 um estúdio de arquitectura com H. B. Mitchell. Aí tem início uma longa e rigorosa actividade prática, que apenas uma vez por outra conduz a sucessos profissionais – a vitória no concurso para a sede do American Institute of Architects em Washington, em 1965 – e a realizações importantes: o *campus* do colégio Bryn Athin nos arredores de Filadélfia (1959-64; figs. 104 e 105), ou a casa Raeburn White em Chestnut Hills (1963; figs. 106 e 107). Absorve a lição de Kahn – sobretudo enquanto ensina também ele na universidade de Filadélfia, de 1954 a 1966 – e permanece pessoalmente ligado ao mestre, a quem dedicará um livro em 1975 ([31]), embora se mantenha afastado de fórmulas estilísticas bem definidas, em relação às quais os dois associados conservam uma ampla liberdade de escolha.

([31]) R. Giurgola. *Louis Kahn, cit.*

Fig. 108 – S. Simon's Island, Geórgia. Estudo para o Condominium Hotel (C. Moore. 1972-
-73).

Moore estuda em Princeton, ensina naquela universidade de 1955 a 1960 e exerce a profissão juntamente com D. Lyndon e W. Turnbull; mesmo em obras menores – o Sea Ranch na Califórnia (1966), a casa Klotz em Rhode Island e o Faculty Club da universidade da Califórnia em Santa Bárbara (1960) – atinge uma excepcional densidade de motivos formais, compostos com virtuosismo e ironia.

Venturi estuda em Princeton de 1947 a 1950 e trabalha juntamente com Kahn até 1958. Nas suas primeiras obras independentes – projectos de casas individuais e a sede da associação de enfermeiras da Pensilvânia do Norte em 1960 – utiliza os princípios de Kahn com uma intenção experimental, como que para verificar friamente o seu efeito aniquilador sobre o habitual repertório moderno, Mais tarde, associado a John Rauch, prossegue de modo coerente nesta via experimental que produz os seus frutos sobretudo na construção habitacional (figs. 109, 110 e 111).

Na mesma época os arquitectos mais antigos, formados em Harvard por Gropius – Philip Johnson (1906-2005), Minoro Yamasaki (1912-1986), John Johansen (n. 1916), Ion-Ming Pei (n. 1917), Paul Rudolph (1918-1997) – empenham-se em pesquisas divergentes que vêm igualmente enriquecer o panorama da cultura arquitectónica americana. Johnson, que colabora com Mies até ao Seagram Building de 1959, declara polemicamente o seu afas-

Figs. 109, 110, 111 – *Dois aspectos da maqueta e planta da casa para Mullard Mess (R. Venturi, 1962).*

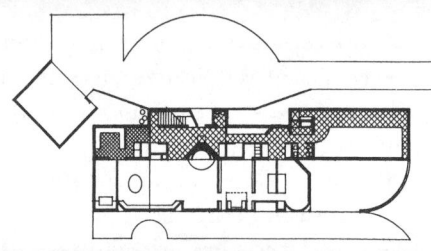

Fig. 112 – *Casas Wislocki e Trubek em Nantucket Island (R. Venturi e J. Rauch, 1971).*

tamento da «arquitectura moderna» no início dos anos 60 ([32]) e inicia uma nova série de experiências que utilizam referências históricas e fantásticas com total liberdade. Rudolph continua coerente com a sua formação, mas dilata o seu vocabulário para obter uma gama de resultados muito diversos, especialmente nas obras projectadas quando ensina em Yale: a faculdade de arquitectura (fig. 113) e a garagem de 1963, as habitações para estudantes de Mansfield Street (1961), as habitações para a terceira idade em 1966. Johansen concentra-se em casos singulares – a Spray House em Weston de 1956, a casa Taylor em Westport em 1962 – e tenta uma extrema decomposição do organismo arquitectónico na bibiloteca da Clark University em Worcester (1965) e no Mummers Theater de Oklahoma City (1971). Johnson e Johansen chegam a duas posições opostas – de facto acusam-se reciprocamente de arbítrio e de academismo – assim demonstrando a vastidão do leque aberto a partir de um ponto inicial comum. Yamasaki acrescenta às estereometrias tradicionais uma interessante pesquisa decorativa que o leva ao sucesso com o Mac Gregor Conference Building de Detroit (1958), os edifícios para a exposição internacional de Seattle (1962) e sobretudo o World Trade Center de Nova Iorque (com Emery Roch, 1967-72), o complexo de edifícios mais alto do mundo no momento da sua construção, dominante na paisagem de Manhattan, mas clamorosamente falhado na sua ligação com o solo (fig. 115). Pei projecta diligentemente edifícios (o Instituto de Ciências do MIT, 1962) e obras já numa escala urbanística (o bairro de Hyde Park em Chicago, 1958-66), obras rigorosas na sua implantação e abertas a resultados formais muito diversificados.

Dos protagonistas do pós-guerra continua em destaque Eero Saarinen, falecido em 1961, e que nas suas últimas obras – os Morse e Stiles Colleges e o Ingall Rink em New Haven e o terminal da TWA em Nova Iorque – explora com audácia novas possibilidades de composição e construção, as quais serão desenvolvidas na década seguinte. Entre os colaboradores pre-

---

([32]) Portoghesi (*op. cit.*, p. 68) cita uma carta de 1961 de Johnson a Joedicke, na qual escreve o seguinte:
«Existe hoje uma única coisa absoluta e essa é a mudança. Não existem regras, de modo algum se dão certezas em nenhuma das artes. Existe apenas a sensação de uma maravilhosa liberdade, de possibilidades ilimitadas a explorar, de um passado ilimitado de grandes arquitecturas históricas para desfrutar.
Sou suficientemente velho para ter apreciado imensamente o estilo internacional e ter trabalhado no seu âmbito com a maior alegria. Penso ainda que Le Corbusier e Mies são os maiores arquitectos vivos. Mas agora os tempos transformam-se muito rapidamente. Antigos valores difundem-se de novo com uma vertiginosa e electrizante velocidade. Longa vida à Mudança!
O perigo que você vê de um estéril ecletismo académico não é um perigo. O perigo está no seu oposto, na esterilidade da sua Academia do movimento moderno».

Fig. 113 – *New Haven, a escola de arquitectura da universidade de Yale (P. Rudolph, 1963).*

sentes na última fase do seu estúdio, distinguir-se-ão mais tarde Kevin Roche (n. 1922) – que juntamente com John Dinkerloo inicia em 1965 uma obra de grande ressonância: o edifício da Ford Foundation em Nova Iorque, construído em tomo de um vasto ambiente envidraçado, animado por árvores e água (figs. 116 a 118) – e Cesar Pelli (n. 1926) que se transfere para a Gruen Associates e projecta os mais importantes trabalhos desta firma: o centro de congressos de Viena, a câmara municipal de S. Bernardino (1969) e o Rainbow Center Mall de Niagara Falls do início dos anos 70.

Numa ainda maior dimensão profissional, o estúdio Skidmore, Owings e Merril (SOM) continua a produzir trabalhos de alto nível, precisamente em obras da maior repercussão como sejam os dois arranha-céus realizados em Chicago: o John Hancock (1965-70) – que aplica a uma torre levemente afilada um princípio da escola de Mies, o contravento diagonal transferido para o exterior – e o Sears (o edifício mais alto do mundo, 1969-74), que combina uma planta kahniana, formada por nove quadrados, com um de-

Figs. 114, 115 – *Nova Iorque, o World Trade Center (M. Yamasaki, E. Roch, 1967-72).*

senvolvimento altimétrico construtivista, visível em grande escala a muitos quilómetros de distância (figs. 120 e 121).

A este nível de organização não são possíveis inovações bruscas e a produção do estúdio SOM – tal como a da Murphy Associates em Chicago – mantém um carácter cauto e experimentado, resultante sobretudo da lição de Mies van der Rohe; no entanto, as novas orientações arquitectónicas começam a infiltrar-se enquanto instrumentos de caracterização nos trabalhos mais exigentes. Os estúdios profissionais de menor dimensão, por sua vez, não hesitam em experimentar soluções inéditas, como o Bertrand Goldberg Associates que, ainda em Chicago, realiza em 1962 as duas torres gémeas de Marina City, sobrepondo 12 pisos de garagens e 35 pisos de habitações numa estrutura cilíndrica de cimento armado (fig. 122).

Na Europa não existe um aparelho comparável à rede universitária americana que possibilite um debate teórico independente de obras isoladas e

Figs. 116-118 – *Nova Iorque, o edifício da Ford Foundation (Roche e Dinkerloo, 1965): vista do jardim interior, corte e vista da 42.ª avenida.*

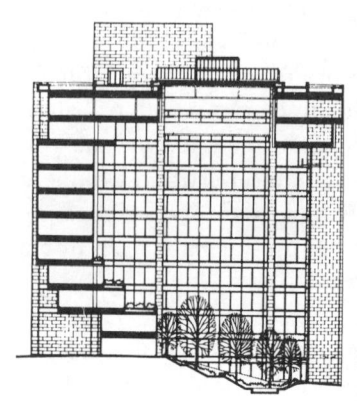

Fig. 119 *(à esquerda) – Chicago, o John Hancock Building sobressaindo no panorama da cidade (vista do terraço do Sears Building); em primeiro plano, em baixo e à direita as duas torres de Marina City.*

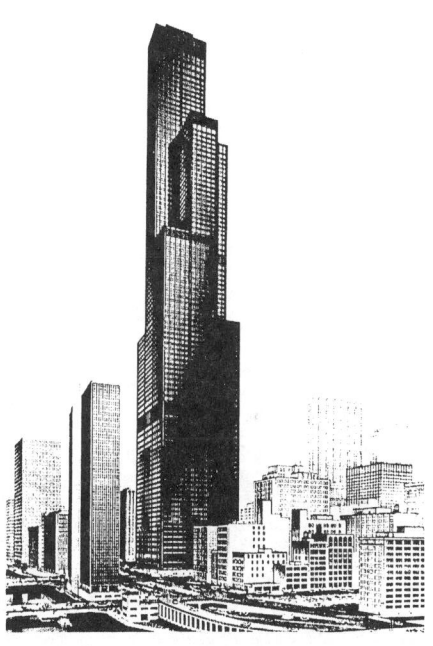

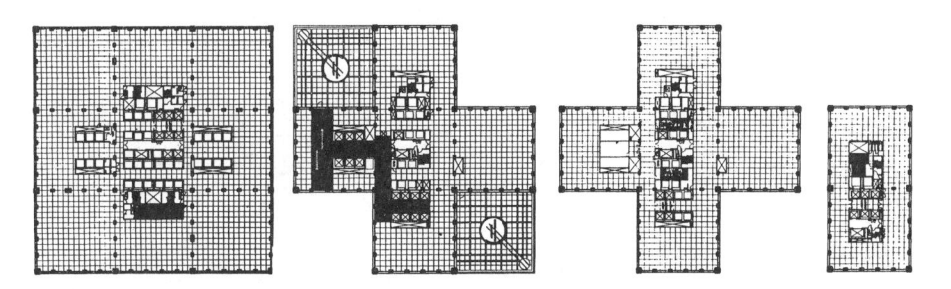

Figs. 120, 121 – *Chicago, vista e planta do Sears Building (do 1.º ao 50.º andar; do 51.º ao 65.º andar; do 66.º ao 90.º andar; do 91.º ao 110.º).*

Figs. 122, 123 – *Chicago, as torres de Marina City (B. Goldberg Associates, 1962).*

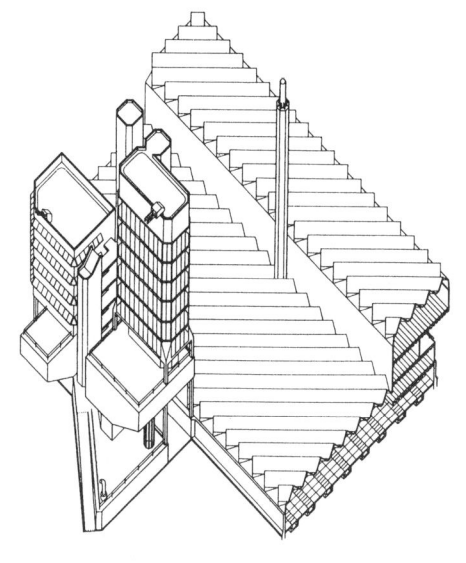 

Figs. 124, 125 – *Leicester University, a faculdade de Engenharia (Stirling e Gowan, 1964).*

que produza um efeito de aceleração das tendências e um intenso confronto recíproco. Mas o curso geral dos acontecimentos é em larga medida análogo.

Nos anos 60 trabalham numa posição de vanguarda os membros do Team X, dos quais havíamos dito no Capítulo I que continuam a apoiar-se numa metodologia transmissível. No entanto, os jovens que surgem neste período estão cada vez menos interessados em procurar alcançar posições comuns, não tendo preconceitos em relação a todo o conjunto de princípios herdados tanto do passado próximo como do passado distante.

James Gowan (n. 1924) e James Stirling (1926-1992) – que trabalham em conjunto de 1956 a 1963 – realizam de imediato um edifício de evidente originalidade: o laboratório de engenharia da Universidade de Leicester (1959-63), onde as aulas em degrau e os numerosos volumes são utilizados para obter uma movimentada composição de corpos contrapostos, composição que é acentuada pelo revestimento em mosaico vermelho. Depois da sua separação, Gowan dedica-se sobretudo ao ensino na escola da Architectural Association de Londres e a projectos de escala doméstica, entre os quais se destaca a Schreiber House em Londres, de 1964 (fig. 126), enquanto que Stirling concebe sozinho a faculdade de história da Universidade de

Fig. 126 – *Londres, Shreiber House em Hampstead, vista da piscina (J. G. Wan, 1967).*

Cambridge (1964-67), as residências para estudantes da Universidade de St. Andrew na Escócia (1964-68), o Queen's College de Oxford (1966-71) e um bairro residencial em Runcom (1967-72), o centro de formação da Olivetti em Haslemere (1966-72) e o discutido projecto apresentado no concurso para o centro cívico de Derby (1970), projectos que o impõem como o mais inventivo arquitecto europeu deste período (figs. 127 a 129).

Nesses mesmos anos surgem na Alemanha Otto Frei (n. 1925) – o qual desde 1954 se dedica ao estudo de um mesmo tema, as coberturas esticadas, realizadas para a exposição de Lausanne de 1964, para o pavilhão alemão na exposição de 1967 em Montreal e, numa maior escala, para as instalações olímpicas de 1972 em Munique (figs. 130 e 131) – e Oswald Mathias Ungers (1926-2007), que inicia em 1950 uma pesquisa oposta, explorando uma

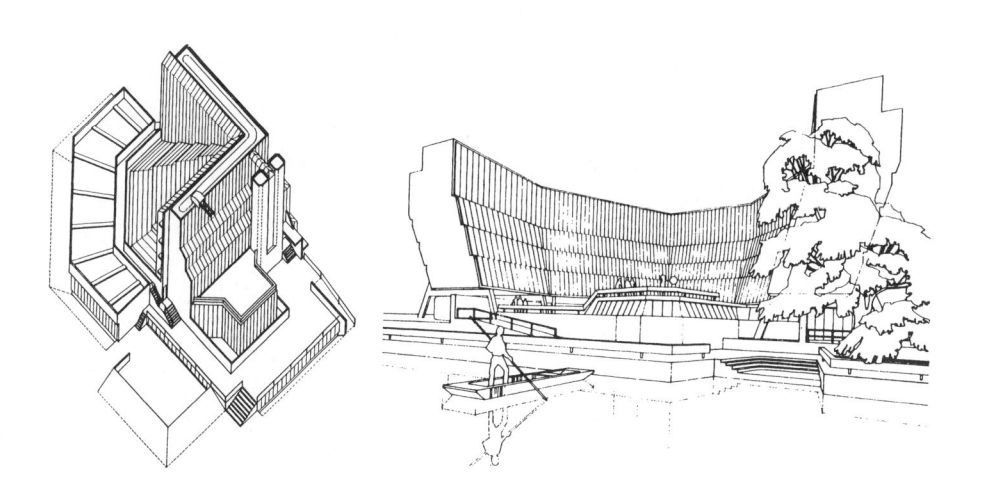

Figs. 127-129 – *J. Stirling, o bairro de Runcorn (1967), a faculdade de história da Universidade de Cambridge (1964-67) e o Queen's College de Oxford (1966-71).*

Figs. 130, 131 – *Dois aspectos das instalações desportivas de Munique para as Olimpíadas de 1972.*

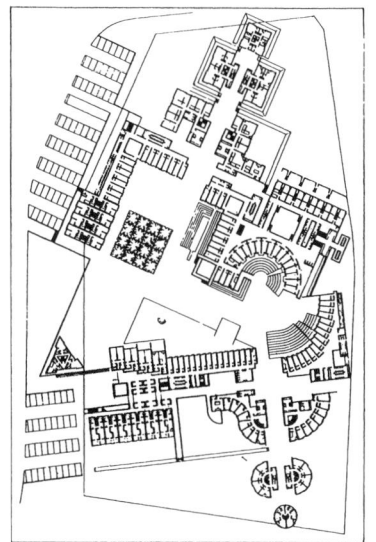
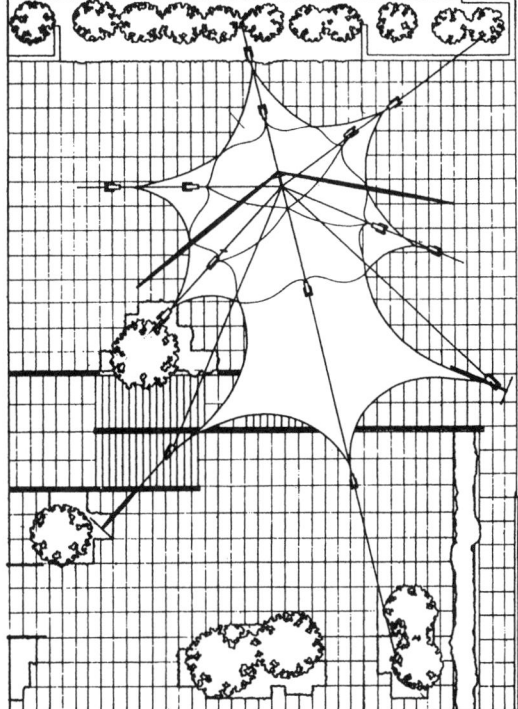

Figs. 132, 133 – O. M. Ungers, alojamentos para estudantes em Enschede (1963); estruturas para exposição das obras de O. Frei, Nova Iorque (1971).

longa série de princípios de composição num conjunto de casas em Colónia, de finais dos anos 50, e depois em dois projectos de maior responsabilidade: um complexo de habitações em Berlim, Märkisches Viertel (1963) e um bairro para estudantes em Enschede, na Holanda (fig. 132). Esta via de trabalho prolonga-se no ensino, na universidade de Berlim de 1963 a 1966 e depois em Cornell, nos Estados Unidos, até 1980.

Na Espanha, por entre as dificuldades dos últimos anos do regime franquista, surge uma geração de arquitectos cultos e dados à reflexão, entre os quais Oriol Bohigas (n. 1925).

Em Itália, Gino Valle (1923-2003), após uma longa série de obras de alta qualidade alcança o sucesso com o monumento à resistência em Udine (1959) e os escritórios Zanussi em Pordenone (1959-61; fig. 136); Vittorio Gregotti (n. 1927) põe fim em 1964 à sua associação com L. Meneghetti e G. Stoppino, trabalhando com vários colaboradores na década seguinte (figs. 138 e 139) antes de se impor nos concursos para o bairro Zen de Palermo (1969) e para a Universidade da Calábria (1973) (fig. 139). Entre os arquitectos da mesma geração surgem em Milão Angelo Mangiarotti (n. 1921; fig. 137) e em Roma Pietro Barucci (n. 1922; fig. 140). O estúdio Benevolo, Giuralongo e Melograni

113

Figs. 134, 135 – *Gerona, conjunto de alojamentos do clube de golfe de Pals (Martorell, Bohigas e Mackay, 1972-73).*
Fig. 136 – *Pordenone, escritórios das indústrias Zanussi (G. Valle, 1959).*
Fig. 137 – *Cinisello Balsamo, escritórios industriais (A. Mangiarotti, 1968).*

(activo de 1960 a 1972) realiza em 1965 a única importante estrutura italiana em grande escala, o bairro comercial de Bolonha (depois englobado num plano concebido posteriormente por Tange em 1967 e parcialmente realizado na década seguinte; fig. 141). Os *designers* italianos alcançam um sucesso mundial na concepção de mobiliário e objectos de uso (fig. 142 e 143), sucesso que se viu consagrado numa exposição no Museu de Arte Moderna de Nova Iorque *(The New Domestic Landscape, 1972)*.

É neste período que alguns mestres mais antigos encontram, já tarde, um clima favorável ao seu trabalho. Em Itália, Carlo Scarpa (1906-1978) realiza a partir de 1928 uma longa série de equipamentos, exposições e restauros, até às suas obras mais significativas com a loja Olivetti na praça de S. Marcos (1957), a galeria Querini Stampalia em Veneza (1961-63) e o museu de Castelvecchio em Verona (1964). Nesta altura torna-se conhecido e produz na década de 70 uma série de obras – o cemitério Brion em S. Vito d'Antivole (1970, figs. 145 e 146), o Banco Popular de Verona (com A. Rudi, obra ini-

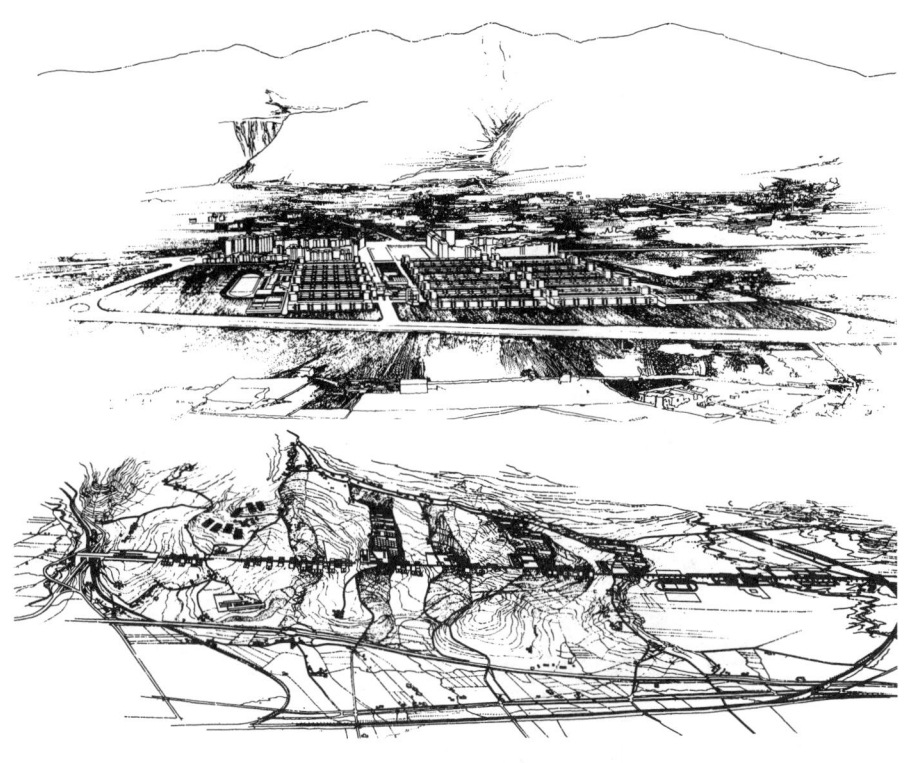

Fig. 138 – *Palermo, o bairro Zen (V. Gregotti e colab., 1968).*
Fig. 139 – *Cosenza, universidade da Calábria (V. Gregotti e colab., 1973).*

Fig. 140 *(à esquerda) – Roma, complexo de escritórios para os Beni Stabili (P. Barucci, 1969-73).*

Fig. 141 – *Bolonha, o bairro comercial (Benevolo, Giura Longo, Melograni, 1960-65).*

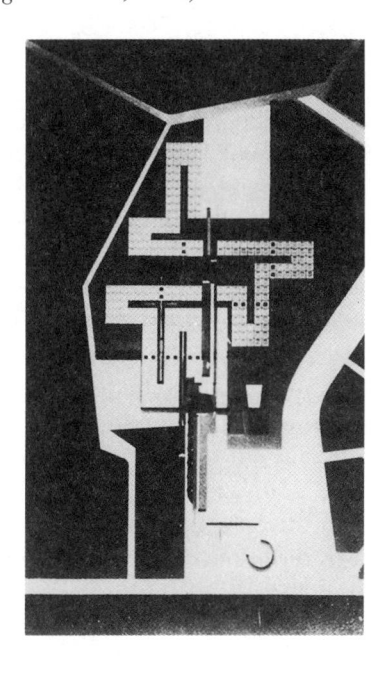

115

Figs. 142, 143 – *A lâmpada Eclisse, desenhada por V. Magistretti para a empresa Artemide.*

ciada em 1973), o mobiliário para as empresas Bernini e Simon (1968-74) – onde confluem contribuições de Kahn e de Wright, dos antigos e dos contemporâneos filtradas através de uma pessoalíssima sensibilidade artesanal. Na Inglaterra, Denys Lasdun (1914-2001) realiza sozinho em 1961 um edifício de grande impacto, o Royal College of Physicians em Londres, sóbrio e atraente tal como exige a sua inserção próximo de Regent's Park; seguem-se outras obras de alto nível até ao grande trabalho da universidade de East Anglia (1963-69), o melhor das novas universidades programadas nesses anos pelo governo britânico (figs. 149, 150 e 151). No México, Luís Barragan (1902-1988) participa marginalmente nas grandes realizações já referidas dos anos 40, 50 e 60, embora concentre o seu interesse na mais restrita dimensão dos ordenamentos paisagísticos de pormenor e das residências isoladas em três complexos na periferia da Cidade do México: El Pedregal (1945-50), Las Arboledas (1958-63) e Los Clubes (1963-64). O seu *background* figurativo é vastíssimo – desde Mies van der Rohe à vanguarda mexicana e à tradição indígena – e ele sintetiza estes elementos através de um rigoroso trabalho de simplificação que atinge resultados de singular intensidade (figs. 152 e 155).

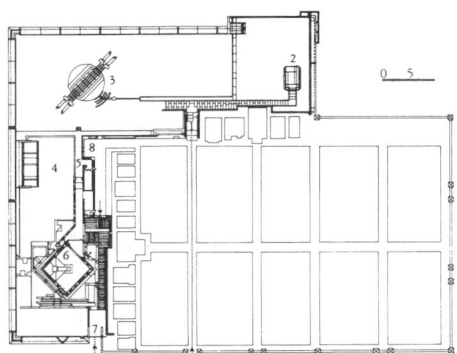

Fig. 144 – *Verona, museu de Castelvecchio, um interior (C. Scarpa, 1964).*
Figs. 145, 146 – *Planta e vista do cemitério Brion em S. Vito d'Antivole (C. Scarpa, 1970).*

Figs. 147, 148 – *Dois projectos de C. Scarpa, na Bienal de Veneza de 1948 e na Exposição Itália 61 de Turim.*

117

Figs. 149, 150, 151 – *A universidade de East Anglia (D. Lasdun, 1963--69).*

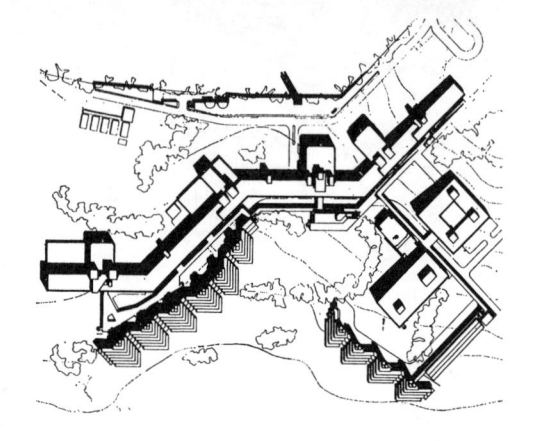

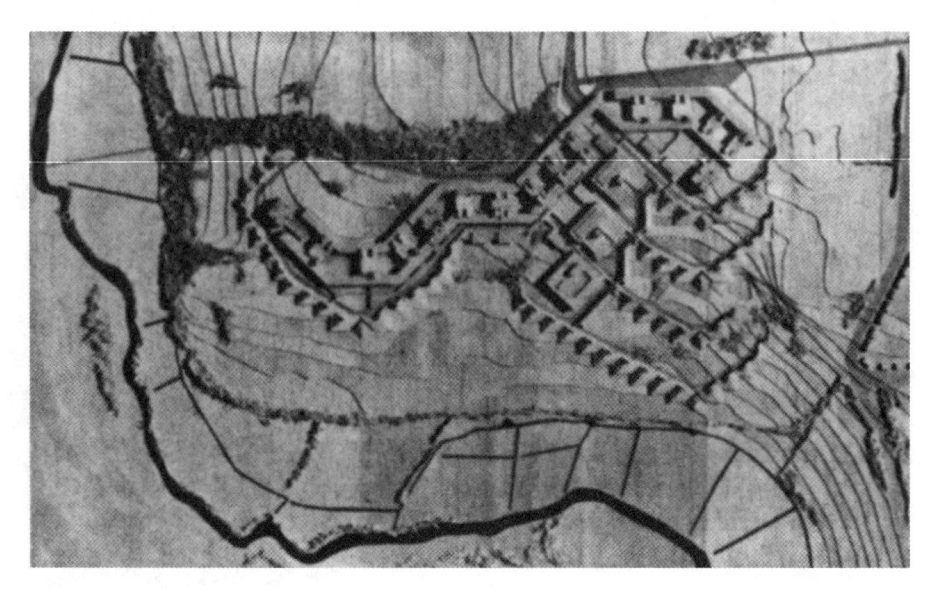

Fig. 152 – *Torres da Ciudad Satellite, perto da Cidade do México (M. Goeritz e L. Barragan, 1957).*
Fig. 153 – *Toronto, Câmara Municipal (V. Revell, 1958-65).*

Para além da Europa e dos Estados Unidos, também em muitos outros países surgem experiências novas: o vienense Harry Seidler (1923-2006) estabelece-se na Austrália em 1948 e torna-se conhecido devido a algumas grandes realizações: o estádio para as Olimpíadas de Melbourne em 1956, uma série de edifícios altos de inícios dos anos 60 e um arranha-céus de 160 metros em Melbourne com uma estrutura de P. L. Nervi. No Canadá surge Arthur Erickson (n. 1924), que se afirmará mais tarde como um dos mais originais talentos dos anos 70.

Entre os países e os arquitectos até agora referidos forma-se, ao longo deste período, uma densa rede de relações culturais e profissionais e o sucesso vem abrir aos melhores estúdios um campo de actividade internacional. Os edifícios que exigem uma acentuação da caracterização formal são frequentemente objecto de concursos internacionais, oferecendo também aos arquitectos dos pequenos países uma oportunidade para se destacarem. É o caso do dinamarquês Utzon, que vence em 1955 o concurso para a Ópera de Sydney (fig. 154) e do finlandês Revell, que vence em 1958 o concurso para a câmara municipal de Toronto (fig. 153). Ambos os edifícios foram executados nos anos 60 e tiveram grande impacto enquanto invenções arquitectónicas não repetíveis, embora muito populares e dotadas de uma imagem muito própria.

Experiências tão contrastantes são difíceis de ordenar e compreender por parte dos críticos de arquitectura. Reyner Banham agrupa as últimas obras

Fig. 154 – *Sydney, a ópera (J. Utzon, 1957-75).*

de Le Corbusier, as do Team X e do Atelier 5, os primeiros trabalhos de Ungers e de Stirling, uma parte das construções públicas inglesas e também alguns edifícios de Rudolph e de Maekawa sob a designação de «New Brutalism» (título de um livro de 1966 que exprime sobretudo a reacção perante a rude e precária materialização física comum aos arquitectos criativos deste período).

Só mais tarde será ensaiada uma teorização global deste ciclo de experiências, como se dirá no capítulo seguinte. Todavia surgem dois livros importantes em meados dos anos 60, que testemunham a consciência teórica deste período: *Complexity and Contradiction in Architecture,* de Venturi (1966) *e Changing Ideals of Modern Architecture,* de P. Collins (1965).

O primeiro é um livro de combate que sistematiza as experiências projectuais do arquitecto e defende a necessidade de fazer conviver as contradições, as quais devem caracterizar a arquitectura do nosso tempo:

«Agrada-me – declara polemicamente – que a arquitectura seja complexa e contraditória. Não a arquitectura incoerente e arbitrária, obra de criadores incompetentes ou as complicações de gosto rebuscado do pitoresco e do expressionismo. Aquilo de que falo é antes uma arquitectura complexa e contraditória baseada na riqueza e na ambiguidade da vida moderna e da prática da arte» [33].

A referência à ambiguidade resulta do interessante livro de W. Empson, *Seven Types of Ambiguity.* Em arquitectura, essa orientação transfere a atenção

---

[33] P. Portoghesi, *op, cit.,* pp. 112-113.

Fig. 155 – *San Cristobal, arredores da Cidade do México. Aspecto da piscina (L. Barragán, com a colaboração de A. Casillas, 1967-68).*

dos elementos – que podem ser heterogéneos e de uma qualquer origem – para os contextos e as relações que têm incidência sobre os comportamentos humanos e que, deste modo, se relacionam com os estudos sobre o ambiente urbano levados a cabo na mesma altura por C. Alexander e L. Halprin, ao qual já nos referimos anteriormente.

O segundo livro é um ensaio histórico que discute uma vez mais as raízes da tradição moderna entre meados do século XVIII e o final do século XIX – o romantismo, o revivalismo dos estilos históricos, o funcionalismo, o racionalismo, a influência das outras artes – abandonando a perspectiva de uma convergência final e sublinhando antes as suas características divergentes e irredutíveis. Collins não chega a discutir os acontecimentos do pós-guerra mas a sua análise histórica coloca em questão a hierarquia dos valores aceites.

«Ao contrário dos tipos mais ortodoxos de história dedicados à arquitectura moderna, este livro não esquecerá os ideais do século XIX que já passaram de moda. Pelo contrário, convidará o leitor a decidir por si próprio quais são as ideias modernas válidas e quais os aspectos das teorias do século XIX que foram injustamente negligenciados ou condenados. Nesse sentido, fez-se uma tentativa para indicar a via de uma filosofia da arquitectura que evolua dentro do espírito do verdadeiro ecletismo» ([34]).

Para voltar a introduzir no debate dos anos 60 a palavra «ecletismo» com uma nova conotação positiva, Collins serve-se de uma citação de Diderot ([35]). E é exactamente através desta nova visão que capta melhor do que os outros o sentido global das experiências em curso: nenhuma das novas propostas tem já o carácter exclusivo defendido pelos mestres da fase anterior – toda a tendência suscita a sua oposta e todas convivem de modo precário, esperando uma impossível clarificação.

Entre os textos escritos neste período encontramos ainda dois livros italianos ambos editados no ano de 1966, os quais antecipam os desenvolvimentos mais importantes dos estudos posteriores: *L'architettura della città* de Aldo Rossi – a primeira enunciação rigorosa do refluxo académico que se verificará nos anos 70 – e *Il territorio dell'architettura* de Vittorio Gregotti, que antecipa um dos argumentos utilizados nos anos 80 para sair do academismo, isto é, a atenção sem preconceitos dedicada ao contexto. A relevância destas questões não era ainda perceptível na altura e só será reconhecida nas décadas seguintes.

([34]) Trad. ital., Milão, 1972, pp. 13-14.
([35]) «Um eclético é um filósofo que despreza os preconceitos, a tradição, a antiguidade, o consenso universal, a autoridade e qualquer outra coisa que se submeta à opinião da massa; um filósofo que ousa pensar por sua conta, indo de novo até aos claros princípios gerais, examinando-os, discutindo-os e não aceitando senão a prova da sua própria experiência» (1975; *idem*, p. 14).

SEGUNDA PARTE

A IDADE DA INCERTEZA

Fig. 156 – *Aspecto de uma rua numa cidade da América Latina.*

PREMISSA

Na primeira metade dos anos 70 acentuam-se alguns factos que virão mudar o curso da história mundial e também da história da arquitectura.

Antes de mais, aqueles que vão despoletar a crise económica. Em 1971, Nixon suspende a convertibilidade do dólar em ouro, estabelecida após os acordos de Bretton Woods em 1944. Em 1973 rebenta a guerra do Yom Kippur que terá como consequência o aumento de preço do petróleo. Em 1974 a inflação e a recessão espalham-se pelos países mais importantes.

Enquanto que o desenvolvimento demográfico diminui ou pára nos países avançados, ele continua a agravar-se nos mais atrasados. Nestes últimos, a indústria tem dificuldade em se desenvolver, enquanto que nos primeiros a ocupação predominante se transfere da indústria para as actividades terciárias. Por toda a parte os efeitos acumulados do anterior desenvolvimento vêm evidenciar novos perigos, inerentes às formas habituais de produção e consumo: a poluição do ambiente físico, o desperdício dos recursos não renováveis, a ingovernabilidade dos grandes sistemas. Em 1972 é publicado o primeiro relatório do Clube de Roma, com o título *I limiti dello sviluppo* (Os limites do desenvolvimento). A reflexão científica desloca-se igualmente dos estudos de pormenor para as avaliações globais das inovações introduzidas nas últimas décadas. Galbraith faz em 1967 o ponto da situação no que se refere às transformações económicas e sociais [36] e Monod descreve em 1970 o impacto da biologia molecular sobre a cultura moderna [37]. A contraposição das ideologias políticas, após a efémera revolta de 1968, perde importância perante as novas responsabilidades referentes às sociedades organizadas e a toda a família humana.

---

[36] J. K. Galbraith, *The New Industrial State*, Boston, 1967.
[37] J. Monod, *Le hasard et la nécessité*, Paris, 1970; trad. port., *O Acaso e a Necessidade*.

No que à arquitectura se refere, ocorre sobretudo referir o desenvolvimento das tecnologias electrónicas e a sua influência sobre a circulação das imagens.

A utilização de aparelhagens mecânicas e eléctricas para o cálculo e a informação – tornada possível pela álgebra de Boole, criada em meados do século XIX – é experimentada na Alemanha e nos Estados Unidos entre as duas guerras e conduz à construção da primeira calculadora digital – a Mark I de Harvard – em 1944. Mas, no pós-guerra, o desenvolvimento destes aparelhos é dificultado pela complexidade e pelo preço dos seus componentes, as válvulas termoiónicas. Os progressos decisivos terão lugar com a invenção de novos componentes nos laboratórios americanos: o transístor em 1948, o transístor plano sobre lâmina de silício em 1958 e o *chip*, ou microprocessador, em 1971.

O *chip* vem possibilitar a produção e a difusão universal das máquinas de calcular de baixo preço e fácil utilização, transformando a tecnologia dos meios de comunicação sem fios, como a rádio e a televisão, já popularizadas respectivamente no primeiro e no segundo pós-guerra e tornando possível a automatização dos equipamentos industriais e domésticos e, na prática, de todas as operações repetitivas no trabalho e na vida quotidiana. Ao mesmo tempo, os satélites artificiais (a partir da segunda metade dos anos 60) e os cabos de fibras ópticas (no início dos anos 70) vêm melhorar a capacidade dos vários sistemas de comunicação à distância. Todas estas inovações deixam entrever uma «sociedade da informação» [38] e uma «revolução microelectrónica» [39] que transformam e transformarão radicalmente o mundo em que vivemos.

Também nesta fase o impacto inicial resulta das novas quantidades. Não já, como nas fases anteriores, quantidades de bens, mas de serviços e de informação, as quais invadem todos os níveis da vida privada e pública, com uma força global sem precedentes no passado.

A maior parte destas circunstâncias contrasta com aquelas que caracterizaram o início do movimento da arquitectura moderna, cinquenta anos antes. A modernização da arquitectura havia sido baseada em relação à indústria, mas agora a indústria perde importância em relação aos serviços. A corrida em direcção aos grandes números e às grandes dimensões fora considerada um progresso, adequado para contestar os modelos da cultura tradicional; agora, as quantidades materiais acumuladas pelo desenvolvimen-

---

[38] É a expressão introduzida por B. Lefebvre num estudo encomendado pelo Secrétariat général du group central des villes nouvelles, *Audiovisuel et télématique dans la cité*, Paris, 1970.

[39] É o título de um relatório para o Clube de Roma, publicado em 1982 sob a orientação de G. Friedrichs e A. Schaff.

to passado tornam-se uma ameaça e as quantidades formais difundidas pela microelectrónica fazem um cerco directo à mente humana com efeitos que de imediato se afiguram como problemáticos. No campo específico da arquitectura, o crescimento da tecnologia no ambiente natural e histórico não pode ser considerado um processo ilimitado, impondo por sua vez um controlo tecnológico mais cerrado e exigente. E a tentativa de criar um novo estilo homogéneo, padronizando por via intelectual um repertório de imagens não muito mais vasto do que o tradicional, falha clamorosamente em relação ao fluxo, enormemente acrescido, que é produzido pelos instrumentos da tecnologia contemporânea. Repete-se, numa maior escala, a crise das formas dos primeiros produtos industriais em meados do século XIX: não existe um método eficaz para seleccionar uma produção mais abundante e mais rápida e esta cai fatalmente sob as leis do mercado, as quais não fazem distinções entre as referências formais, baralhando-as continuamente. Qualquer proposta que contraponha um repertório moderno a um tradicional (ou qualquer repertório a um outro) torna-se irrelevante num mercado que exige simultaneamente ou sucessivamente todos os repertórios possíveis de modo a satisfazer os diferentes sectores da procura. Esta tendência, que torna o ecletismo inevitável, invade nos anos 70 e 80 o mundo dos *mass media* e o dos bens de consumo mais rápido, incluindo os instrumentos de trabalho e a maior parte dos produtos industriais, atraindo ainda em larga medida a arquitectura, como veremos.

Depois de um prolongado período de desenvolvimento em condições estáveis e de sólidas convicções intelectuais, abre-se um período de oscilações, de riscos e de reconsiderações: é aquela a que Galbraith chama «a idade da incerteza» [40]. A arquitectura vê-se necessariamente envolvida nesta transformação; devemos portanto ver de que maneira ela é afectada e como a incerteza se transfere das experiências para as reflexões históricas sobre as experiências.

Toda a apreciação deve ser feita à escala mundial, a qual predomina agora definitivamente na nossa área. É no entanto possível distinguir duas linhas de análise, as quais partem respectivamente das situações do Terceiro Mundo – onde prevalecem os problemas do desenvolvimento – (Capítulo I) e das situações dos países mais desenvolvidos, onde predominam os problemas da reconversão (Capítulo II); mas ambos os vectores se tendem a integrar numa nova síntese, diferente daquela que se verifica no passado (Capítulo III).

---

[40] J. K. Galbraith, *The Age of Uncertainty*, Boston, 1977.

Capítulo I

O DESAFIO DAS CONSTRUÇÕES IRREGULARES

O Terceiro Mundo é cada vez mais importante e as suas circunstâncias – o crescimento demográfico, os grandes movimentos populacionais, as grandes cidades com mais de dez milhões de habitantes, as desigualdades e a desintegração dos modelos de ordenamento – tornam-se as características dominantes do mundo contemporâneo.

Nos anos 70, a população mundial passa de 3,6 para 4,4 mil milhões, mas este crescimento acelerado é o resultado global de uma diminuição nos países desenvolvidos e de uma aceleração bastante maior nos mais atrasados. As estimativas das Nações Unidas prevêm um crescimento ainda de 4,4 para 6,2 mil milhões (ou seja, de 40%) até ao final do século. Mas a população da Africa aumentará 75%, a da América Latina 65%, a da Ásia meridional 55%, a da Ásia Oriental 24%, a dos Estados Unidos e da URSS 17% e a da Europa 7%. Nos países desenvolvidos a transferência da população activa da agricultura para a indústria já teve lugar, e dá-se já a transferência da indústria para os serviços. Deste modo, as cidades não crescem mais e em muitos casos esboça-se mesmo uma migração oposta, dos grandes centros para o restante território. Nos países atrasados, pelo contrário, só agora se dá o arranque da indústria, o qual está condicionado pela concentração dos serviços em poucos centros, ligados ao circuito internacional. Toda esta situação conduz a um êxodo maciço do campo para a cidade, sobretudo nas capitais políticas e nos nós de comunicação, que atingem dimensões e ritmos de crescimento jamais vistos anteriormente.

Em 1980 Nova Iorque era ainda o maior aglomerado do mundo com 20,2 milhões de habitantes, seguida de Tóquio (20), Cidade do México (15),

Xangai (14,3), S. Paulo (13,5). No ano 2000, a Cidade do México terá 31 milhões de habitantes, S. Paulo 25,8, Xangai e Tóquio 23,7 e Nova Iorque 22,4.

Para enfrentar o súbito crescimento das aglomerações urbanas do Terceiro Mundo temos à nossa disposição os métodos do planeamento urbanístico e da moderna elaboração de projectos arquitectónicos, os quais foram referidos no capítulo anterior quanto aos anos que vão de 1960 a 1970: inquéritos, planos e desenhos da autoria das agências ou dos estúdios profissionais europeus e americanos são divulgados por todo o mundo através das organizações económicas ou políticas de âmbito internacional; outros estudos e outros planos são feitos no próprio local por arquitectos ou por grupos formados nas universidades dos países mais avançados. Mas os resultados globais desmentem clamorosamente os objectivos afirmados pela teoria arquitectónica moderna: os edifícios projectados por arquitectos e de acordo com as normas, as cidades disciplinadas por planos urbanísticos e providas de serviços públicos, estradas, parques, etc., apenas atingem uma parte da população. A outra parte não tem possibilidade de os utilizar, instalando-se por sua iniciativa em outras casas, bairros e cidades desprovidas de ordenamento, ligadas às anteriores mas claramente distintas. Os terrenos são ocupados sem registo legal, as casas são construídas com os meios disponíveis e sem ter em conta os regulamentos de construção, os serviços colectivos faltam ou são introduzidos já com atraso e com critérios completamente diferentes dos vigentes na cidade dotada de planeamento.

Estas construções foram designadas de «clandestinas» pois foram consideradas como sendo uma franja secundária da única cidade legítima, a exemplo das barracas e tugúrios que sempre existiram, de um modo limitado, à margem das cidades industriais de todo o mundo. Mas esta definição já não se adapta à situação actual já que as construções desordenadas crescem com muito maior velocidade do que as que são regidas por um plano; abrigam já, em muitos países, a maioria da população e formam um gigantesco facto consumado que escapa às normas legais embora possua na realidade um peso preponderante. Os planos mais ambiciosos já não se propõem reduzi-las mas antes tornar mais lento ou estabilizar o seu desenvolvimento desenfreado. À escala mundial, a população duplica em trinta anos, a população urbana duplica em quinze anos e a população clandestina das cidades duplica em sete anos e meio.

As formas desta discriminação variam de país para país. Os bairros clandestinos surgem ao lado dos ordenados, interligando-se estes de todas as maneiras possíveis mas permanecendo sempre claramente distintos (a transição é bem definida e não gradual precisamente devido à incompatibilidade dos seus dois mecanismos de formação). São muito diversos os nomes por que são designados – *ranchos* na Venezuela, *barriadas* no Peru, *favelas* no

Brasil, *bidonvilles* nos países de língua francesa, *squatters* nos países de língua inglesa, *bustees* na Índia, *gourbivilles* no Norte da África, *gecekondu* na Turquia, *ishish* no Médio Oriente, bairros da lata em Portugal – formando uma paisagem compacta, complementar e sempre presente sobre o fundo da cidade ordenada (figs. 157, 158 e 159). As casas são muitas vezes a repetição das cabanas rurais de onde provém a maior parte dos seus habitantes, embora adquiram um novo carácter devido à contiguidade e à falta de espaços livres, tal como nos primeiros aglomerados industriais europeus. Entre as duas cidades – que se defrontam visualmente de um modo directo – vigoram relações bem precisas: os habitantes da cidade ordenada não entram na clandestina, enquanto que os habitantes da cidade clandestina circulam todos os dias na cidade ordenada, utilizando e reciclando os seus restos. Noutros casos, a cidade clandestina nasce no interior da cidade ordenada: os bairros mais antigos, abandonados pelos seus habitantes originários e deixados em ruínas, tornam-se um alojamento precário para os novos imigrados, formando bairros de habitação clandestina disfarçados por entre os monumentos do passado. É esse talvez o destino inevitável das cidades muçulmanas, desde a África à Ásia, onde o antigo tecido – absolutamente estranho ao tecido «moderno» convencional, visto não permitir a circulação automóvel e ser construído com materiais perecíveis que necessitam de uma permanente manutenção – se encontra já de facto abandonado, enquanto que os restauros são reservados aos monumentos principais. Deste modo, também a conservação das cidades antigas continua a ser uma possibilidade reservada à Europa e foi já de facto posta de parte nos outros países: Isfahan, Damasco ou Deli serão provavelmente destruídas nos próximos anos, exceptuando as mesquitas e os palácios. Finalmente, em outros casos, não são necessárias casas nem bairros para a população clandestina: em 1960, já 60 000 pessoas dormiam nas ruas de Calcutá (fig. 160). Os países «desenvolvidos» não se encontram ao abrigo destes mecanismos que se verificam à escala mundial e as construções clandestinas surgem pontualmente onde a planificação urbanística não acompanha as transformações do espaço povoado: em Roma (onde cerca de 60 000 pessoas habitam em barracas e cerca de 800 000 em casas construídas sem licença em terrenos não destinados à construção; fig. 161), na Itália meridional, nos países balcânicos e ibéricos, em algumas zonas da União Soviética.

Esta situação começa a ser avaliada nos estudos que a ONU efectuou no princípio dos anos 60 e é dada a conhecer em todo o mundo através de um livro de Charles Abrams publicado em 1964 ([41]). Os estudos seguintes virão

---

([41]) C. Abrams, *Housing in the Modern World; Man's Struggle for Shelter in an Urbanizing World,* Cambridge (Mass.), 1964; o livro teve também grande circulação na sua versão espanhola, *La lucha por el techo en un mundo en urbanización,* Buenos Aires, 1967.

Fig. 157 – *A cidade «normalizada» e a cidade «clandestina» em Caracas, Venezuela.*

Figs. 158, 159 – *Dois aspectos dos bairros clandestinos de Caracas.*

demonstrar o rapidíssimo aumento das construções clandestinas e os seus resultados foram sintetizados numa reunião da ONU em 1970 em Medellin, na Colômbia [42].

Nos anos 50 e 60, como já foi referido, as administrações e os arquitectos tentam resolver o problema dos bairros clandestinos através da habitação popular massificada, efectuada segundo os modelos intensivos já experimentados anteriormente nos países industrializados: típico é o programa dos *supebloques* venezuelanos de Villanueva. Nos anos 70, perante as novas características do fenómeno, tentam-se outras duas soluções: uma construção popular que assume e racionaliza os modelos «espontâneos» (casas unifamiliares, baixas e podendo ser gradualmente construídas) e uma crítica mais radical ao próprio conceito de construção popular, realizada pelas autoridades administrativas.

A primeira orientação é aceite, no decurso dos anos 60, por arquitectos de vários pontos do globo, provenientes dos países desenvolvidos ou forma-

---

[42] *Amélioration des taudis et des zones de peuplement non réglementé*, Nações Unidas, Nova Iorque, 1972. O relatório inclui uma tabela com os números da população clandestina nas principais cidades do mundo; por exemplo, 27 % no Rio de Janeiro em 1961; 46 % na Cidade do México em 1966; 35 % em Calcutá em 1961; 47 % em Ancara em 1970.

Fig. 160 – *Aspecto de uma rua de Calcutá.*

Fig. 161 – *Vista aérea da periferia de Roma: as construções «normalizadas» (em baixo), as construções clandestinas (em cima) e um pequeno bairro de barracas (em cima, à esquerda).*

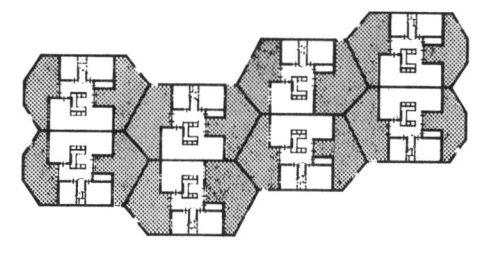

Fig. 162 – *Tipo de construção para o concurso de Lima em 1969 (A. Van Eyck).*

dos nos próprios locais a transformar, no Terceiro Mundo; é também essa a orientação que preside ao concurso para uma nova tipologia de habitações populares em Lima, no qual participam Candilis, Van Eyck, o Atelier 5. A segunda está interligada com a anterior e difunde-se durante os anos 70, sobretudo graças a um único arquitecto cosmopolita, John F. C. Turner (nascido em 1927 e formado na escola londrina; uma resenha exaustiva dos resultados obtidos é o concurso de 1969 da Architectural Association).

Turner trabalha no Peru de 1957 a 1965 para os gabinetes governamentais de intervenção urbana, efectuando aí as primeiras experiências de assistência à autoconstrução e ao desenvolvimento das comunidades. Transfere-se depois para Boston como investigador do Joint Center for Urban Studies e como professor do MIT. Estuda neste período a relação entre os problemas do Terceiro Mundo e os dos países desenvolvidos, primeiro num livro teórico de 1969 [43], e depois num estudo promovido pelo Department of Housing and Urban Development do governo federal para avaliar as possibilidades do *self-help housing* nos Estados Unidos. Os resultados obtidos pela equipa coordenada por Turner são discutidos em 1971 em Cuernavaca, no Centro Interamericano de Documentación de Ivan Illich (que no ano anterior havia redigido o seu manifesto contra a escola moderna [44]), tendo sido publicados em livro em 1972 [45]. Em 1973, Turner regressa a Londres, onde ensina na sua escola de origem e no College of London. Continua entretanto a trabalhar como consultor de muitas agências nacionais e internacionais na América Latina, na África e na Asia, fundando com Peter Stead um Centre for Alternatives in Urban Development, que leva a cabo uma experiência concreta num pequeno povoado do Wiltshire. A sua filosofia sobre a habitação é sistematicamente exposta no ensaio *Housing by People*, publicado em

---

[43] H. Caminos, J. F. C. Turner, J. A. Steffian, *Urban Dwelling Environments. An Elementary Survey of Settlements for the Study of Design Determinants*, Cambridge (Mass.), 1969.

[44] *Deschooling Society*.

[45] J. F. C. Turner, R. Fichter, *Freedom to Build*, Nova Iorque, 1972.

Fig. 163 – *Um lote para auto-construção em fases sucessivas (do relatório para o projecto para a nova cidade de El Tablazo, 1968).*

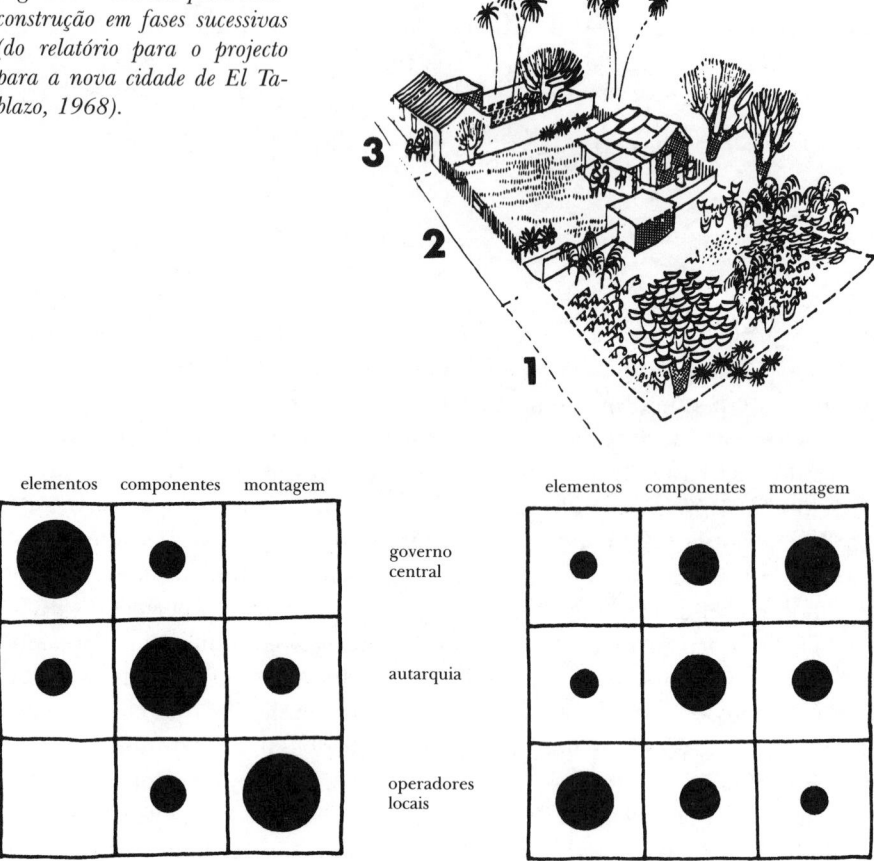

Fig. 164 – *Um diagrama do livro* Housing by People, *de Turner. A distribuição das tarefas entre os níveis de intervenção, como deveria ser e como é.*

1976 por Marion Boyars (na colecção que inclui as obras de Illich, Robertson, Heilbroner e Szasz).

A hipótese de partida – reforçada por muitas experiências, tanto nos países pobres como nos países ricos – é a seguinte:

«Quando os habitantes controlam as decisões mais importantes e são livres de dar o seu contributo para a elaboração do projecto e para a construção e direcção das suas habitações, o processo global e o ambiente daí resultantes estimulam o bem-estar individual e social. Quando as pessoas não têm controlo nem responsabilidades sobre as opções decisórias do processo, o ambiente habitacional torna-se, pelo contrário, num obstáculo à realização pessoal e num peso para a economia» [46].

---

[46] J. F. C. Turner, *Housing by People,* Londres, 1976, p. 7.

Para promover a iniciativa dos habitantes «é necessário fazer uma importantíssima distinção entre os problemas locais, de escala reduzida, que se colocam à utilização dos recursos disponíveis e os de grande escala, sociais e económicos, para tornar disponíveis estes recursos». As autoridades públicas devem encarregar-se dos segundos problemas, dispensando os recursos produzidos em larga escala pela grande indústria e estabelecendo os limites legais para a iniciativa privada, de modo a que o acesso a estes recursos seja igualmente garantido a todos. Neste contexto, os habitantes e as suas associações podem fazer valer as suas iniciativas e produzir a desejada variedade de construções com as tecnologias apropriadas.

Illich inclui esta proposta na reivindicação geral de um trabalho «comunitário» que preserve a autonomia do homem:

«Uma política comunitária deveria começar pela definição daquilo que não é possível a cada indivíduo obter sozinho quando constrói uma casa e deveria, consequentemente, assegurar a cada um o acesso a um mínimo de espaço, de água, de elementos pré-fabricados, de instrumentos comunitários que vão desde a broca ao monta-cargas e, eventualmente, também o acesso a um mínimo de crédito... Não custaria muito pré-fabricar elementos fáceis de montar para as habitações e para os serviços comuns: as pessoas poderiam construir habitações mais duráveis, mais confortáveis, mais saudáveis e, ao mesmo tempo, aprender o uso de novos materiais e de novos sistemas» [47].

Os textos até aqui referidos vêm confirmar e radicalizar as tendências que, durante os anos 60 e 70, se difundiram nos países mais desenvolvidos e que contrapõem aos métodos ortodoxos de elaboração de projectos de construção uma expressão mais directa das necessidades dos utentes. P. Davidoff, num artigo de 1965 [48] introduz o termo *advocacy planning*, derivado da linguagem jurídica: uma assistência técnica aos utentes como contrapartida aos arquitectos e aos planificadores. Com esta etiqueta nasce nos Estados Unidos um movimento, sobretudo por Robert Goodman e divulgado num livro de 1972 [49]. Na Inglaterra foi já referida a actividade de Turner e de Stead. Na Itália, G. De Carlo tenta introduzir a relação com os habitantes no processo profissional da elaboração do projecto, realizando uma experiência demonstrativa num pequeno bairro operário de Terni (1970; figs. 166 e 167).

Estas formulações teóricas concedidas nos anos 70 foram experimentadas em poucos casos isolados. Uma verificação em grande escala introduzir-lhes-

---

[47] I. Illich, *La convivialità* (1974), Milão, 1975, pp. 78 e 107.
[48] «Advocacy and Pluralism in Planning», in *Journal of the American Institute of Planners*, Novembro de 1965.
[49] R. Goodman, *After the Planners: Politics and Architecture for Liberation*. Harmondsworth 1972.

Fig. 165 – *Uma ilustração do livro* After the planners, *de Goodman. Um anúncio no* Boston Globe *para uma assembleia de inquilinos.*

-ia substanciais modificações ou, então, poderia demorar tanto que as tornaria prematuramente desactualizadas.

Entre as tentativas de aplicação efectuadas recordemos – para além daquelas que foram supervisionadas por Turner no Peru e noutros locais – a ambígua experiência de Villa el Salvador em Lima, no início dos anos 70 (fig. 162), o *campamento* de Nueva Habana realizado no Chile de 1970 a 1973, sob o governo de Unidad Popular, e a *cité* Ben Omar, a primeira experiência de autoconstrução assistida na Argélia. Mas é também de considerar o impacto – mais ou menos relevante – sobre a convencional concepção projectual em muitos países: são de assinalar alguns trabalhos de J. Guedes no Brasil (a nova cidade de Caraíba no nordeste; fig 170), do grupo interdisciplinar PIRCA no Peru (a colónia cooperativa Andahuasi) – e do Instituto Autarquico de Planyamento y Vivienda da província de Entre Rios na Argentina (a cidade de Nueva Federacion).

A procura das «tecnologias apropriadas» implica a oportunidade de reavaliação dos métodos de construção e dos modelos distributivos da tradição mais remota, que se tornaram inoperacionais pela industrialização conven-

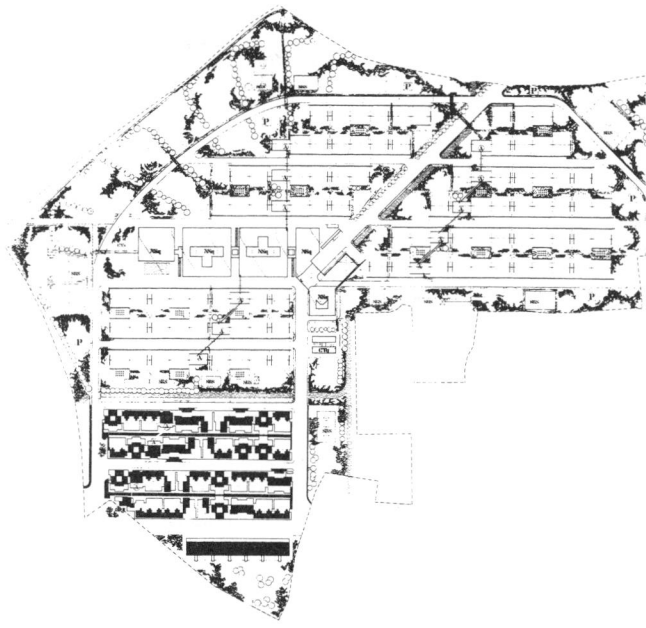

Figs. 166, 167 – *Terni, vista e planta da aldeia Matteotti de G. De Carlo (1970).*

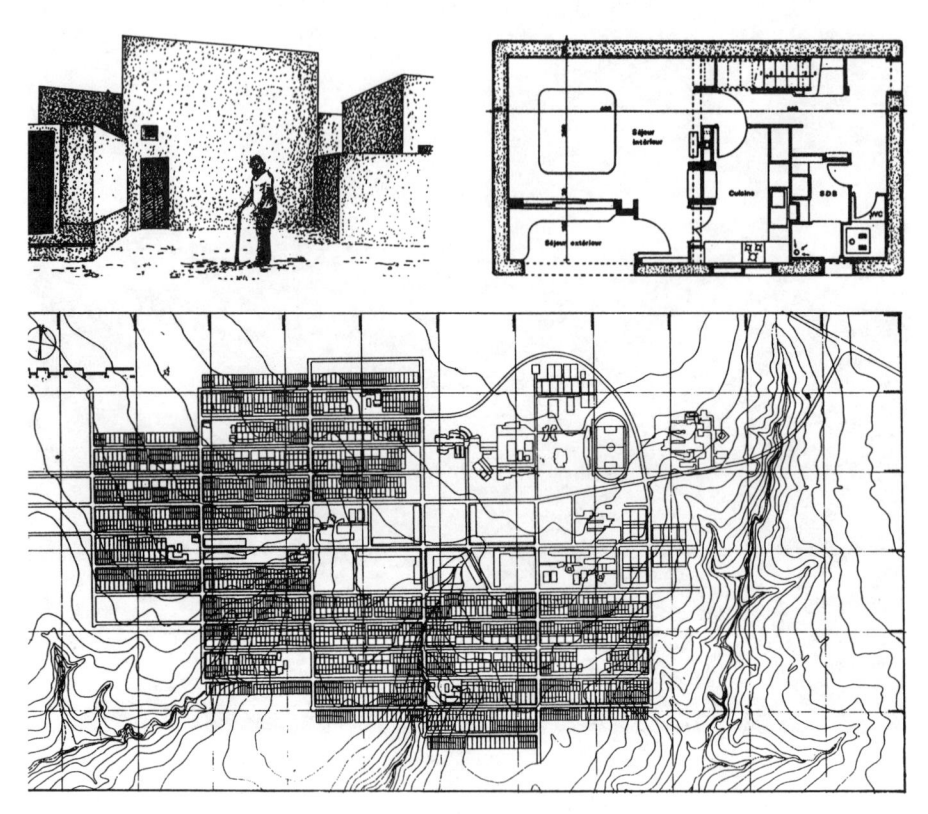

Figs. 168, 169 – *Mostefa Ben-Brahim, Argélia. Casa-tipo em pisé realizada pelo Craterre (Houben, Pedroti, Belmans).*
Fig. 170 – *Planta de uma nova cidade de Caraíba para 15 000 habitantes, no Brasil (J. Guedes, 1978).*

cional do passado mais próximo. Um trabalho pioneiro neste sentido foi desenvolvido no Egipto por Hassan Fahti (n. 1900), que no primeiro pós--guerra realiza em tijolo cru, com mão-de-obra e técnicas tradicionais, alguns edifícios isolados e uma aldeia experimental perto de Luxor – Gourna (figs. 171 e 172) com custos mais baixos do que os convencionais. Esta experiência é descrita num livro de 1969 ([50]), que seria traduzido em francês e em inglês ([51]), proporcionando grande notoriedade ao seu autor. Depois de 1963, Fathi realiza um segundo povoado em Bariz, no oásis de Kharga (fig. 173), tenta colaborar na reconstrução do Cairo (fornecendo os desenhos de um quarteirão-modelo) e projecta um terceiro povoado para o festival do Nilo

---

([50]) H. Fahti, *Gourna: a Tale of Two Villages,* Cairo, 1969.
([51]) H. Fahti, *Construire avec le peuple,* Paris, 1970; *Architecture for the Poor,* Chicago, 1973.

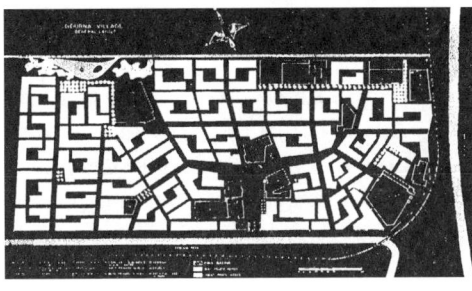

Figs 171, 172 – *Planta e aspecto da aldeia de Gourna (H. Fahti)*

Fig. 173 – *Planta da aldeia de Bariz (H. Fahti).*

Fig. 174 – *Um desenho de Hassan Fahti para as casas de Gourna, no estilo das antigas pinturas egípcias.*

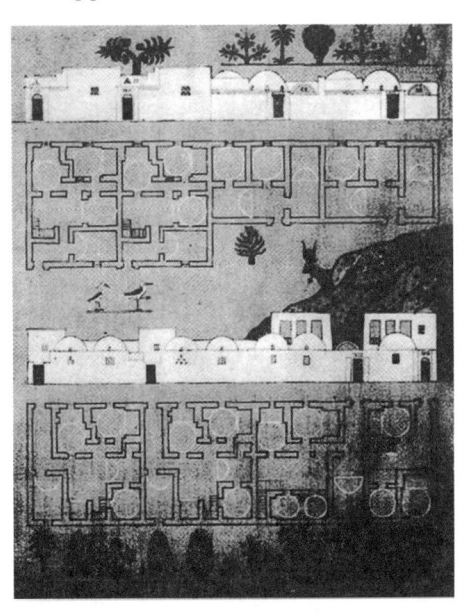

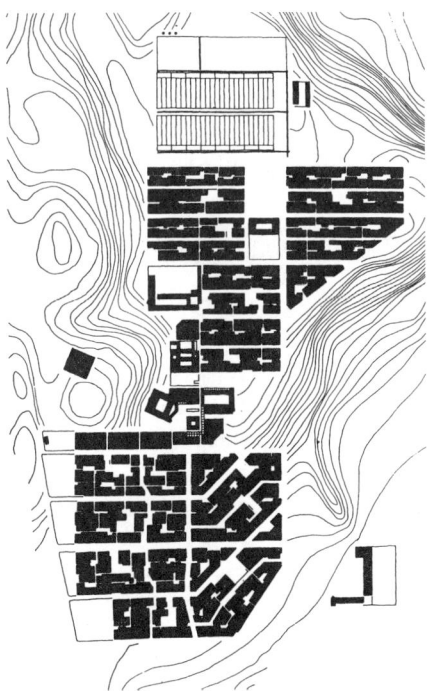

141

e um Instituto para as Tecnologias Aplicadas (ao serviço dos países do Terceiro Mundo) em Luxor. A sua obra é bem conhecida no mundo (⁵²), mas continua a ser uma excepção no Egipto moderno, país que se moderniza com base em critérios completamente diversos.

Maiores resultados obtêm alguns arquitectos iranianos da geração seguinte (o grupo D. A. Z., K. Diba, A. Amirrezvanii, F. Sadeghi, A. Kashanijo; fig. 179) e sobretudo os indianos, que ensaiam um compromisso, difícil mas prometedor, entre os métodos ocidentais e locais: Balkrishna V. Doshi, o antigo colaborador de Le Corbusier em Chandigarh, desenvolve através do exemplo do seu mestre uma compreensão cada vez mais precisa das tradições e das necessidades locais (figs. 175 e 176); Charles Correa, trabalhando numa maior dimensão, é desde 1974 o responsável pela planificação de Bombaim, tentando controlar racionalmente o desenvolvimento de uma das grandes metrópoles do Terceiro Mundo.

Os projectos para o restauro e conservação de algumas cidades muçulmanas – como os das capitais marroquina e tunisina patrocinados pela UNESCO e o de Bagdad, onde trabalhou o italiano Giorgio Lombardi (n. 1942) – colocam-se como uma alternativa à destruição (com o abandono dos seus habitantes, facto que vem alimentar a polarização entre novos bairros planificados e clandestinos) ou à proliferação de barracas, que transformam ilustres aglomerados antigos em acampamentos marginais. Nenhum destes planos foi ainda traduzido em realidade e não pode ainda fazer-se a apreciação do ponto de vista histórico.

Os factos e projectos até agora referidos vêm acentuar uma questão de importância geral, que coloca em discussão não apenas os métodos aplicados no Terceiro Mundo mas também todo o património mundial de modelos e processos acumulados durante os últimos cinquenta anos.

Os métodos da arquitectura e do urbanismo moderno, aplicados com maior ou menor correcção em todo o mundo, tornam-se na maioria das situações técnicas de luxo para melhorar as condições de vida de uma minoria que é já favorecida e, de facto, escapam às limitações económicas existentes na Europa: as casas, os bairros e os serviços podem ser tão caros quanto se deseje, pois que quem os não puder pagar pode ser confinado noutro local. Ao mesmo tempo, estes métodos servem para introduzir nas zonas clandestinas alguns serviços indispensáveis – a luz eléctrica nas casas, a água nos fontanários públicos, as escolas, os postos de polícia e alguns trechos de ruas com capacidade para dar passagem a ambulâncias e a veí-

---

(⁵²) Nos anos 70 Fahti projectou a aldeia Moussaia no Iraque, um bairro em Sohar, em Omã, e alojamentos para refugiados em Korangi, no Paquistão. O seu conceito de casa árabe encontra-se exposto no livro *The Arab House in the Urban Setting: Past Present and Future*, Essex, 1970.

Figs. 175, 176 – *Baroda, o povoado para a Gujarat State Fertilizers (B. Doshi, 1964). Aspecto geral e reservatório de água, utilizado como cobertura de um espaço para reuniões.*

Figs. 177, 178 – *Alojamentos para a Indore Development Authority (B. Doshi, Vastu-Shilpa Foundation, 1980). Planta parcial e aspecto do interior de uma das casas em argila.*

Fig. 179 – *Planta da nova cidade de Shushtar, no Irão, para 31 000 habitantes (Grupo DAZ, 1976).*

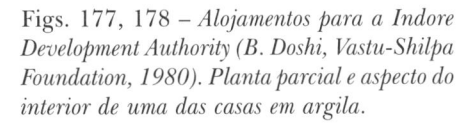

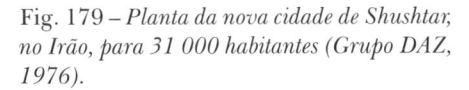

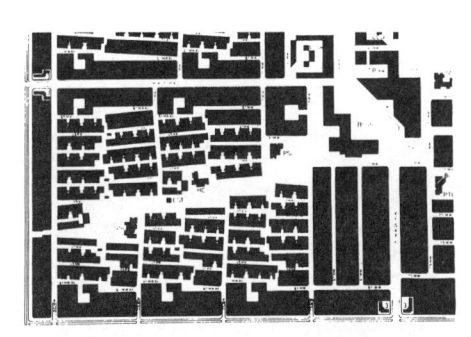

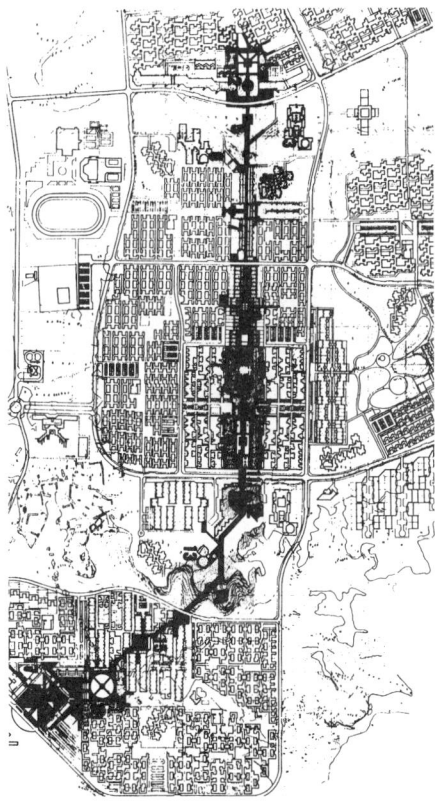

143

Fig. 180 – *Projecto para a recuperação do centro histórico de Bagdade (S. Bianca, G. Lombardi, H. Fahti, S. Iamada, 1982).*

Fig. 181 – *Um povoado «espontâneo» perto de Tunes, no qual as casas reproduzem o modelo tradicional com pátio.*

culos militares – serviços que são uma cópia reduzida dos existentes na cidade regularizada e que tornam definitiva a coexistência entre as duas cidades, protegendo a cidade regular dos perigos de vizinhança com a irregular e impondo a esta última o confronto com os padrões vigentes na primeira, ou seja, afirmando o seu carácter marginal e dependente. Os modelos convencionais da cidade moderna, que resultam da prática internacional – a casa de vários andares, a auto-estrada, os serviços escolares e hospitalares de elevado nível – são simultaneamente reservados a uma minoria e impostos a todos os outros como um ideal inatingível, de modo a que a sua inferioridade seja objectivamente medida como um desvio a uma norma reconhecida.

Esta nova situação obriga a considerar de uma maneira diferente a evolução da moderna investigação arquitectónica tanto nos países «desenvolvidos» como naqueles que se encontram «em vias de desenvolvimento».

O movimento moderno iniciou-se na segunda década do nosso século com o intento de superar as discriminações resultantes da gestão urbana tradicional e de interpretar objectivamente, através da investigação científica, as necessidades de todos os cidadãos. A resistência oferecida pelos interesses e as instituições fundadas na gestão tradicional atrasou ou impediu a aplicação dos seus princípios. Até há poucos anos poder-se-ia imaginar um prolongamento indefinido deste desentendimento e registar sem preocupações os sucessos parciais até então obtidos; actualmente, pelo contrário, o desdobramento da cidade contemporânea exige uma alternativa de conjunto que deve ser encontrada num espaço de tempo limitado. E, de facto, a investigação arquitectónica moderna pode realmente deixar-se ficar limitada no âmbito da cidade planificada e tornar-se o instrumento de uma nova discriminação à escala mundial, abandonando o seu propósito inicial ou, então, pode propor-se analisar e ultrapassar precisamente a divisão entre as duas cidades e rever, consequentemente, os seus métodos e as suas alianças, aceitando ser lançada para o centro de um conflito político mais radical do que todos aqueles com que se havia anteriormente deparado, agora não limitado a uma única nação mas situado à escala internacional.

A divisão entre as duas cidades é produzida por uma política de construção que define os padrões admissíveis com base em modelos convencionais europeus ou americanos que não correspondem à realidade local. Deste modo, as casas construídas pelos próprios habitantes com o seu trabalho são declaradas «clandestinas» e os habitantes não recebem qualquer apoio para as construir melhor; em vez disso, insiste-se nas grandes empresas especializadas para construir alojamentos «modernos» demasiado caros para a maioria da população e numa quantidade de longe insuficiente para satisfazer as necessidades, embora semelhantes aos dos mais abastados e integráveis na cidade feita para eles, alojamentos que serão ocupados pelos funcionários e operários das próprias empresas ou de outras idênticas, já integradas no nível mais baixo da classe dominante. O critério constante desta política é a marginalização de uma considerável maioria (seja enquanto trabalhadores, seja enquanto utentes) de maneira a conservar as modalidades de produção e de consumo – os métodos industriais exclusivos, os produtos já confeccionados e estandardizados – que garantem o domínio da minoria relacionada com o circuito económico internacional. A transformação dos proletários, de trabalhadores em marginalizados, torna inoperacional a estratégia contrária levada a cabo pelo proletariado europeu e americano no próprio local de trabalho, quando o desenvolvimento industrial exigia o aumento da mão-de-obra empregue e não, como agora, a sua diminuição; basta, em vez disso, instalar os novos proletários numa zona separada e controlável para melhor ainda os explorar como consumidores à margem do mercado urbano e para fazer nascer uma série de conflitos internos (entre os construtores das casas, os locatários e os sublocatários; entre os comerciantes e os clientes; entre os produtores de resíduos e aqueles que os utilizam; entre quem ocupa as melhores e as piores posições) de modo a impedir a descoberta e a organização dos interesses comuns. A estrutura de povoamento, em vez de ser uma consequência final das relações de trabalho,

Fig. 182 – *As duas cidades em contacto (Caracas, 1972).*

torna-se assim uma condição prévia que suporta a hierarquia social vigente, mas também o terreno da luta política que a tenta transformar.

Ao avaliar o alcance deste conflito, a teoria arquitectónica deve proceder a uma análise do que se vai fazendo em todo o mundo, incluindo os países desenvolvidos. O permanente aperfeiçoamento dos modelos urbanísticos e de construção corresponde às necessidades da população ou define uma escala de exigências crescentes, impostas para alimentar a expansão da máquina industrial? A renovação contínua dos produtos, desde o mobiliário às habitações e aos bairros, contribui para melhorar a situação da população ou apenas para a manter perpetuamente em movimento, adiando sempre a estabilização e a reconciliação entre o homem e o seu ambiente com proveito para os interesses dominantes que têm a possibilidade de manipular o ambiente construído? A edificação de uma paisagem urbana, cada vez mais complexa e dispendiosa, pode ser efectuada com base numa distribuição injusta dos recursos mundiais e no emprego de matérias-primas e de energia que hoje já não pode ser generalizado a uma escala mundial? Todas estas questões tocam de perto os próprios fundamentos do movimento moderno. «A arte para a qual trabalhamos é um bem do qual todos podem participar e que serve para beneficiar todos; na realidade, se não participam todos, ninguém poderá participar» – esta frase de Morris torna-se numa advertência prática urgente: é impossível proporcionar um benefício apenas a uma parte dos utentes, porque então deixa de ser um benefício. Neste caso, os «progressos» da arquitectura prejudicam, de duas maneiras diferentes, tanto os privilegiados como os excluídos – não é possível resolver os problemas de uns sem ao mesmo tempo resolver os problemas dos outros.

Capítulo II

O DESAFIO DA CONSERVAÇÃO
E RECICLAGEM DO EXISTENTE

O abrandamento e a paragem do crescimento urbano, nos países desde há muito industrializados, produz uma situação bastante insólita, obrigando a considerar a cidade construída no passado – tradicional ou moderna, boa ou má – como um objecto definitivo que será necessariamente o ambiente onde decorrerá a vida do futuro próximo. As suas partes poderão ser conservadas, transformadas ou mesmo demolidas e reconstruídas, mas com limitações decisivas derivadas de cada situação particular.

Esta transição vai-se delineando gradualmente e com atraso em relação ao andamento demográfico. Mesmo quando a população já não cresce mais, a mobilidade interna, as transformações no estilo de vida e os desenvolvimentos económicos exigem um aumento das construções. Os grandes programas de nova urbanização iniciados nos anos 50 e 60 são executados nas décadas seguintes, embora as necessidades se tenham modificado. E, enquanto a expansão continua, o panorama já se está a modificar. Dantes, todas as necessidades eram satisfeitas pelo novo; hoje, interrogamo-nos se será mais conveniente satisfazê-las com novas construções ou com a reciclagem das já existentes, classificando-se os ambientes já construídos, recentes ou antigos, segundo as suas características e a sua disponibilidade para transformações posteriores.

Convém distinguir – lógica e cronologicamente – os planos e as experiências para a recuperação dos centros antigos, dos bairros do século passado e dos bairros do pós-guerra.

a) A conservação dos centros antigos

No modelo de gestão urbana surgido depois de meados do século XIX, não existe hipótese de proceder a um tratamento diferente do centro antigo e dos bairros mais recentes. Os elementos do organismo antigo – ruas, fachadas, edifícios – são assimilados aos elementos do novo organismo e submetidos à mesma dinâmica. A única excepção são os monumentos, dos quais se pretende retirar uma qualificação formal para toda a nova cidade. De facto, depois de Paris quase todas as cidades de origem antiga são danificadas ou parcialmente destruídas nos cem anos seguintes, tal como foi referido.

A extensão do interesse pelos monumentos aos próprios ambientes antigos – após os trabalhos de Sitte – não conduz à sua preservação enquanto não se dá a intervenção de uma crítica ao modelo tradicional (e portanto uma apreciação da heterogeneidade das características pré-industriais deste modelo), tarefa que caberá ao movimento moderno. Le Corbusier reconhece nas antigas cidades mediterrâneas valores perdidos de continuidade ambiental que devem ser reintroduzidos na cidade nova e toma como exemplo a cidade de Veneza ao expor o seu projecto para a urbanização da margem esquerda do Escalda (1934) [53]. O plano de ordenamento de Amsterdão, estudado de 1928 a 1934, prevê pela primeira vez a completa preservação do centro histórico como condição para o desenvolvimento moderno.

Após a Segunda Guerra Mundial os melhores planos de ordenamento – como os de Thomas Sharp para Salisbúria, de Abercrombie e Nickson para Warwick, de Piccinato para Pádua ou de Astengo para Assis – prescrevem o respeito pelos centros históricos, sem no entanto formular um método científico de análise e de intervenção. Os centros históricos são zonas protegidas, subtraídas às transformações da periferia e sujeitas a uma protecção especial, muitas vezes prolongados no tempo.

O estabelecimento de um procedimento específico – teórico e prático – para estas zonas começa a ser aperfeiçoado em Itália no final dos anos 60, apresentando-se como um modelo válido em toda a parte: é a mais relevante contribuição italiana para a moderna pesquisa internacional.

Os centros históricos, ou seja, os organismos citadinos edificados e transformados antes da revolução industrial, constituem em Itália uma parte considerável do património monumental (cerca de um quarto do total) e ainda um património cultural de valor incomparável. A defesa da sua integridade física, sustentada nos anos 50 por diversas associações culturais, torna-se nos anos 60 um tema importante do debate político; mas os meios tradicionais – as leis urbanas, se bem que rigorosas – foram insuficientes

---

[53] Le Corbusier, *La ville radieuse,* Paris, 1933, p. 268.

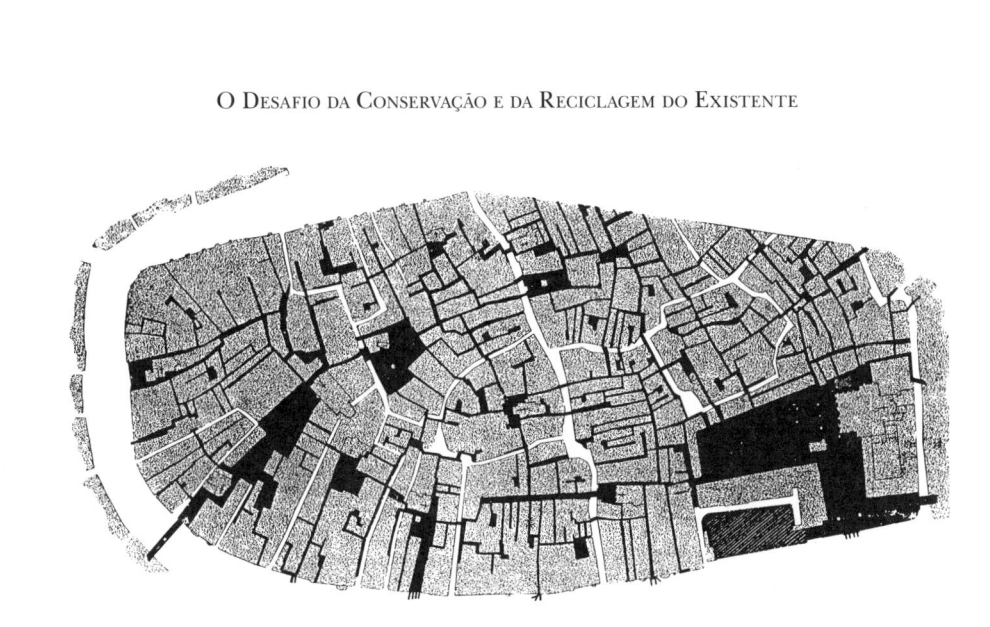

Fig. 183 – *Planta parcial de Veneza desenhada por Le Corbusier e apensa ao projecto de 1934 para a ampliação de Anversa.*

para impedir a decadência que resulta da natureza do ciclo global do tecido urbano: o desenvolvimento periférico provoca o aumento do valor das áreas centrais e causa a expulsão dos habitantes e das actividades tradicionais, que dão lugar a actividades mais lucrativas, como lojas e escritórios. Os habitantes que abandonaram o centro instalam-se na periferia onde vão alimentar o desenvolvimento periférico, que se repercute ainda no centro voltando a produzir o mesmo processo.

As administrações de algumas cidades da Lombardia, da Emília e do Veneto – abrangendo alguns centros históricos particularmente importantes e fisicamente bem conservados, ao mesmo tempo que ilustravam os mecanismos de uma degradação social particularmente evidente – elaboraram nos anos 70 uma nova metodologia para a sua conservação integral, cenário físico e habitantes.

Antes de mais, foi redefinido o âmbito da conservação, que não é apenas um conjunto de objectos físicos – monumentos e obras de arte, protegidas em nome de um interesse específico, histórico ou artístico – mas sim um organismo habitado, aquilo que resta da cidade pré-industrial com a sua população tradicional e que se caracteriza pela qualidade que falta na cidade contemporânea e que é novamente exigida pelo movimento moderno: a estabilidade da relação entre população e contexto urbano, isto é, a reconciliação entre o homem e o seu ambiente de que tantas vezes falou Le Corbusier.

Este organismo é já um elemento da futura cidade moderna e contém uma alternativa válida para toda a restante cidade e território.

Para conservar realmente esta parte do organismo urbano torna-se necessário intervir simultaneamente em todas as zonas da cidade. O tecido urbano original deve ser protegido e restaurado, distinguindo-se os diferentes tipos de edifício – palácios, habitações das várias classes sociais, igrejas, conventos, edifícios especiais, espaços verdes, etc. – que determinarão os possíveis usos modernos e as operações de adaptação admissíveis. Nas partes contíguas já alteradas é necessário evitar a consolidação dos edifícios e das suas utilizações actuais, de modo a que em seguida sejam recuperados como vazios potenciais para servirem de suporte aos equipamentos mais incómodos e que se não adaptariam aos espaços antigos. Nos bairros periféricos o crescimento contínuo deve ser limitado e parado, orientando-se gradualmente as iniciativas públicas e privadas para a recuperação do património existente. Estas intervenções que chocam com a lógica do mercado tradicional – a exemplo das que foram efectuadas para a realização de novas cidades planificadas, conforme foi experimentado em Inglaterra e noutros países – exigem o empenhamento directo das administrações públicas. Torna-se necessário adaptar as leis e os procedimentos, estabelecidos para as novas urbanizações, às transformações a realizar no espaço já construído, escolhendo uma gama de instrumentos adequados às diferentes situações e que vão desde a expropriação até aos acordos com os proprietários privados.

A metodologia até aqui descrita deriva de várias fontes. A aplicação ao património histórico dos estudos tipológicos característicos da primeira fase da moderna investigação é tentada pela primeira vez por Saverio Muratori (1910-1973), que foi professor da universidade de Roma a partir de 1955 [54]. Um dos seus alunos, G. F. Caniggia (n. 1933) prepararia entre 1968 e 1970 um estudo sobre o centro histórico de Como, o qual formará a base da variante do plano de ordenamento de 1975. O estudo sobre o centro histórico de Bolonha, iniciado com os métodos tradicionais em 1963, desenvolver-se-á de um modo original graças a Pier Luigi Cervellati (n. 1936), encarregado da assessoria comunal de 1965 a 1980. A iniciativa de Cervellati – um arquitecto com responsabilidades administrativas directas – vai produzir as mudanças decisivas: os trabalhos são transferidos dos estúdios profissionais para os departamentos públicos dotados de estabilidade, onde se formam os primeiros verdadeiros especialistas nesta matéria (em Bolonha, R. Scannavini e G. De Angelis). Passa-se oportunamente dos projectos para os planos públicos de urbanização (o plano para o centro histórico de 1969, a variante

---

[54] A obra característica deste arquitecto, que nos seus aspectos projectuais se enquadra no precoce ecletismo da teoria arquitectónica italiana dos anos 50 e 60, voltou recentemente a ser objecto de estudos com interesse. Cf. o número especial de *Studi e documenti di architettura*, n.° 12, Junho de 1984: «Saverio Muratori, il pensiero e l'opera».

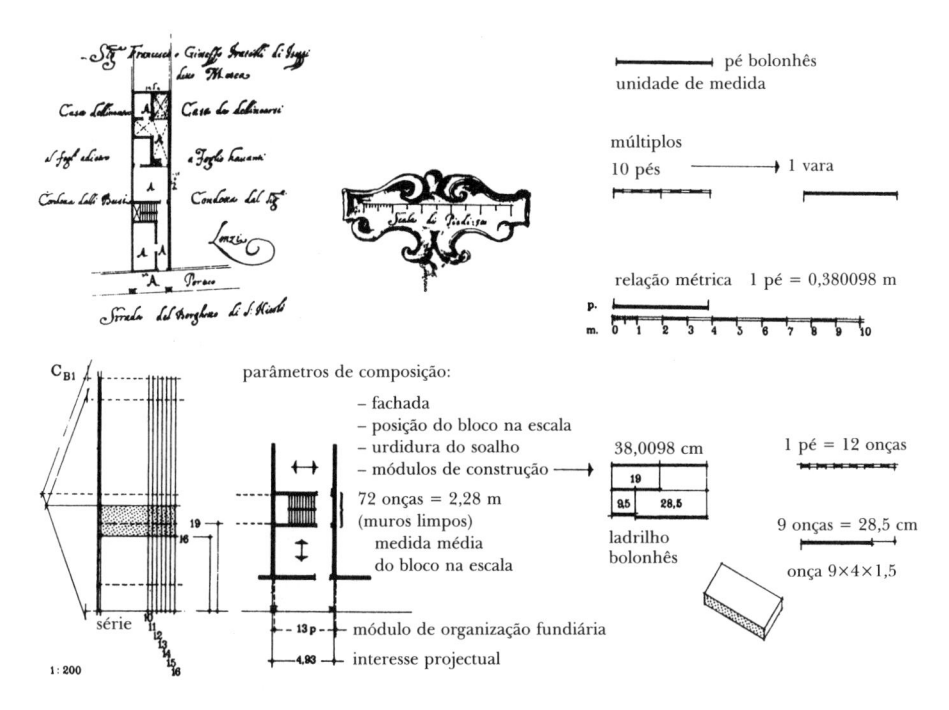

Fig. 184 – *Bolonha, análise tipológica de um tipo de habitação em série (1973).*

geral do plano de ordenamento de Bolonha de 1973; figs. 185 a 187) e procede-se à verificação de todas as consequências técnicas e administrativas na execução concreta. O exemplo de Bolonha é seguido por outras cidades do vale do rio Pó (Bréscia em 1973 e 1977, Ferrara e Módena em 1975) com resultados em larga medida convergentes. Esta metodologia, amplamente discutida a nível internacional [55], é aceite como modelo geral no simpósio promovido pelo Conselho da Europa em Bolonha no final de 1974.

O tratamento análogo de outras situações italianas – as cidades construídas sobre colinas do Centro e ainda as do Sul – encontra maiores obstáculos, quer devido à dificuldade objectiva de análise e intervenção em construções menos repetitivas, quer devido à debilidade do quadro administrativo. São, no entanto, de recordar algumas tentativas: o saneamento do bairro de S. Martino em Gubbio, o estudo sobre as cidades da Úmbria promovido pela «Regione» e pela ANIC, e que foi apresentado em Bolonha em 1981; o plano para a parte velha da cidade de Taranto elaborado de 1969 a 1971 por F. Blandino; e, por fim, o vasto trabalho de Tommaso Giura

---

[55] O texto que melhor a expõe é: P. L. Cervellati, R. Scannavini, C. de Angelis, *La nuova cultura delle città*, Milão, 1977.

Figs. 185, 186 – Bolonha, plano para a conservação do centro histórico. O centro em princípios do século XIX e a área protegida pelo plano de ordenamento de 1969.

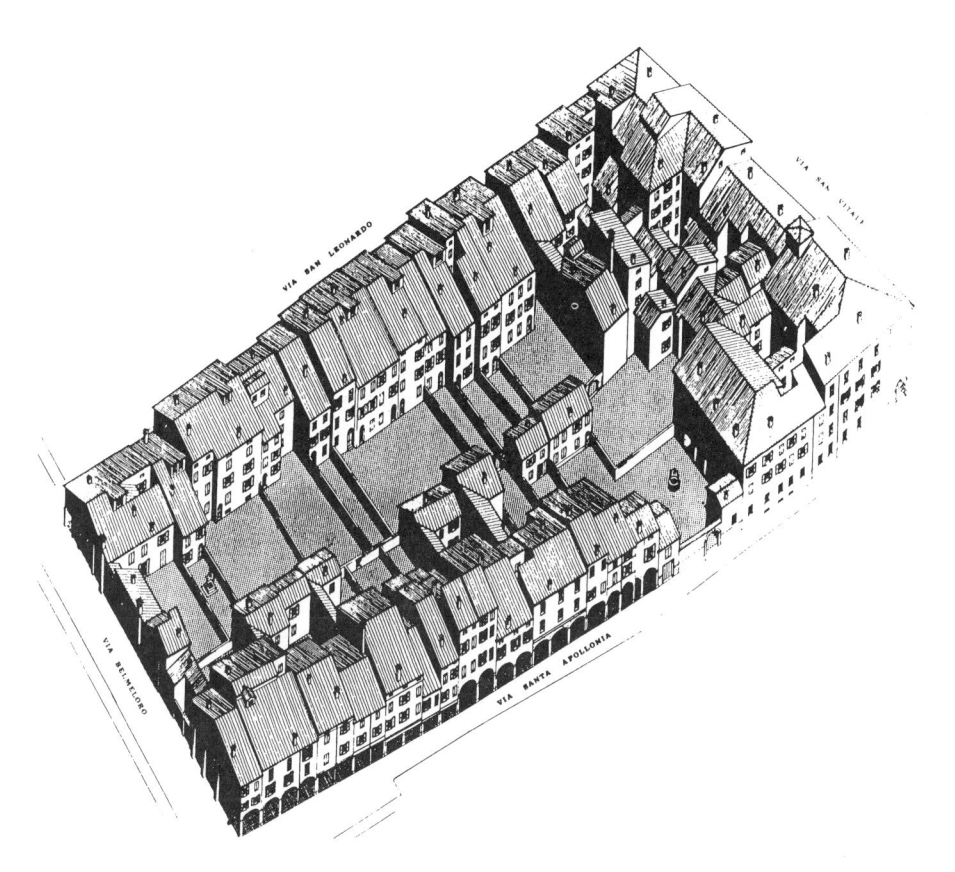

Fig. 187 – *Bolonha, projecto de um dos espaços públicos no interior de um quarteirão estabelecidos em 1973.*

Fig. 188 – *Bolonha, um dos palheiros do século XVIII do Dotti, transformado em infantário.*

Longo (n. 1932) para a recuperação da zona dos Sassi de Matera (depois do concurso internacional efectuado em 1972; fig. 189) e ainda para a recuperação dos povoados na periferia de Nápoles, integrado na equipa dirigida por Vezio de Lucia (n. 1938) que coordena as intervenções públicas após o terramoto de 1980 (figs. 190 a 193).

Fora de Itália, as situações objectivas são habitualmente diferentes: as cidades pré-industriais foram danificadas muito antes e sobrevivem apenas excepcionalmente como organismos unitários; as tipologias dos edifícios antigos são diferentes e as suas estruturas mais perecíveis – nomeadamente as de madeira – necessitaram já no passado de intervenções contínuas que gradualmente foram alterando a sua configuração originária. A reconstrução dos edifícios destruídos na Segunda Guerra Mundial – sobretudo na Alemanha – foi realizada nos primeiros vinte anos à margem da perspectiva da conservação, tendo frequentemente levado ao apagamento das características da forma urbana: o alinhamento das ruas, as alturas, os objectivos funcionais, para além dos próprios tipos e estruturas de construção.

No entanto, a urgência das próprias problemáticas e o exemplo italiano levam ao amadurecimento, em meados dos anos 70, de uma consciência geral quanto à necessidade de conservar o património antigo. A UNESCO promove em 1972, durante a conferência intergovernamental sobre as políticas culturais europeias, catorze projectos de conservação que serão levados avante nos anos seguintes.

O Conselho da Europa declara 1975 o «ano da conservação monumental» e o congresso convocado para Amsterdão em Outubro redige uma declaração global sobre este tema [56].

As legislações europeias prevêem há já bastante tempo a protecção de edifícios isolados classificados como monumentos. A possibilidade de abranger áreas inteiras é introduzida pela Holanda em 1961, pela Polónia em 1962, pela França em 1962 (com a lei de Malraux que institui os *secteurs sauveguardés*); na Alemanha esta matéria é regulada pelas várias leis dos *Länder*, em parte coordenadas pela lei federal de 1976; a Inglaterra, com base na lei de 1953 sobre monumentos históricos, aumenta progressivamente o número das *conservation areas* (3400 em 1977); a Grécia enfrenta estes problemas através de leis posteriores à Constituição de 1975.

Entre as experiências concretas de intervenção concertada das administrações públicas e privadas são de referir: na França, algumas pequenas cidades (Manosque, Uzés) ou bairros de cidades maiores (como o dos *tanneurs* de Colmar); na Holanda, o vasto programa de recuperação das casas comerciais de Amsterdão; na Alemanha, um grande número de intervenções em

---

[56] Conseil d'Europe. Congrès sur le patrimoine architectural européen, 21-25 Out. 1975. Déclaration d'Amsterdam.

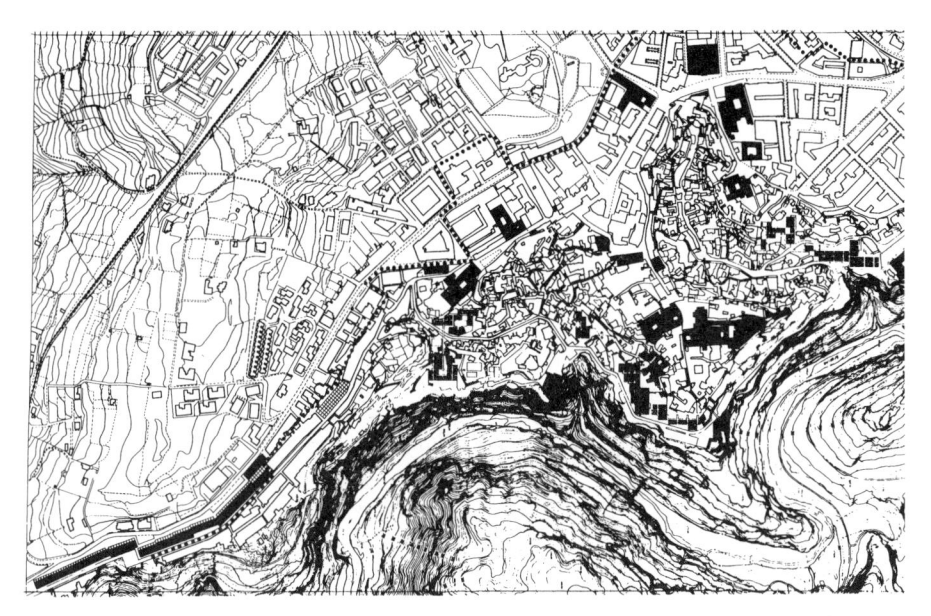

Fig. 189 – *Matera, o projecto de T. Giura Longo para o saneamento da zona dos Sassi (1972).*

cidades de dimensão média – Bamberg, Lubeck, Regensburg, Treviri, Rotemburgo, Alsfeld (fig. 194); na Inglaterra, os programas públicos de York, Chester, Haddington e muitos outros conduzidos por associações privadas; nos países de Leste, os programas de Zamosc, Thorn e Cracóvia na Polónia e de Sopron e Eger na Hungria. A Espanha permanece fora deste quadro até às mudanças políticas de 1978 e, com efeito, as cidades espanholas são gravemente danificadas nas últimas décadas; actualmente, é de salientar o novo plano para o Albaicin de Granada, promovido pela primeira administração municipal eleita em 1980.

A UNESCO, que desde há bastante tempo promove o restauro de monumentos importantes por todo o mundo, tenta nos anos 70 conseguir a protecção global de algumas cidades mais notáveis fora da Europa – a Medina de Tunes, Quito, Cuzco – mas com resultados até agora reduzidos. A conservação urbana continua, por enquanto, a ser um privilégio das cidades europeias.

b) A conservação das construções dos séculos XIX e XX

A gestão urbana que surge em meados do século XIX tem como lei central a substituição periódica dos edifícios ao longo do alinhamento das ruas. Por

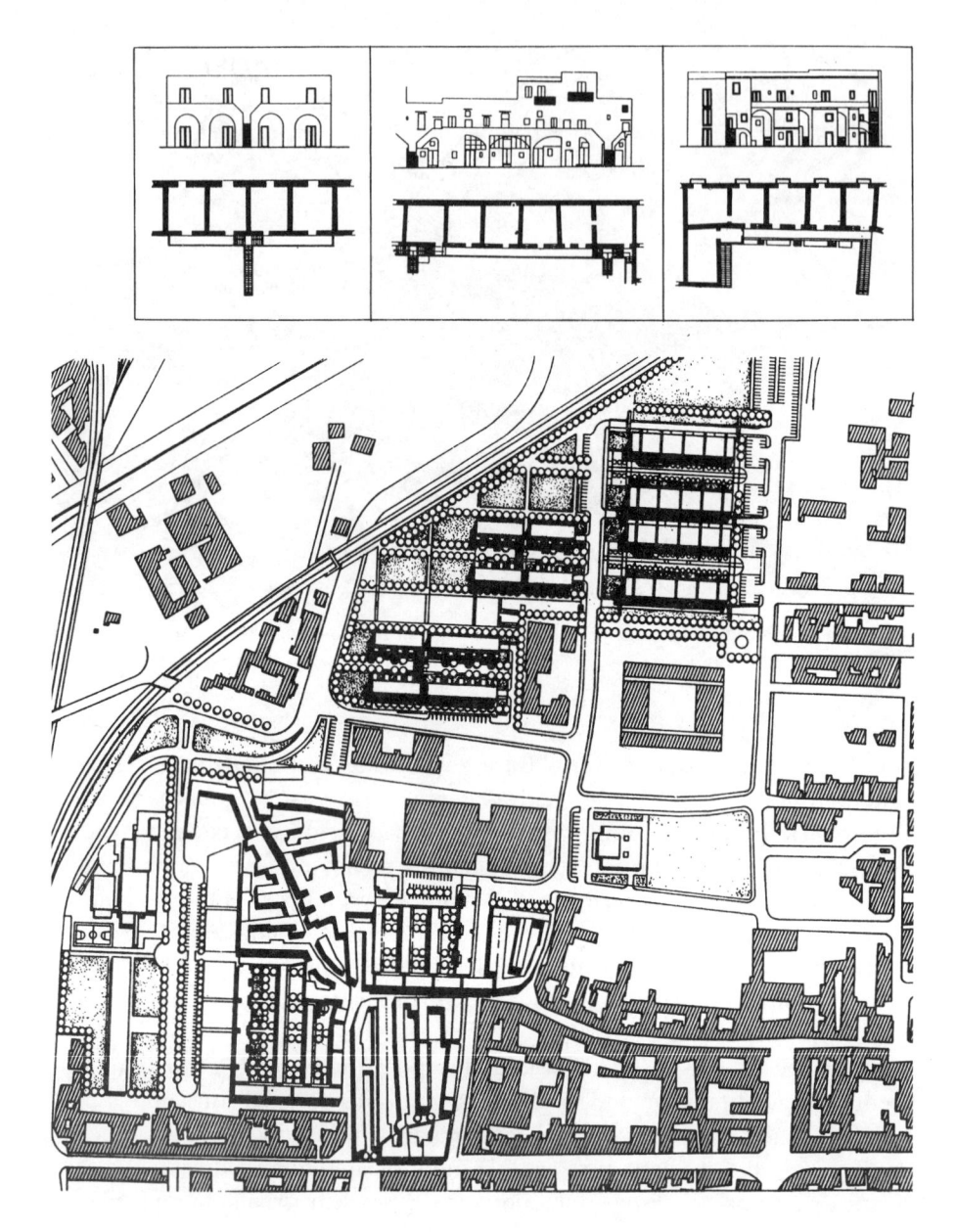

Figs. 190-193 – *Nápoles, programa das intervenções extraordinárias após o terramoto de 1980. Estudos para a tipologia das casas periféricas com pátio e um dos quarteirões (Rione Barra, projectado por F. Barucci e colaboradores); distinguem-se os três tipos de intervenção: restauro, recuperação do já existente e novas construções.*

 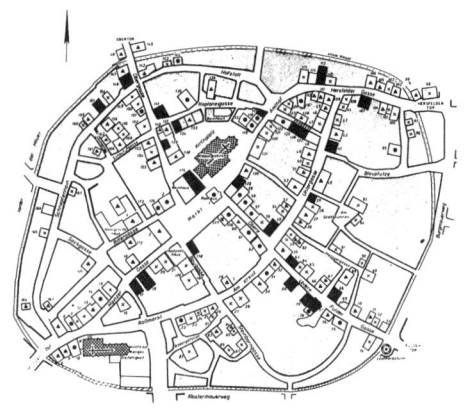

■ casas medievais até ao séc. XV
◧ casas do séc. XVI
▲ casas do séc. XVII e inícios do séc. XVIII
⊠ casas dos sécs. XVIII e XIX
□ casas de época indeterminada

Figs. 194, 195 – *Alsfeld, o centro histórico com as casas de travejamento restauradas segundo o plano de 1966.*

causa deste princípio foram demolidos muitos edifícios importantes da segunda metade do século XIX e do início do século XX, entre os quais a *Galérie des machines* de 1889 em 1910 e a *Maison du Peuple* de Horta em 1963.

A primeira contestação a este mecanismo tem lugar quando se reconhece a qualidade de «monumentos» também aos edifícios mais recentes. Esta nova tendência cultural pode ser analisada na capital da cultura académica mundial, Paris, sobretudo entre os anos de 1960 e 1970.

De Gaulle e Malraux promovem nos anos 60 um vasto programa de valorização dos monumentos e das obras de arte, do qual já falámos. Mas, entretanto, aceitam e estimulam as iniciativas para a transformação urbana, que causariam profundos danos em Paris e em outras cidades francesas. Uma destas iniciativas diz respeito à transferência dos mercados gerais para Rungis (decidida em 1959) e à recuperação da área ocupada pelos pavilhões em ferro de Baltard e que desde há muitos anos é considerada o núcleo de uma vasta operação de reanimação do centro de Paris (um pouco a leste fora já demolido em 1935 o quarteirão do Beaubourg, onde nos anos 70 será construído o centro Pompidou). O grupo IAURP prepara em 1961 um projecto colossal que ocupa 470 hectares do centro de Paris, mas este – tal como outros projectos da mesma época, descritos na Primeira Parte – está desactualizado antes mesmo de passar à fase de execução. Em 1967 toma-se a decisão de utilizar o processo da ZAD, para tal se criando uma sociedade de capitais mistos (a SEMAH), pedindo-se a seis grupos de arquitectos um projecto preliminar com base num plano estabelecido pela Prefeitura do Sena (830 000 metros quadrados de escritórios, lojas, habitações e serviços construídos em 43 hectares). O APUR (Departamento Parisiense de Urbanismo) estabelece em 1969 o projecto final, reduzindo o plano a 400 000 metros quadrados construídos em treze hectares dos Halles do século XIX e do *plateau* do Beaubourg. Entretanto, o novo mercado de Rungis encontra-se disponível e em Março de 1969 os Halles são evacuados, excepção feita a uma pequena parte ainda ocupada por talhos até 1973.

Simultaneamente começa a esboçar-se o protesto contra a demolição. Entre os políticos tomam posição Janine Debray, Chalendou e Mitterrand; entre os homens de cultura André Chastel, Bernard Huet, Jules Romains, Maurice Genevoix e ainda numerosos estrangeiros: Calder, Rauschenberg, Ernst, Rudolph, Russell-Hitchcock, Niemeyer, Johnson. A CIAH (uma associação cultural parisiense) consegue que durante um período os pavilhões sejam destinados a exposições, festas e espectáculos (entre os quais uma memorável representação do *Orlando Furioso* de Ronconi, em 1970).

Pompidou, que se torna presidente no final de 1969, decide a construção do museu do século XX no Beaubourg. André Fermiger propõe utilizar com o mesmo objectivo os pavilhões de Baltard e nove membros do júri do concurso para o Beaubourg dirigem um apelo a Pompidou para que pelo menos uma parte dos pavilhões do século XIX seja salva. Mas o Conselho de Paris decide definitivamente a sua demolição total, que é executada em Agosto de 1971 (fig. 196). Apenas um pavilhão é desmontado, para voltar a ser montado entre 1976 e 1979 em Nogent-sur-Marne.

Entretanto, o projecto da APUR, aprovado pelo Conselho de Paris em 1970, sofre uma série de modificações, vindo a englobar os projectos de um centro de antiquários (Grandval), de um «fórum» comercial sobre a nova estação ferroviária subterrânea (Vasconi e Pencreach), de um centro de comércio internacional (Hoym de Marrien), os quais se encontram dispostos em torno de um espaço verde central. Nos espaços periféricos estão previstas habitações, escritórios e um hotel.

O novo presidente Giscard d'Estaing, eleito em 1974, anula o previsto centro internacional e coloca em discussão o projecto global. São consultados outros grupos e em 1976 é nomeada a equipa encarregada de conceber o projecto definitivo (R. Bofill, B. De Ia Tour d'Auvergne, M. Saltet, H. Bernard). Mas, no ano seguinte, Chirac, eleito presidente do município de Paris, interfere com decisão neste processo: pede ao governo para realizar uma consulta, provocando uma revisão do projecto geral, depois rejeita o

Fig. 196 – *Paris, o «buraco» dos Halles demolidos em 1971.*

projecto de Bofill e nomeia-se a si próprio arquitecto principal. O novo projecto (no qual trabalham o APUR e outros consultores) é apresentado à imprensa em 1979 e, do projecto anterior, mantém apenas o «fórum» des-nivelado que, entretanto, fora construído: todo o rectângulo corresponden-te aos antigos Halles é agora um espaço desimpedido, sendo as zonas laterais utilizadas de modo a fazer a ligação com os quarteirões já existentes.

Ninguém fica satisfeito e o Syndicat de l'Architecture anuncia um con-curso internacional com a colaboração da revista *L'architecture d'aujourd'hui*. Nele participam 600 grupos que propõem as mais diversas soluções para cicatrizar o buraco escavado no centro de Paris, embora nenhum surja como completamente convincente ([57]).

A única certeza que emerge neste longo processo é o erro cometido ao demolir-se uma construção tradicional que oferecia a possibilidade de ser re-utilizada para vários usos contemporâneos. A mesma demonstração é feita, positivamente, por duas recuperações quase simultâneas: a do merca-do de Covent Garden, em Londres e do Marketplace de Boston (figs. 198 a 201).

([57]) *L'architecture d'aujourd'hui*, n.º 208, Abril de 1980.

O caso de Londres começa tal como o de Paris. Em 1963 é decidida a transferência do mercado para Nine Elms e em 1965 forma-se o Covent Garden Consortium, no qual participam o Greater London Council e as municipalidades de Camden e de Westminster. Um projecto de demolição e reconstrução é apresentado em 1968 mas entretanto dá-se a discussão quanto à oportunidade de conservar ou demolir as tradicionais construções, formando-se a Covent Garden Community Association, presidida pelo vigário da igreja de Saint Martin in the Fields. O GLC pede que a zona seja classificada como «Comprehensive Development Area» e sobre esta questão procede-se no Verão de 1971 a um inquérito público, na sequência do qual o Ministério do Ambiente se decide pela afirmativa, embora obrigando à conservação de 250 edifícios, entre os quais os pavilhões do mercado. Prepara-se um novo projecto, que é completado nos primeiros anos da década de 80 e que compreende uma combinação de restauros (o mercado, o teatro da Ópera) e de novas construções (um complexo de habitações e lojas no quarteirão de Odhams Walk).

Em Boston, o Quincy Market Building – um mercado coberto construído em 1826 e ladeado por dois outros edifícios comerciais – é igualmente salvo da demolição graças ao facto de o arquitecto Ben Thompson ter persuadido a Boston Redevelopment Authority a transformar este complexo num centro comercial, para o que são instalados uma série de equipamentos e de coberturas complementares. Inaugurada em 1979, esta realização obtém um grande sucesso, tendo sido imitada em muitas outras cidades americanas.

Nos anos 80, a necessidade de conservar e reciclar as grandes estruturas recentes é geralmente reconhecida. Entre os exemplos mais recentes são de recordar outros dois exemplos parisienses: a recuperação da estação de Orsay, decidida em 1979 e destinada a um museu (o projecto foi confiado a Gae Aulenti em 1980) e a transformação radical do grande edifício da Villette – construído ainda há poucos anos para o mercado das carnes – para nele instalar um museu da ciência rodeado por um parque (para esta obra é aberto um concurso, vencido por Bernard Tschumi em 1983).

Até aqui temos falado de grandes edifícios especiais que funcionaram como pontos de referência na cidade industrial dos últimos dois séculos e que agora urge conservar para não se perderem os efeitos qualitativos da sua presença. Já diferente é o problema da própria cidade industrial, caracterizada por um dinamismo que impede uma conservação generalizada, tal como aquela que se aplica à cidade pré-industrial. Para garantir neste caso a continuidade com o passado é necessária toda uma gama de métodos que vão desde a conservação à modificação e à substituição, métodos que são igualmente baseados no estudo analítico dos tecidos urbanos e na compreensão dos seus mecanismos de crescimento.

Figs. 197, 198 – *Londres, uma manifestação de protesto em 1971 e a cobertura principal de Covent Garden restaurada.*

Figs. 199-201 – *Boston, dois exteriores e uma vista aérea do Quincy Market.*

Fig. 202 – *Boston, um interior do Quincy Market.*

Um primeiro exame desta problemática tem lugar no simpósio do Conselho da Europa de 1976, em Berlim, o qual se centra sobretudo no caso da capital alemã. Na sua sequência surgem três princípios: defende-se antes de mais a necessidade de proteger e restaurar, com os mesmos métodos aplicados aos bairros antigos, alguns bairros dos finais do século XIX e dos princípios do século XX; distinguem-se em seguida as formas urbanas invariáveis (a rua, os pátios no interior dos quarteirões) que serviram no passado para suportar as transformações periódicas dos edifícios, sendo proposta a continuação deste processo, construindo novos edifícios no alinhamento dos já existentes; por fim, prosseguindo nesta linha, estabelecem-se os limites de incompatibilidade entre o tecido antigo e o tecido novo, sobretudo quando se exige uma transformação funcional demasiado profunda: é o caso das zonas produtivas obsoletas (e especialmente das zonas ribeirinhas das cidades portuárias) que se pretende converter a novas funções residenciais e recreativas. Nenhum destes tratamentos pode ser proposto de uma forma exclusiva e compreende-se que cada um seja aplicado a uma zona isolada da cidade de modo a obter uma evolução contínua do organismo urbano que respeite todas as fases passadas.

Intervenções do primeiro tipo – o restauro de edifícios recentes – são levadas a cabo com sucesso em todos os países europeus e muito especialmente na Inglaterra e na Alemanha, onde é menos marcada a separação entre os tipos de construção pré-industrial e industrial. Também na Itália os processos de análise tipológica e de restauro fiel estabelecidos para aplicação aos tecidos antigos mostram-se aplicáveis sem dificuldades de maior aos tecidos mais recentes, especialmente às construções populares de tipo repetitivo de finais do século XIX e início do século XX (em Bolonha, em Bréscia, em Veneza e muitas outras cidades). A motivação urbanística para a reutilização, como alternativa à expansão, é válida em ambos os casos e os dois tipos de intervenção completam-se reciprocamente.

Intervenções do segundo tipo, ou seja, a reconstrução com a manutenção das fachadas, são feitas em grande escala na França e na Alemanha, diferindo das reconstruções dos primeiros trinta anos do pós-guerra devido à transferência do interesse pelos volumes construídos para o sistema dos espaços públicos. Uma experiência importante – baseada na combinação dos dois tipos de intervenção descrito – é a reestruturação de uma zona de Berlim entre o Tiergarten e Kreuzberg, por ocasião da Internationale Bauausstellung de 1984. Com esta finalidade é constituído em 1979 um gabinete público ([58]) que compreende um sector para o saneamento dos edifícios já existentes (dirigido por H. W. Hämer) e um sector para os novos edifícios (dirigido por J. P. Kleihues). A elaboração de projectos para os edifícios é confiada a arquitectos de todo o mundo, entre os quais Leon e Rob Krier, Stirling, Gregotti, Bohigas, Siza Vieira, Botta, Ungers, Moore, Isozachi, Erskine, os Smithson. A exposição, inaugurada em Setembro de 1984, prolongar-se-á até 1987 e grande parte das realizações está programada para aquela data, embora já seja possível fazer uma comparação com a Interbau de há trinta anos, com uma evidente demonstração da mudança de orientações que se verificou.

Entre os planos mais inovadores, ainda no papel ou já em curso de execução, merece especial atenção a recuperação das antigas instalações portuárias, tomadas obsoletas pelo desenvolvimento tecnológico: as *docks* de Londres e de Roterdão, os *piers* nas duas margens de Manhattan, o *waterfront* de S. Francisco.

As *docks* de Londres – que abrangem treze quilómetros a leste da cidade – foram sendo progressivamente abandonadas pelas actividades portuárias que se transferiram mais para leste, no estuário do Tamisa, como consequência da revolução tecnológica dos transportes marítimos (navios de maior

---

([58]) A Bauausstellung Berlin GmbH.

Figs. 203-206 – *Berlim, a zona de intervenção do IRA, 1984. Estado actual, excerto do projecto, planta de um bairro a completar (antes e depois dos trabalhos) e de um bairro novo.*

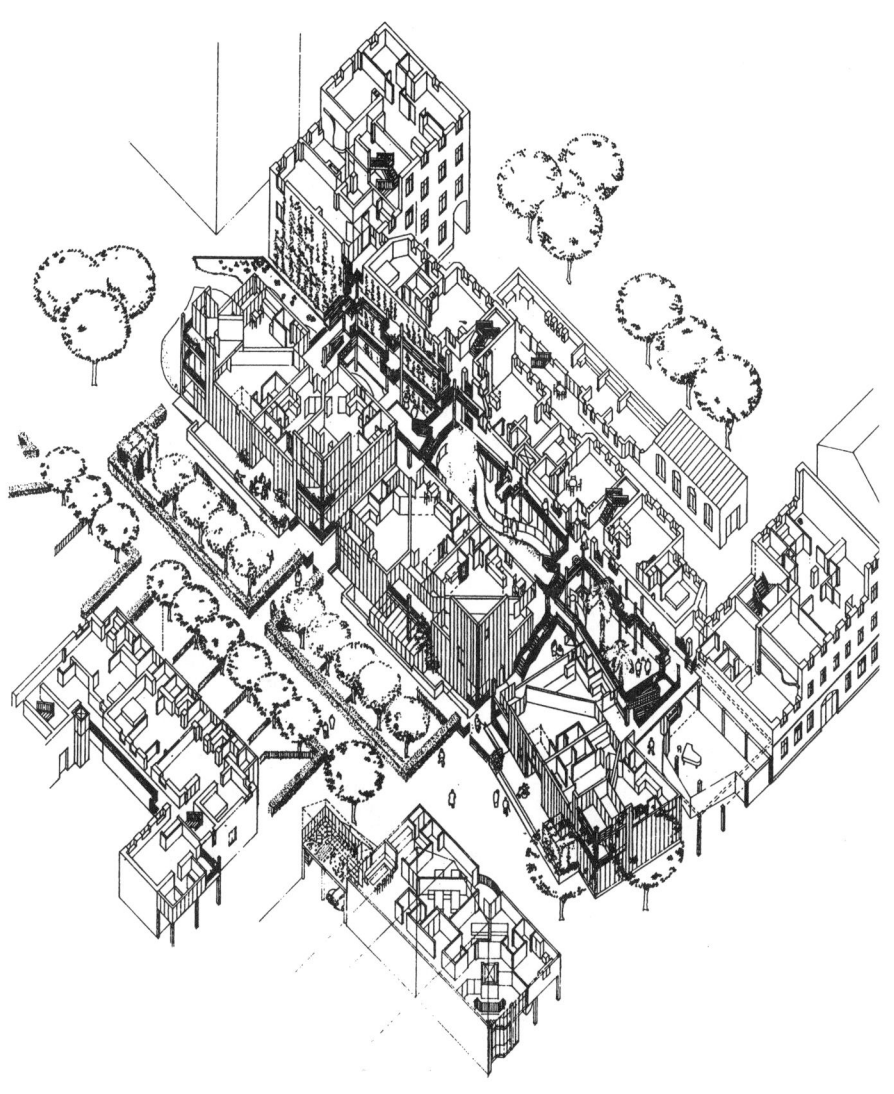

Fig. 207 – *Berlim, vista de conjunto e detalhe de uma intervenção com habitações para pessoas idosas completando um bairro já existente (O. Steidle e S. Geiger, 1983). O projecto foi suspenso por falta de acordo entre os proprietários, operadores e autoridades locais.*

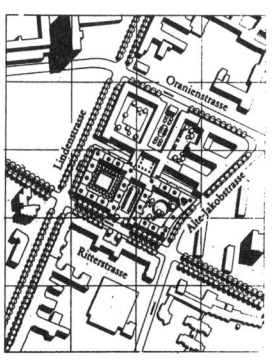

Fig. 208 – *Berlim, planta de um quarteirão de novas construções.*

tonelagem, substituição das ligações viárias por caminhos-de-ferro, contentores). Em 1973 são publicados dois relatórios, oriundos do Greater London Council e do Ministério do Ambiente, que fazem o ponto da crise (o número de funcionários das *docks* e dos serviços portuários de Londres diminui de 35 000 para menos de 20 000 entre 1969 e 1973). A Dockland Area é então incluída entre as áreas a serem reestruturadas (dotadas de incentivos especiais), sendo instituída a London Docklands Development Corporation, que adquire uma parte dos terrenos agora sem utilização (cerca de 10%) e que funciona como intermediária entre a administração pública e as entidades privadas. Vários planos são apresentados e a própria Corporation abre dois concursos, um para a zona de Isle of Dogs e outro para a zona de Cherry Garden Pier. A presença da água aconselha uma combinação entre residências e actividades recreativas, apesar da dificuldade em se compor um quadro urbano global devido à difícil superação das antigas divisões fundiárias.

Também em Roterdão se decide em 1970 o abandono da antiga zona portuária na margem esquerda do Mosa, frente ao centro urbano. O Structurplan de 1970 é pontualmente executado na década seguinte e os primeiros terrenos para construção estão disponíveis no início dos anos 80. Mas os critérios arquitectónicos a seguir nesta grande operação surgem desde logo problemáticos e a comuna de Roterdão encarrega cinco arquitectos de fama mundial – Rossi, Ungers, Walker, Kleihues e Meier (que depois renunciaria) – de elaborar um projecto coordenador. Os quatro autores apresentam os seus modelos projectuais para uma parte ou para toda a área (figs. 209 e 210), muito diferentes e indissociáveis no trabalho de elaboração arquitectónica, e incompatíveis, portanto, com as formalidades do plano. Um processo realista para traduzir estas abordagens em projectos exequíveis e em edifícios, sem que se perca o seu carácter unitário, está ainda por inventar.

Em Nova Iorque, as zonas ribeirinhas dos dois lados da ilha de Manhattan perderam a sua função produtiva – as grandes instalações portuárias transferiram-se para New Jersey –, e os terminais das linhas de passageiros já não existem, ficando assim disponíveis para funções urbanas de maior prestígio, a curta distância das funções tradicionais situadas na zona interior. Iniciada em alguns trechos do East Side, a leste – o complexo das Nações Unidas dos anos 50, a Roosevelt Island planificada pela UDC (v. Primeira Parte, Capítulo III) depois de 1969 com base num projecto de Johnson e Burgee, o qual prevê um novo bairro com cinco mil habitações, sem automóveis (para um sector é aberto um concurso em 1974, o qual foi ganho por Sert, Jackson & Ass.), as iniciativas dos anos 60 e 70 no East End, entre as quais o complexo Waterside da autoria de Davis, Brody & ass. – esta transformação prossegue a oeste com uma série de intervenções mais maci-

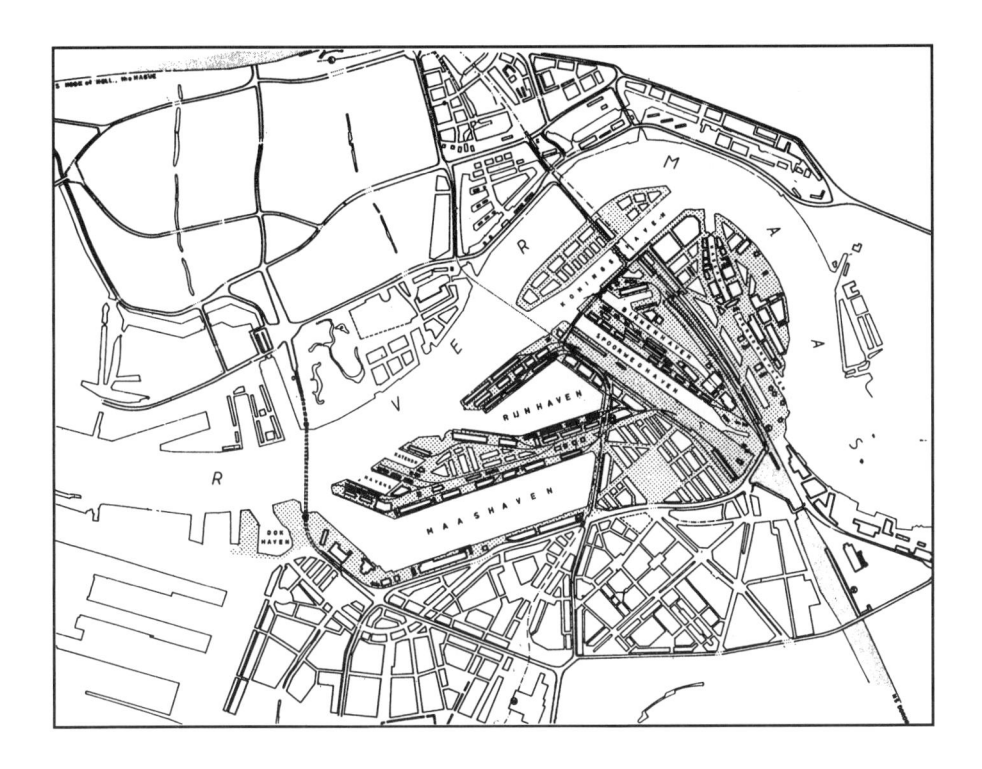

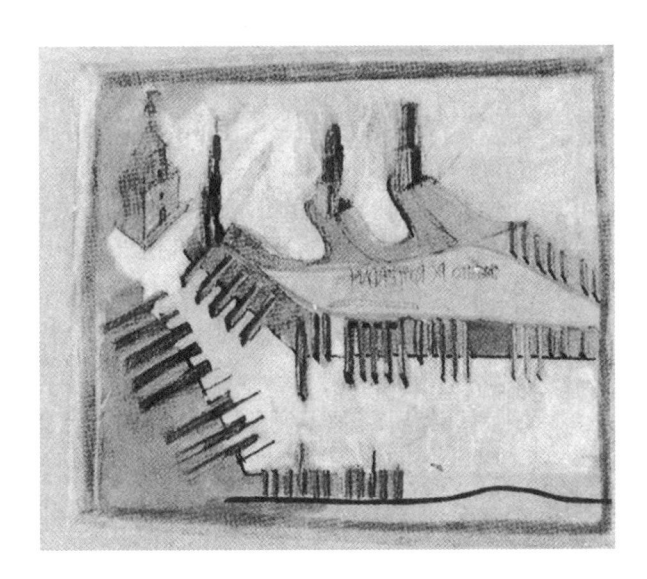

Figs. 209, 210 – *Roterdão, a zona portuária a transformar, frente ao centro da cidade e um esboço de A. Rossi (com G. Braghieri e F. Reinhart) para o concurso de 1982.*

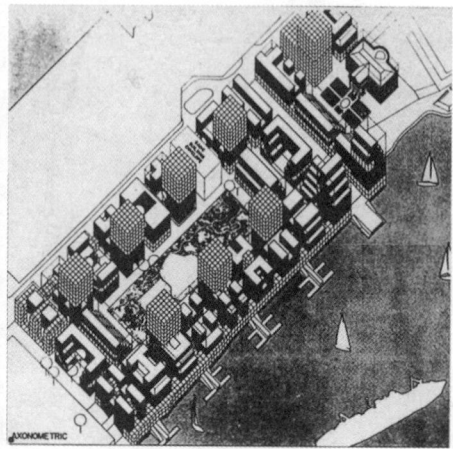

Figs. 211. 212 – *Nova Iorque, Roosevelt Island: aspecto no início dos anos 70 e o projecto de O. M. Ungers apresentado no concurso de 1974.*

ças: o complexo do World Trade Center em 1972, que implicaria a demolição da avenida existente acima do nível do solo, a designação de uma vasta área entre as 34.ª e 39.ª avenidas para a construção do Convention Hall (I. M. Pei & Ass.), a extinção do parque ferroviário da Penn Central Station – construída sob o novo Madison Square Garden – onde se está a edificar o complexo residencial Lincoln West (Gruzen Partnership e R. Viñoly).

Um plano de conjunto para o extremo meridional da ilha – Lower Manhattan – é elaborado em 1966 pela City Planning Commission, com a assistência de três estúdios privados ([59]), estando previsto o aterro da faixa correspondente aos molhes, de modo a conquistar um novo terreno destinado a escritórios e lojas. No ano seguinte, o presidente do município, Lindsay, cria o Office of Lower Manhattan Development, o qual após várias tentativas apresenta em 1975 um plano detalhado para toda a faixa, que recebe o nome de Battery Park City (figs. 213 a 215).

Mas a complexidade destes projectos – baseados nos modelos megaestruturais do final dos anos 60 – é considerada insatisfatória. Um novo plano para a metade ocidental é preparado em 1979 pela Cooper, Eckstut Associates, sugerindo uma radical mudança de orientação, procurando-se uma ligação com a divisão do espaço já existente e sendo utilizados os procedimentos tradicionais (alinhamentos, avenidas arborizadas, simetria da silhueta dos edifícios) para a definição do novo tecido urbano (fig. 216). Permanece a contradição entre estes princípios formais – ligados a uma dimensão mode-

---

([59]) Wallace, McHarg, Roberts e Todd; Whittlesey, Conklin e Rossant; Alan M. Voorhees and Associates inc.

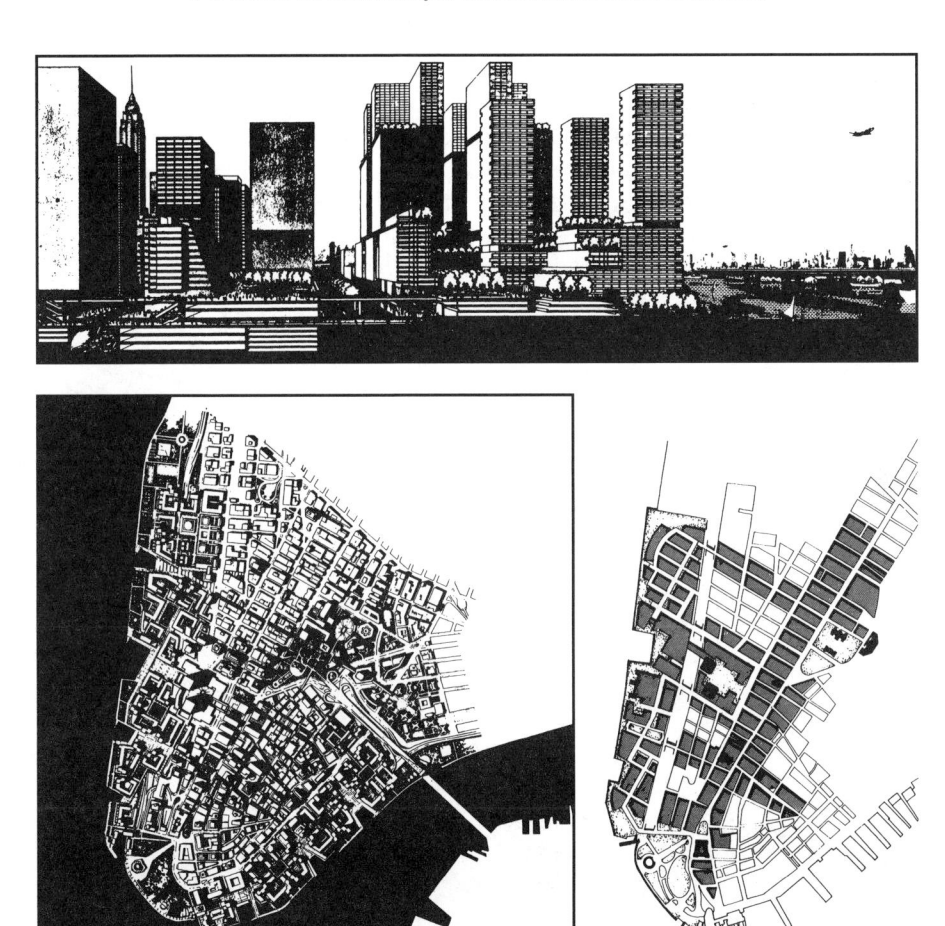

Figs. 213-215 – *Nova Iorque, o plano oficial de 1966 para Lower Manhattan (vista e planta) e o plano de 1979.*

rada dos edifícios – e as alturas estabelecidas, de várias dezenas de pisos, devido a razões económicas impossíveis de eliminar. A realização do projecto é iniciada na vasta área frente ao World Trade Center, onde surgirá o World Financial Center da autoria da Pelli Associates (1985-87).

Em S. Francisco (fig. 217) o mesmo problema da recuperação das zonas portuárias – evacuadas após a construção do novo porto de Oakland – é enfrentado por partes, com a maior cautela. I. M. Pei & Ass. preparam no início dos anos 80 os planos para duas áreas: Mission Bay (em colaboração com Wallace, Roberts e Todd) e Ferry Building. A primeira é um vasto enclave na zona superior dos molhes, transformada num bairro urbano para 7250 habitações, 1 000 000 de metros quadrados para escritórios, 50 000

173

metros quadrados para o comércio e 40 acres para jardins públicos. A segunda é um grupo de três molhes abandonados, recuperados através de uma cuidadosa combinação de restauros e de novas construções. Estes projectos vêm provocar uma grande discussão entre as autoridades, os construtores e os utentes, divididos e discordando quanto às soluções mas conscientes da necessidade de uma acção mais empenhada para reconquistar a qualidade urbana que se vinha perdendo nos últimos anos.

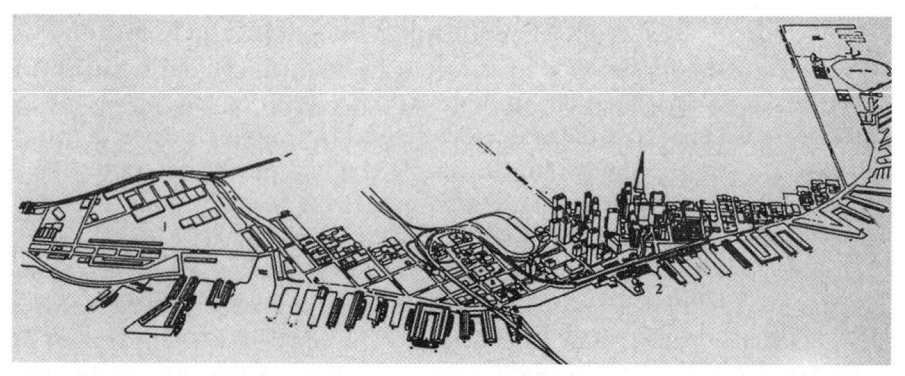

Fig. 216 – *Uma visão em perspectiva do plano de 1979 para Lower Manhattan (Cooper, Ekstut Ass.).*
Fig. 217 – *S. Francisco, o* waterfront *da cidade sobre a baía.*

Nos locais que acabamos de referir, a presença da água e a proximidade do centro tradicional oferecem condições excepcionais para a reutilização. As outras zonas industriais obsoletas colocam um problema mais difícil, para o qual não foi ainda encontrada uma estratégia adequada.

Até agora apenas se tentou resolver alguns casos especiais: o mais saliente é o das instalações do Lingotto, em Turim, construído entre 1917 e 1920 e abandonado em 1982. Tratando-se de uma obra essencial da arquitectura industrial europeia – famosa na sua época devido à grandiosidade da sua estrutura e à pista de verificação das máquinas instaladas no telhado – a FIAT declarou a sua vontade de a recuperar para novas funções, tendo em 1984 promovido uma consulta a vinte arquitectos de todo o mundo ([60]). Mas as características fundamentais do seu novo destino não foram ainda esclarecidas e a discussão prossegue no próprio momento em que escrevemos.

E, finalmente, parece ser difícil e talvez ainda impraticável a coordenação das várias transformações das construções mais recentes num projecto urbano global, para o qual falta seja a norma do traço antigo (apropriado para a recuperação das construções pré-industriais), seja o traço de um modelo moderno universalmente aceite. A mais relevante tentativa unitária é talvez o plano estabelecido em 1981 por Mitterrand para a exposição universal de Paris em 1989, o qual implica precisamente várias intervenções nas áreas agora obsoletas da actual metrópole: as antigas instalações da Citroën a oeste, a zona de Bercy a leste e os «grandes projectos» do Ministério das Finanças, da nova Ópera na Bastilha, do museu de Orsay, do museu da ciência na Villette. Para a elaboração do projecto para este conjunto é instituído um atelier internacional de urbanismo (Gregotti, Grunbach, Piano, Schein, Hulten, Raysse) que trabalha até 1984, altura em que o programa foi suspenso (fig. 218).

Mais limitado e realista é o programa para a renovação de Barcelona, baseado no novo plano de 1976 (mas que foi revisto entre 1980 e 1983 por uma nova comissão urbanística coordenada por Oriol Bohigas). O programa compreende a redefinição dos principais espaços vazios da zona da cidade edificada no século XIX e das fracções que lhe foram sendo posteriormente agregadas, a «estrada das águas» ligada ao sistema paisagístico da Sierra de Collcerola, o parque da Creueta del Coll e a recuperação de alguns bairros clandestinos dos anos 60 e 70. A intervenção através da soma de projectos distintos parece ser por enquanto a única via possível e é neste sentido que

---

([60]) Gae Aulenti; Gottfried Bohm; Fehling e Gogel; Gabetti e Isola; Gregotti Associati; Lawrence Halprin; Hans Hollein; John Johansen; Denys Lasdun; Richard Meier; Luigi Pellegrin; Cesar Pelli; Gaetano Pesce; Renzo Piano; Kevin Riche; Aldo Loris Rossi; Piero Sartogo; Ionel Schein; Sottsass Associati; James Stirling,. Cf. *Venti progetti per il futuro del Lingotto*, Milão, 1984.

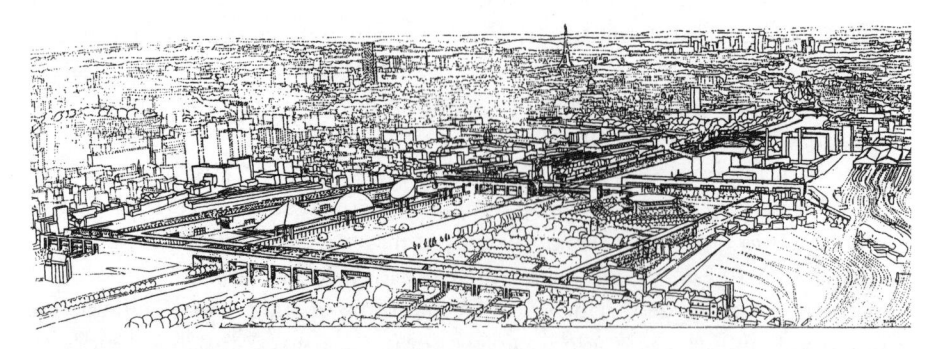

Fig. 218 – *Paris, vista do sector Este, sobre o Sena, segundo o projecto para a exposição de 1989.*

Fig. 219 – *Barcelona, projecto para a organização das vertentes do monte Tribidabo (1980--83).*

se orienta desde há vinte anos a UCD de Nova Iorque, que promove, para além das já citadas intervenções na zona ribeirinha, o plano de *redevelopment* de Times Square (Cooper Eckstut Ass., 1981) e de Union Square (1984). Cada intervenção coloca um determinado problema de coerência e de inovação realista, que representa por enquanto a fronteira da acção urbanística e arquitectónica (fig. 219).

Fig. 220 – *Nova Iorque, o projecto de F. Lupo e D. Rowen para o concurso da Times Tower (1984).*

Capítulo III

A BATALHA DAS TENDÊNCIAS E AS NOVAS ORIENTAÇÕES PARA A INVESTIGAÇÃO PROJECTUAL

No princípio dos anos 70, o abrandamento do ritmo de obras efectuadas e o aumento da publicação de livros sobre o assunto vêm criar terreno favorável para uma vasta tentativa de sistematização e classificação das várias experiências em curso.

Em 1970 forma-se em Nova Iorque o grupo SITE, que se afasta de todas as tendências, modernistas ou antimodernistas, e prefere a fórmula negativa de «de-architecture» [61]. Em 1971, o crítico inglês Charles Jencks escreve um texto polémico, *Modern Movements in Architecture* [62], onde nega a unidade da pesquisa em curso e a divide em várias orientações diferentes. Revela-se posteriormente um oportuno criador de etiquetas, numa série de textos publicados em livro [63]. De 1971 a 1973, C. Ray Smith redige o ponto da situação referente à década precedente [64], agrupando os arquitectos de vanguarda dos anos 60 sob a etiqueta de *supermannerism* (uma palavra deliberadamente ambígua que inclui referências ao maneirismo do final do século XVI, depois da época dos mestres, aos habituais superlativos utilizados nos *mass media,* mas também ao Superman). O subtítulo, *New Attitudes in*

---

[61] SITE, *De-architecture*, Nova Iorque, 1979.

[62] C. Jencks, *Modern Movements in Architecture,* Harmondsworth, 1973 [Movimentos Modernos em Arquitectura, Lisboa, Edições 70, 1986].

[63] *Post-modern Architecture,* Londres, 1977 e 1978; *Late-modern Architecture,* Londres, 1980; *Current Architecture,* Londres, 1982.

[64] C. R. Smith, *Supermannerism, New Attitudes in Post-Modern Architecture.* Nova Iorque, 1977.

Post-Modern Architecture, dá por consumado o fim da arquitectura moderna e introduz o adjectivo «pós-moderno», o qual será depois largamente utilizado. Na mesma altura publica Peter Blake o ensaio *Form Follow Fiasco,* onde ridiculariza as teses características do funcionalismo moderno.

Entre os arquitectos que se haviam já afirmado na década precedente, Venturi publica em 1972 o relatório de um trabalho didáctico em Yale, onde procede a uma análise polémica do panorama desintegrado da publicidade e do «mau gosto»: *Learning from Las Vegas;* Moore exemplifica a sua atitude através de dois ensaios: *The Place of Houses,* de 1974 (escrito com G. Allen e D. Lyndon) e *Body, Memory and Architecture,* de 1977 (com K. C. Bloomer).

Mas o aparato editorial regula-se pelas leis do mercado, o qual exige uma acelerada sucessão de novidades, e assim os críticos especializam-se na precoce descoberta e classificação dos mais jovens arquitectos, que exercem a sua actividade englobados num denso universo de formas e palavras que acaba por pesar no seu trabalho.

Em 1969, Kenneth Frampton apresenta, num encontro organizado pelo Museum of Modern Art, o grupo que será depois chamado dos «cinco arquitectos» de Nova Iorque: Peter Eisenman (n. 1932), Michael Graves (n. 1934), Charles Gwatkmey (n. 1938), John Hejduk (1929-2000) e Richard Meir (n. 1934). Os seus trabalhos – analisados pouco depois numa obra de Arthur Drexler ([65]) – reutilizam o repertório do *international style* de uma forma desusada que a partir de então coloca decididamente os modelos pré-escolhidos na história passada, em confronto com todos os outros. As suas obras seguintes (figs. 221-226) vêm demonstrar que a escolha inicial não é um determinado repertório mas precisamente a fria capacidade de escolher dentro do património das formas já existentes. De facto, percorrem caminhos divergentes e reciclam um grande número de referências heterogéneas; basta comparar duas obras recentes de grande fôlego: um edifício para serviços públicos em Portland, Oregon, de M. Graves (1980-82) e onde, numa escala monumental, são aplicados os princípios académicos e decorativos do pós-modernismo, embora com uma certa distância resultante de um calculado acento irónico (figs. 224 e 225) e o High Museum em Atlanta da autoria de R. Meyer (1981-83), o qual se mantém fiel à sintaxe modernista, enriquecida e suavizada com consumada perícia (fig. 226).

Na Europa, de entre os arquitectos que iniciam a sua carreira no mesmo período, alguns movem-se com a mesma liberdade, tal como o austríaco Hans Hollein (n. 1934), que se especializou nos Estados Unidos entre 1958 e 1960 e que se revela no museu de Mönchengladbach (1972-82) e em alguns interiores vienenses (1976-78). Outros – com a mesma idade e sensibilizados

---

([65]) A. Drexler, *Five Architects* (com textos de C. Rowe, K. Frampton, W. Le Riche e ainda dos próprios arquitectos), Nova Iorque, 1972.

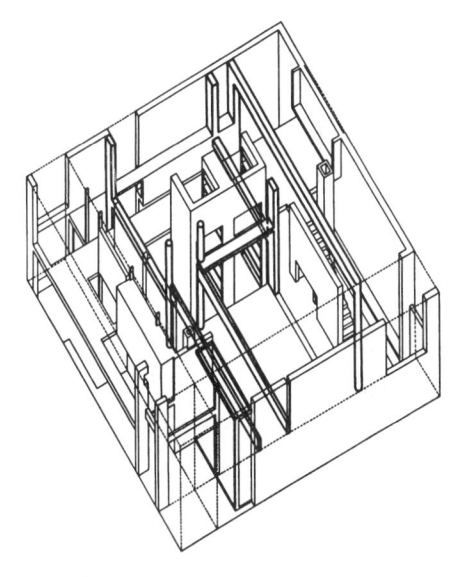

Fig. 221 – *P. Eisenman, axonometria de uma casa em Princeton, New Jersey (1967-68).*

Fig. 222 – *R. Meyer, casa Douglas, Harbor Springs, Michigan (1971-74).*

Fig. 223 – *M. Graves, casa Benacerraf em Princeton, New Jersey (1969-70).*

por idênticas solicitações – encontram uma orientação objectiva e duradoura num renovado empenhamento técnico, o qual se verifica paralelamente a uma actualização tecnológica e à elegância das soluções formais. Falámos já de dois destes arquitectos – o italiano Renzo Piano (n. 1937) e o inglês Richard Rogers (n. 1933), entre os vencedores do concurso que em 1970 se realizou para o centro Pompidou, em Paris. Piano desenvolve uma actividade internacional – em Génova, em Paris, nos Estados Unidos – realizando ainda com Rogers o singular edifício subterrâneo do IRCAM (um instituto de pesquisas acústicas) em Paris e interessando-se por estruturas ligeiras, as quais tendem a abolir a distinção entre edifícios e estruturas provisórias (fig. 227). Rogers projecta uma série de esplêndidos edifícios industriais – em Newport no País de Gales, em Quimper na Bretanha, em Princeton nos Estados Unidos – e a sede da Lloyds em Londres. Numa direcção idêntica trabalha Norman Foster (n. 1935) que se torna conhecido em 1978 quando

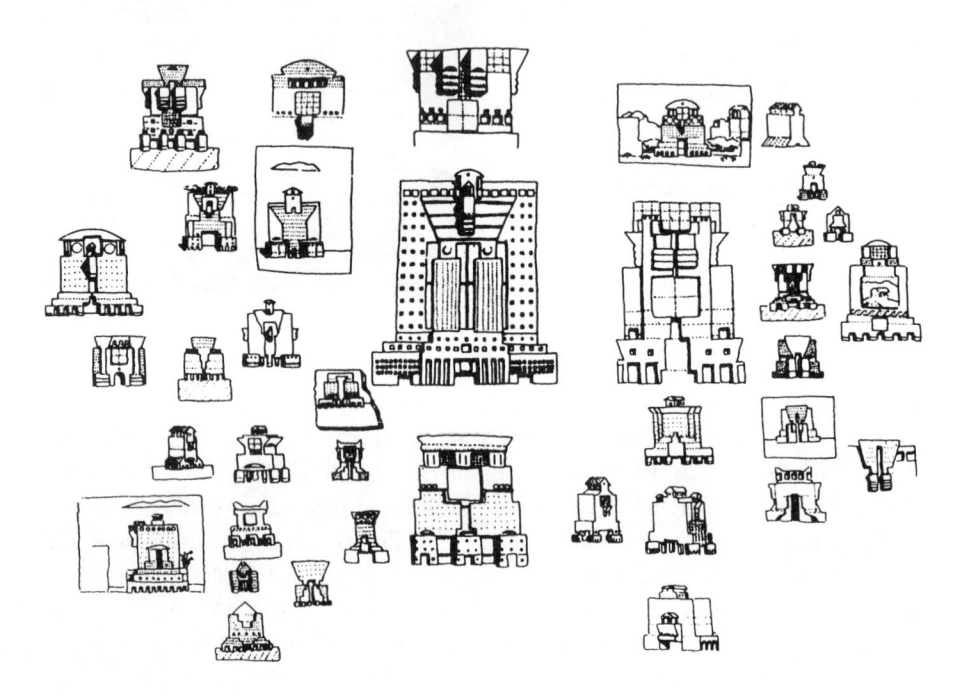

Figs. 224, 225 – *Portland, Oregon, bloco de escritórios de departamentos públicos (M. Graves, 1978-82); vista e esboços preparatórios.*

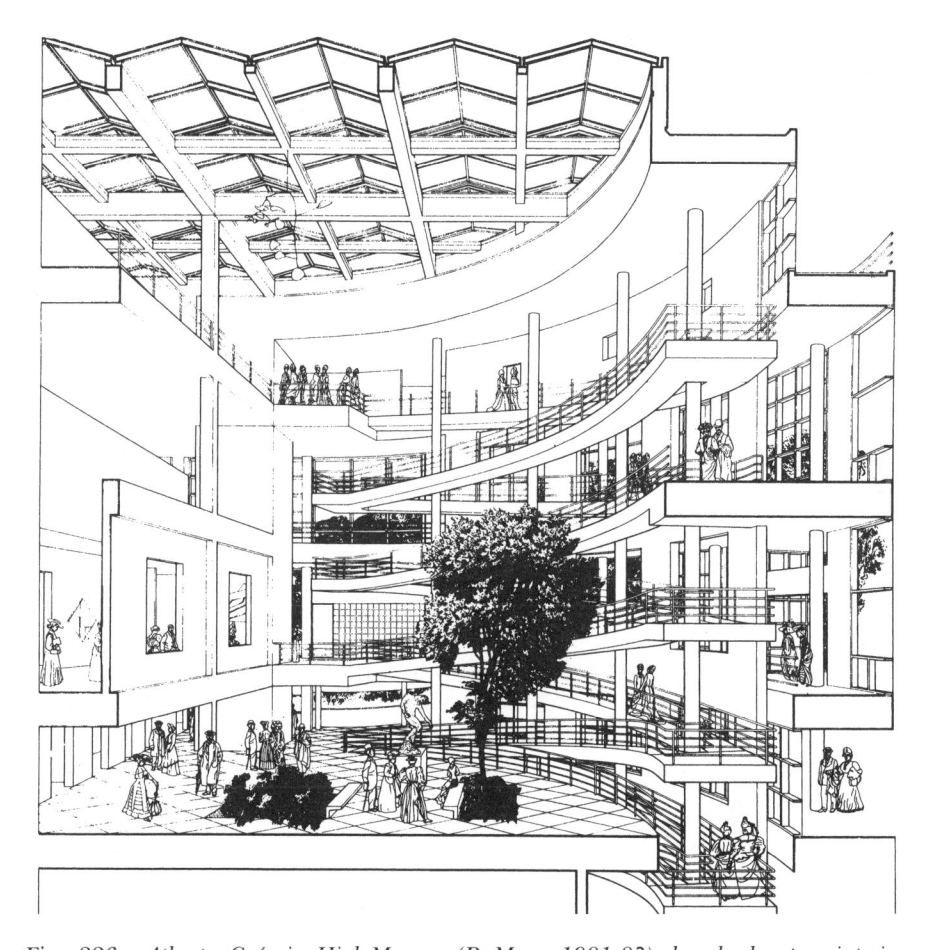

Figs. 226 – *Atlanta, Geórgia, High Museum (R. Meyer, 1981-83); desenho do espaço interior.*

Figs. 227 – *Paris, o centro Pompidou, realizado por Franchini, Piano e Rogers após o concurso de 1970.*

realiza o Sainsbury Center for Visual Arts, que completa de um modo magistral a universidade de East Anglia, da autoria de Lasdun (fig. 149); confirmações do seu talento são o arranha-céus para um banco de Hong-Kong (1982) e a fábrica da Renault em Swindon (1983). Ao apresentar este último edifício na *Architectural Review,* P. Buchanan propõe o termo «High Tech» [66] para designar uma corrente específica da arquitectura inglesa, aparentada no estrangeiro com Piano e com os mais antigos B. Fuller, J. Prouvé e F. Otto.

Instaurada esta situação – a presença simultânea de vários repertórios diversos – é inevitável a atracção por esse repertório mais organizado e ilustre, o classicismo, sobretudo na sua última formulação no limiar da época contemporânea, entre os finais do século XVIII e os princípios do século XIX. Alguns dos arquitectos que iniciaram a sua carreira entre os finais dos anos 60 e o início dos anos 70 decidem-se por esta via. O italiano Aldo Rossi (1931-1997), redactor da revista *Casabella* juntamente com Rogers de 1955 a 1964, dá-se a conhecer com um livro programático em 1966 [67] e com uma série de projectos que evidenciam na herança do passado os modelos mais indicados para representar os valores permanentes da arquitectura urbana, subtraídos ao fluxo da história (a preferência vai para as composições dos teóricos neoclássicos – Boullée, Ledoux, Durand – e para as da escola vienense das primeiras duas décadas do nosso século). Esta orientação produz poucas obras rigorosas e meditadas: um edifício de apartamentos no bairro Gallaratese de Milão (1969-70), o cemitério de Módena (projectado de 1972 em diante), o teatro flutuante para a Bienal de 1979 em Veneza, obras que obtêm grande fama internacional.

São inúmeros os repetidores desta via e seria inútil nomeá-los aqui. E antes de distinguir Mario Botta (n. 1943) que, com base no mesmo repertório, efectua desvios calculados para resolver com irrepreensível propriedade um grande número de situações: algumas habitações individuais em Ticino (figs. 223 a 237) e algumas obras de maior alcance, onde as formalidades estilísticas ganham maior peso (fig. 238).

Num grupo de arquitectos pouco mais jovens, o formalismo clássico torna-se uma tendência sistemática e colectiva. Os luxemburgueses Robert (n. 1941) e Leon Krier (n. 1946; fig. 239), o belga Marcel Culot (n. 1941), o chileno Rodrigo Perez de Arce (n. 1948; fig. 240) desenvolvem a sua polémica contra o «modernismo» sobretudo através do ensino e da publicação de textos, afastados das situações concretas. Bob Krier teoriza esta posição do modo mais intransigente, acumulando projectos exemplificativos, estudando e reclassificando o repertório académico pré-moderno. Posição oposta é a

---

[66] *The Architectural Review*, n.º 1037, Julho de 1983.
[67] A. Rossi, *L'architettura della città*, Pádua, 1966.

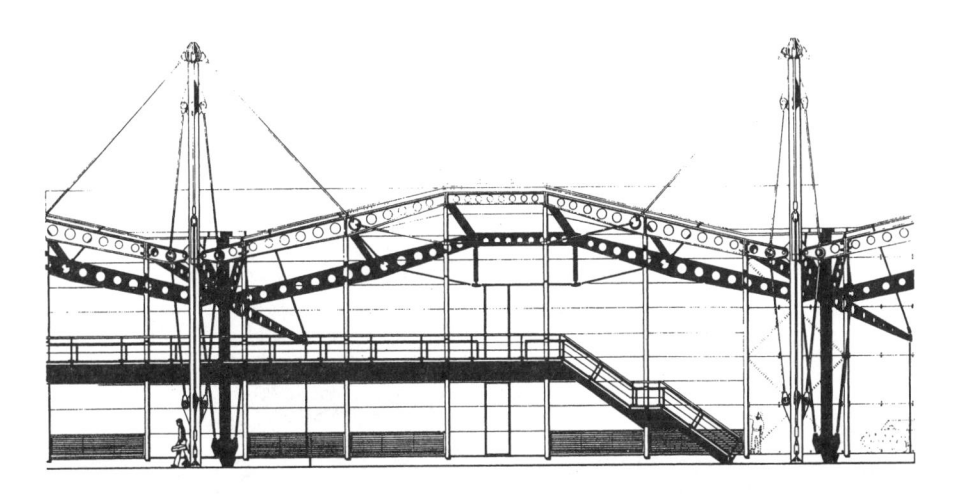

Figs. 228-230 – *Três obras capitais da High Tech: o Sainsbury Center em Norwich (N. Foster, 1974-78); as oficinas da Renault em Swindon (N. Foster, 1983) e o Patscenter em Princeton, New Jersey (R. Rogers, 1983).*

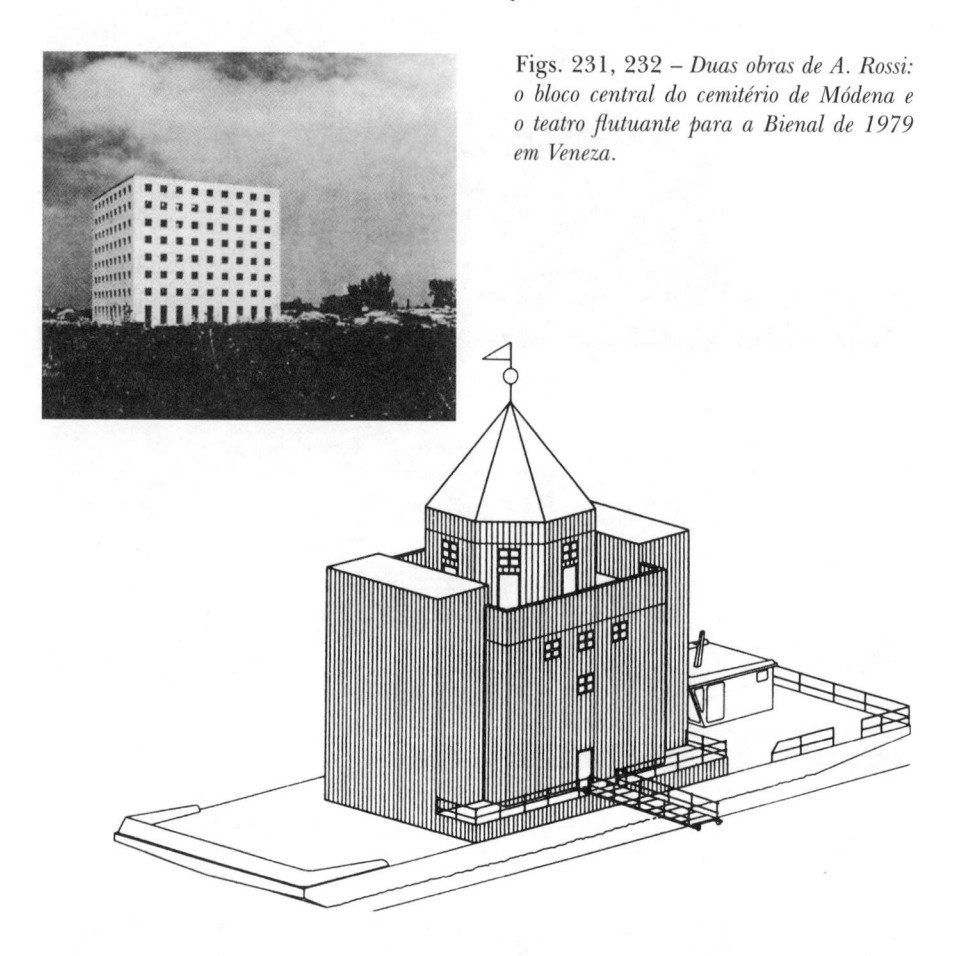

Figs. 231, 232 – *Duas obras de A. Rossi: o bloco central do cemitério de Módena e o teatro flutuante para a Bienal de 1979 em Veneza.*

de Ricardo Bofill (n. 1939) e do seu Taller de Arquitectura, com uma utilização sem preconceitos da moda neo-académica num grande número de obras concretas, muitas vezes de grandes dimensões (fig. 241); de Bofill havíamos já referido o seu papel preponderante na elaboração do projecto para os novos edifícios a construir na zona dos Halles parisienses (Capítulo I). Nos Estados Unidos, Robert Stern, formado em Yale em 1965, tenta uma apurada mediação entre os academismos tradicional e moderno que, na pequena dimensão de algumas casas isoladas, atinge um delicado equilíbrio.

Na mesma direcção são atraídos, no final dos anos 70, vários arquitectos já conhecidos e com vasta obra: Charles Moore, com o seu habitual imediatismo, transporta em peso as formalidades do vocabulário clássico para a «praça de Itália» em Nova Orleães (fig. 242), onde a própria Itália se encontra representada em relevo no seu piso. O omnívoro P. Johnson faz seus os novos princípios e aplica-os também numa escala gigantesca – no arranha-

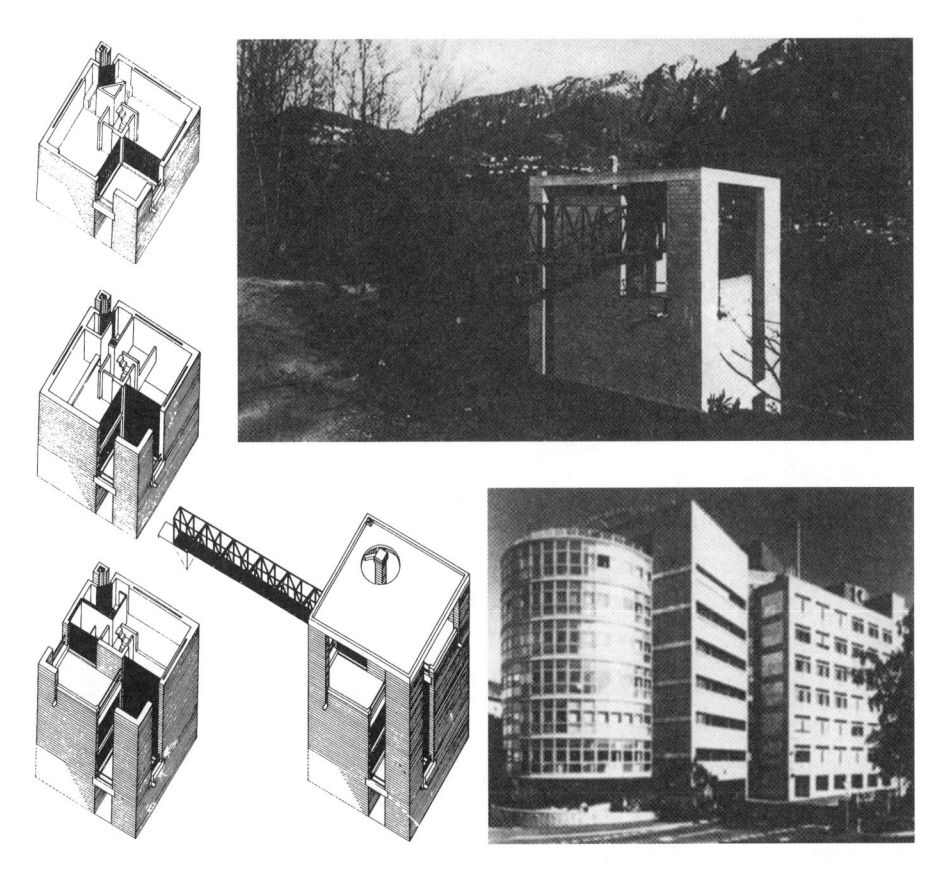

Figs. 233-237 – *Riva S. Vitale, vista e quatro axonometrias da casa de M. Botta (1972-73)*.
Fig. 238 – *Friburgo, o Banco Estatal (M. Botta, 1977-82)*.

-céus da AT&T em Nova Iorque, 1980-84 (fig. 243) – embora com uma atitude irónica. O. M. Ungers, pelo contrário, torna gradualmente mais rígida a sua pesquisa no campo das simetrias, com grande seriedade e sem ironia. Isozachi – que trabalhou com Tange até 1963 – enxerta os motivos académicos na tradição metabolista japonesa, com combinações surpreendentes.

O infatigável Jencks orienta e classifica estas experiências com sempre novas intervenções críticas: em 1977 apresenta-as com a etiqueta *post--modern architecture*, marcando o afastamento em relação ao modernismo precedente; e em 1980 alarga o quadro de modo a incluir uma boa parte das experiências de vanguarda da última década – incluindo as obras de Stirling, de Roche, dos japoneses e do idoso Bruce Goff, recentemente falecido – sob a designação global de *late modern architecture*. Distingue entretanto, num número da *Architectural Design* de 1980, a subclasse do *post-modern*

 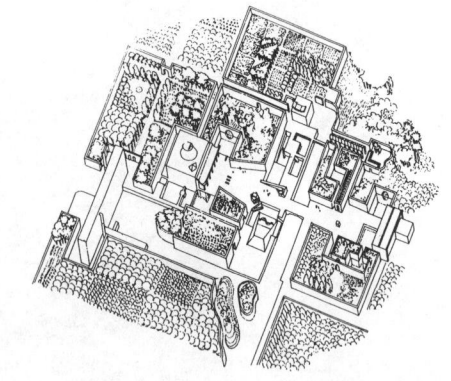

Fig. 239 – *R. Krier, desenho para a reconstrução do Teerhof em Bremen (1978).*

Fig. 240 – *R. Perez de Arce, proposta para a «re-urbanização» do Capitólio de Chandigarh (1980).*

Fig. 242 – *Nova Orleães, praça de Itália (C. Moore, 1975-78).*

Fig. 243 – *Nova Iorque, AT & T Building (P. Johnson, 1978-8*

Figs. 244-45 – *Frankfurt, a grande sala da nova Buchmesse (O. M. Ungers, 1980-83), e o Deutsche Architekturmuseum (O. M. Ungers, 1981-84).*

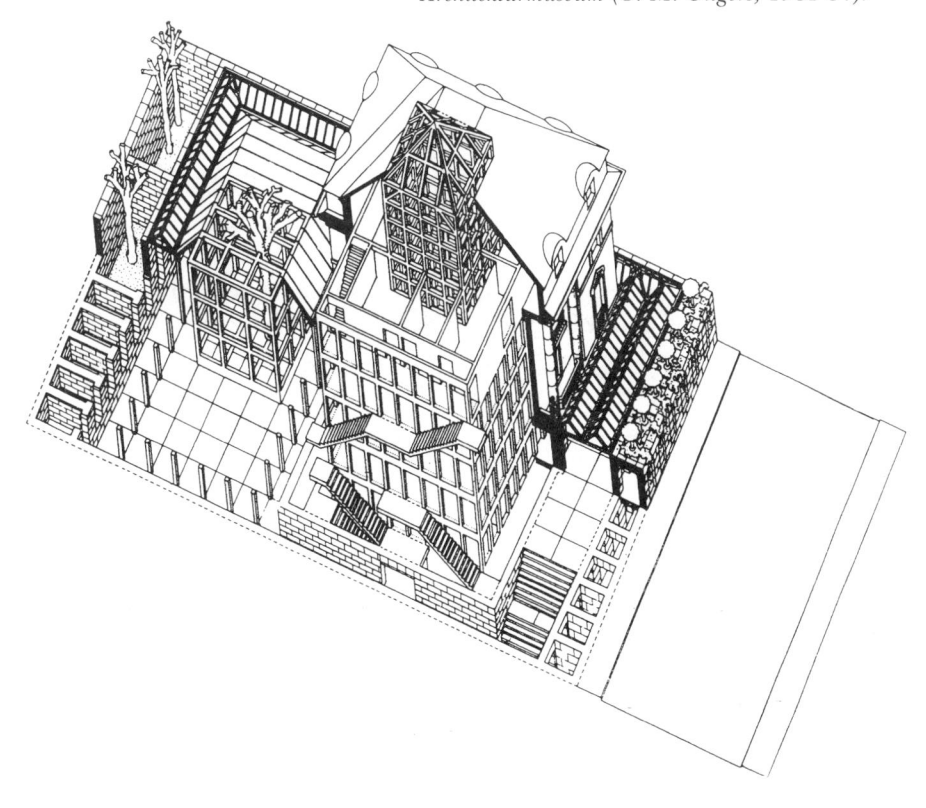

Fig. 246 – *Filadélfia, arranjo do Franklin Court (1972-76). Venturi e Rauch traduzem do modo mais correcto (irónico e discreto) a tendência para o passado de meados dos anos 70.*

classicism, cujos antecedentes históricos remontam a Schinkel, para logo a seguir generalizar esta designação: num outro número da *Architectural Design*, de 1982, apresenta boa parte da produção contemporânea no quadro de um *free-style classicism* (enquanto que num número posterior Demetri Porphyrios defende a continuidade de um classicismo radicado no passado) e, no mesmo ano, publica uma selecção ainda mais vasta das últimas novidades, agora sob o título genérico *Current Architecture. The Architectural Review,* por seu lado, distancia-se desta terminologia: num número de 1980, Lance Wright contrapõe ao adjectivo *post-modern* o mais razoável *post-industrial*, com particular referência à arquitectura de interiores. Mais tarde, Banham cria o adjectivo *post-déco* para apresentar, em 1982 e em 1984, o bloco de Graves de Portland e o arranha-céus de Johnson para a AT & T.

No campo histórico, são reavaliadas todas as experiências classicistas do passado recente, das Beaux-Arts francesas ([68]) à arquitectura de regime do

---

([68]) Num número monográfico da *Architectural Design*, coordenado por R. Middleton (n.º 11-12, 1978).

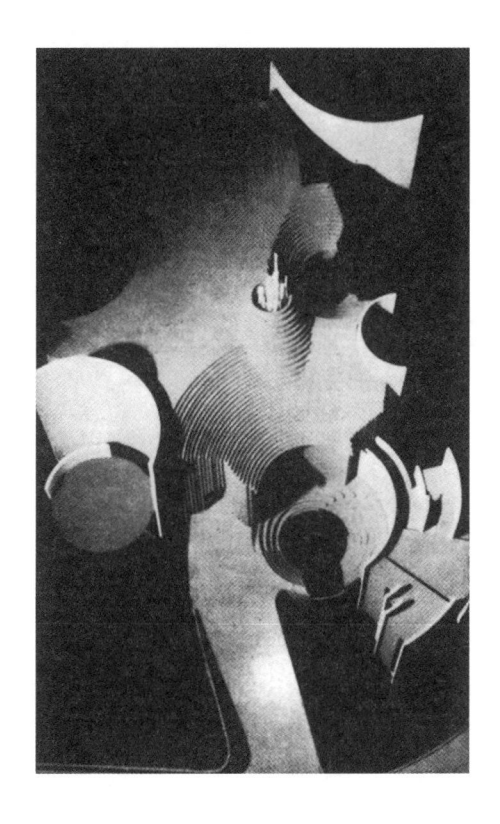

Fig. 247 – *Salerno, igreja da Sagrada Família (V. Gigliotti e P. Portoghesi, 1968-73).*

Fig. 248 – *Veneza, um aspecto da. Strada novissima»* na Bienal de 1980 em Veneza.

fascismo ([69]) e do nazismo ([70]), distorcendo-se as fontes anteriores, confundidas num perene classicismo convencional.

O ano de 1980 assinala o culminar desta vaga. Paolo Portoghesi (n. 1931), que desde os anos 50 cultiva uma arquitectura inspirada na linguagem do barroco ([71]) (fig 247) torna-se responsável pelo sector arquitectónio da Bienal de Veneza, reunindo muitos dos mais famosos arquitectos mundiais – entre os quais H. Hollein, J. P. Kleihues, R. Venturi, F. Purini, L. Thermes, R. Boffil, R. Stern, A. Isozaki – numa singular exposição: uma dupla série de fachadas falsas num hangar do Arsenale, formando um percurso inspirado nas ruas da cidade antiga, baptizado «Strada novissima» (fig 248). Nessa ocasião, Portoghesi realiza ainda uma exposição de três arquitectos mais antigos

---

([69]) Por exemplo, a exposição *Anni Trenta* («Anos Trinta»), levada a efeito em Milão em 1982.

([70]) Por exemplo, um artigo de R. Krier sobre Speer, in *Architectural Review,* n.º 1032 (Fevereiro de 1983).

([71]) As obras de Portoghesi estão expostas na revista *Controspazio,* por ele dirigida desde 1969, e no seu livro programático *Le inibizioni dell'architettura moderna,* Roma--Bari, 1974.

considerados como precursores – M. Ridolfi, I. Gardella, P. Johnson e publica um livro ([72]) onde passa em revista todas as experiências das últimas três décadas, considerando-as agora consolidadas num movimento à escala mundial.

Nos anos seguintes, enquanto a polémica contra o movimento moderno se torna um lugar comum que chega mesmo às grandes obras sobre arquitectura ([73]), inicia-se uma série de discussões entre os arquitectos e os críticos especializados, enfrentando-se os defensores do «moderno» e do «pós-moderno» ([74]), embora acabem antes por colocar em evidência a homogeneidade das várias posições, pertencentes a um novo ecletismo agora solidamente ancorado nos *mass media* e no mercado das imagens ([75]).

Os arquitectos mais ocupados fogem a esta polémica, ao mesmo tempo que rejeitam – segundo a incisiva frase de Aldo Van Eyck – *«rats, posts and other pests»* ([76]). Também os arquitectos e os críticos que haviam defendido as várias orientações se distanciam ao fim de alguns anos das fórmulas que se acabaram por mostrar envelhecidas. A certo ponto torna-se evidente que os motivos da adesão ou do afastamento não resultam da essência dos problemas mas antes das leis de um mercado cada vez mais vasto e com um maior peso: o aumento das alterações, as oscilações cíclicas, os efeitos decrescentes das inovações. Alguns dos protagonistas deste debate acabam por actuar directamente no mercado dos meios visuais, mais do que na concepção projectal: Massimo Scolari (n. 1943) dedica-se sobretudo à pintura; Rossi e Purini alternam a pintura com a arquitectura; Leon Krier, Culot e Perez de Arce trabalham na publicação de textos, actividade cada vez mais separada da prática arquitectónica. A arquitectura, de resto, surge nos *mass media* com maior frequência e adquire uma organização idêntica à de outros sectores do *entertainment,* incluindo um prémio de prestígio mundial: o Pritzker,

---

([72]) P. Portoghesi, *Post modern. L'architettura nella società post-industriale*, Milão, 1982.

([73]) T. Wolfe, *From Bauhaus to our House,* Nova Iorque, 1981.

([74]) Sobretudo na revista *Architectural Design* entre os anos 70 e 80. V. ainda o seminário *Dopo l'architettura post-moderna* que teve lugar em Setembro de 1981 no Centre international d'expérimentation artistique Marie-Louise Jeanneret, publicado num volume com o mesmo título, Roma, 1983 [*Depois da Arquitectura Moderna*, Lisboa, Edições 70, 1982].

([75]) A metodologia da história – sobretudo no que se refere à arquitectura recente – torna-se ela própria uma encruzilhada de tendências que esperam ainda ser julgadas por uma crítica da crítica; esta situação encontra-se bem expressa no número 6-7 de 1981 da revista *Architectural Design* (em que uma série de críticos discutem as posições de outros críticos mais antigos) e no livro de D. Watkins, *Architettura e moralità* (1977), que passa em revista a crítica de arquitectura inglesa desde Pugin a Pevsner.

([76]) No discurso anual no RIBA de 1981, publicado in *Architectural Design*, n.° 7, 1981.

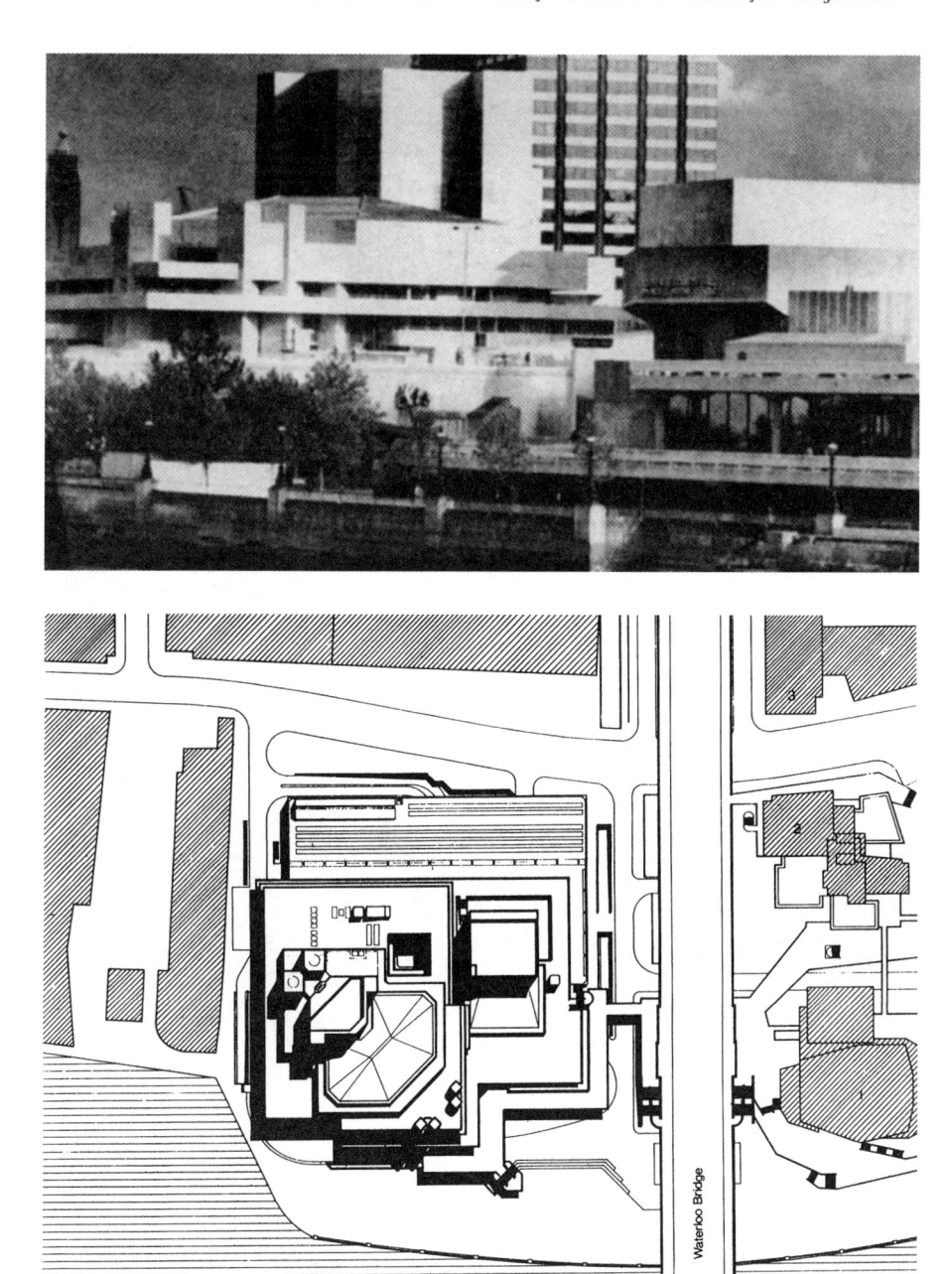

Figs. 249, 250 – *Londres, o Teatro Nacional realizado por D. Lasdun nas margens do Tamisa em 1976. Vista do rio e planimetria geral.*

Figs. 251, 252 – *Vancouver, exterior e interior do complexo que inclui o tribunal de justiça e os departamentos do governo (A. Erickson, 1975-79).*

atribuído em 1979 a Johnson, em 1980 a Barragan, em 1981 a Stirling, em 1982 a Roche, em 1983 a Pei e em 1984 a Meyer.

Tentando fazer um ponto da situação em meados dos anos 80, a vaga pós-moderna (desintegrada enquanto programa específico) continua a ser importante como linha divisória da teoria arquitectónica. Algumas das obras culminantes da arquitectura dos anos 70 – o Sainsbury Center de 1978; as últimas obras de Lasdun; o Teatro Nacional de 1977 e o edifício de Bloomsbury, de 1980, que unifica a fisionomia da universidade de Londres; o grande centro cívico de Erickson em Vancouver, terminado em 1979: sem dúvida os melhores trabalhos produzidos na altura (figs. 251 e 252) – surgem como a conclusão de uma pesquisa passada e já distante. O modo como os melhores arquitectos contemporâneos atravessaram todo este processo ajuda a clarificar tanto a escala dos valores pessoais como os problemas objectivos que terão que ser enfrentados nos próximos anos.

Nos Estados Unidos, o estúdio Giurgola-Mitchell, depois de uma longa série de obras de alto nível mas de pouca individualidade, depara com a sua grande oportunidade ao vencer, em 1980 (juntamente com R. Thorpe) o concurso para o novo parlamento australiano em Camberra (fig. 253). O edifício deverá ocupar uma colina circular, já delineada no plano de Griffin de 1913; os arquitectos respeitaram esta conformação prévia – que impõe uma simetria segundo dois eixos ortogonais – baseando-se o novo edifício em ângulos rectos sem que, no entanto, seja ultrapassada a forma do declive relvado e deixando-a subsistir das direcções diagonais, de modo que é possível subir até ao cume, para nos abeirarmos do pátio central, coberto por uma estrutura em ferro que reproduz a silhueta da pirâmide concebida por Griffin. Se a execução respeitar estes princípios, teremos um edifício

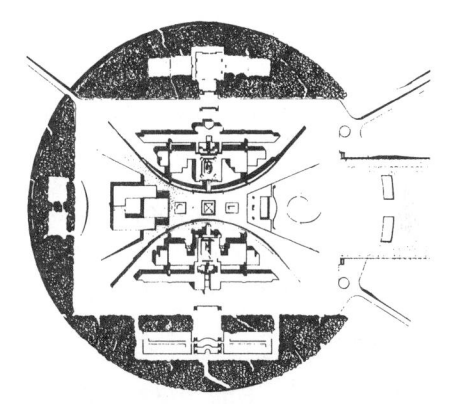

Figs. 253, 254 – *Camberra, o novo parlamento australiano, inserido no plano de Griffin (Giurgola, Mitchell e Thorpe, a partir de 1980); maqueta e planimetria geral.*

monumental mas discreto, em que o respeito por uma construção concebida no passado e a liberdade do novo projecto encontram um ponto de equilíbrio adequado.

O estúdio de Roche-Dinkerloo continua a trabalhar em grandes projectos de alta qualidade: o hotel frente à ONU em Nova Iorque (1969-76), os edifícios para a Richardson-Merell em Wilton, Conn (1970-74), para a FIAT em Turim (1973-76), para a Union Carbide em Yorktown (1975-80), a ampliação do Metropolitan Museum de Nova Iorque (1967-78). Roche e Dinkerloo utilizam com grande liberdade toda uma gama de formas, acabamentos e tecnologias variadas, rigorosamente adequadas aos locais e às funções, conseguindo atingir uma intensa individualidade não resultante de uma opção estilística prévia (figs. 255 a 257). O prémio Pritzker de 1982 vem consagrar definitivamente o seu longo trabalho.

Na Europa, as energias estão distribuídas de um modo diverso, entre os estúdios de profissionais liberais e os gabinetes públicos. Estes últimos demonstram, na Inglaterra, uma permanente capacidade para realizar obras de alto nível: o centro comercial de Milton Keynes – projectado pela Development Corporation e terminado, no que se refere às áreas mais significativas, em 1980 (fig. 261) – e a recuperação da zona do Covent Garden, compreendendo a recuperação do mercado, a que já fizemos referência, o restauro da Royal Opera House e o bairro de Odhams Walk: um grupo de habitações individuais sobrepostas com base num complexo modelo ortogonal e diagonal (terminado em 1983).

Mas também nos países onde a intervenção pública tem uma sólida tradição de qualidade projectual as novas condições de debate, a revisão dos modelos mais comuns e o regresso à especificidade dos problemas concretos vêm tornar necessário um esforço experimental que encontra o ambiente

Figs. 255-257 – *Três obras do estúdio Roche--Dinkerloo: o museu de Oakland, Calif. (1973), e as sedes das indústrias John Deer e General Foods (1975-80).*

Figs. 258-260 – *Nova Iorque, edifício para a United Nations Development Corporation (K. Roche e J. Dinkerloo, 1969-76). Dois desenhos do projecto e realização.*

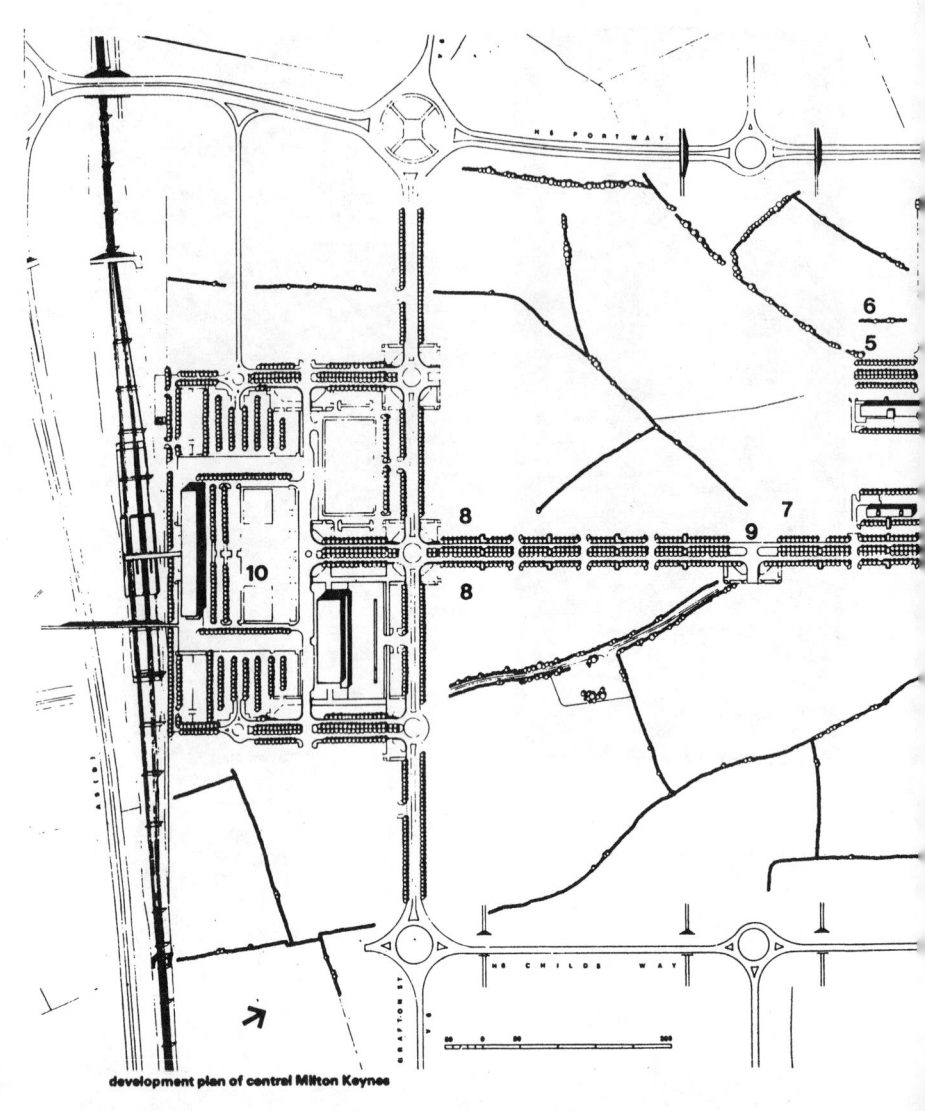

Fig. 261 – *Milton Keynes, planimetria geral do centro comercial (obra da Development Corp. sob a direcção de K. Walker).*

mais propício nos estúdios privados. Aqui recordamos três, dirigidos por arquitectos de diferentes idades:

Aldo Van Eyck, o talento mais original do Team X, confirma a sua oportuna presença na cena mundial com uma obra reduzida mas que obtém grande ressonância: a casa para mães solteiras de Amsterdão, longamente projectada de 1974 a 1980 e finalmente terminada em 1982. É composta por dois corpos que completam a fachada do Plantage Middenlaan e do

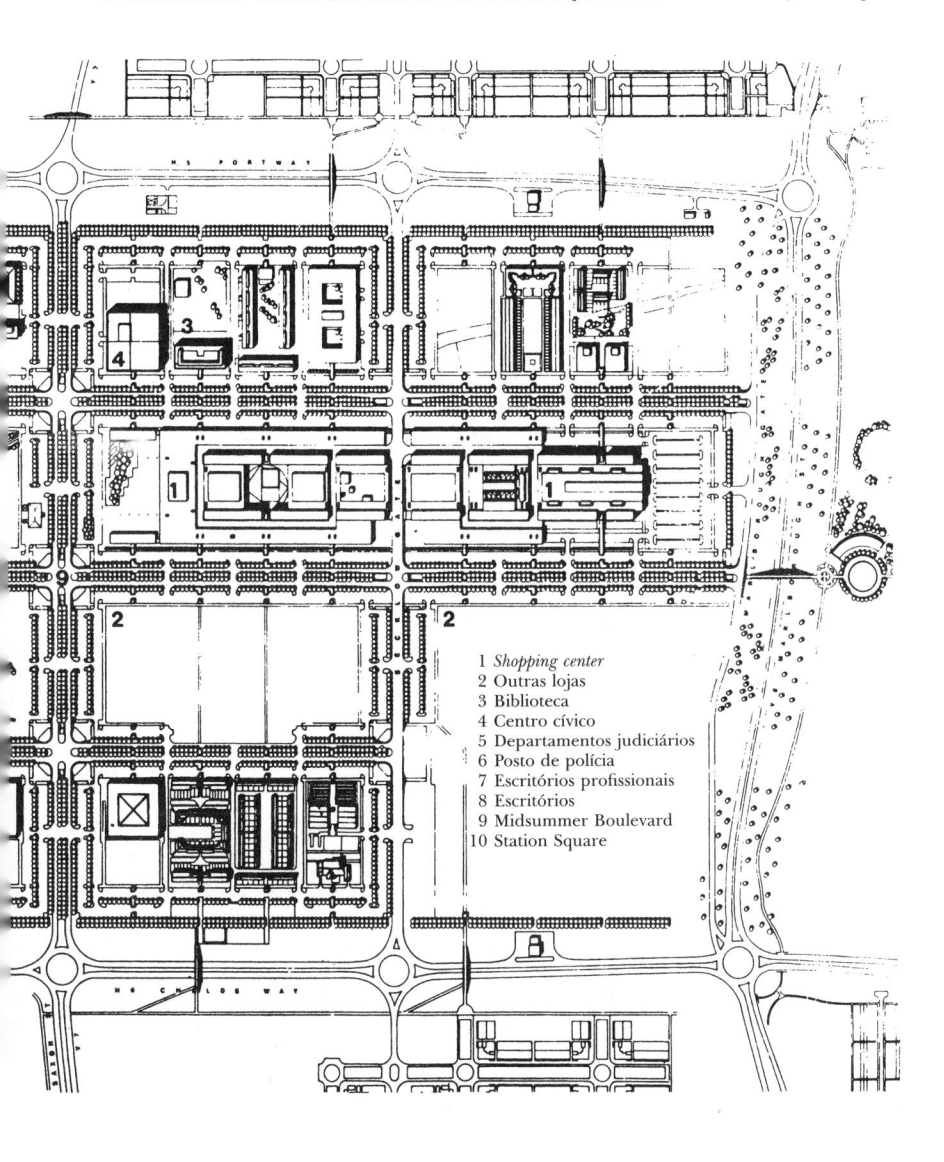

1 *Shopping center*
2 Outras lojas
3 Biblioteca
4 Centro cívico
5 Departamentos judiciários
6 Posto de polícia
7 Escritórios profissionais
8 Escritórios
9 Midsummer Boulevard
10 Station Square

Plantage Kerklaan e que, no interior do quarteirão, convergem para um outro corpo mais baixo. Van Eyck colocou nesta obra uma extraordinária riqueza de invenções formais e cromáticas, tradicionais e modernas: respeitou a integridade do cenário urbano, enriquecendo-o de um modo inesperado e demonstrou na prática a inconsistência da polémica entre os estilos, fazendo-os coexistir como meio para resolver da melhor maneira um determinado caso concreto (figs. 263 e 264).

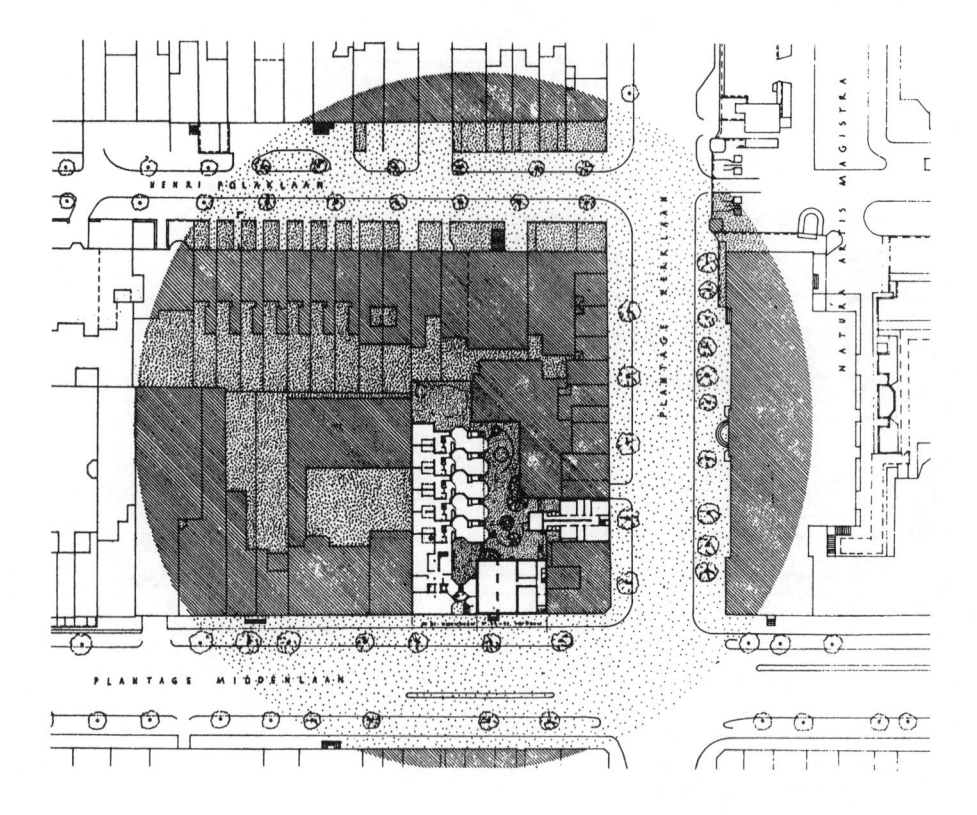

James Stirling – associado desde 1971 com Michael Wilford (n. 1938) – trabalha por todo o mundo, aperfeiçoando a sua capacidade para resolver com grande liberdade a especificidade das mais diversas situações. A maior parte das suas obras mais importantes são, significativamente, modificações e ampliações de edifícios já existentes: os projectos para a Rice University em Houston, para um centro científico em Berlim (ambos de 1979), a Faculdade de Química da Columbia University em Nova Iorque (1980) e sobretudo o complexo que compreende a Staatsgalerie e o teatro de Estugarda (projectado para o concurso de 1977 e depois retrabalhado e completado em 1983) onde a concepção é realçada e enriquecida por uma magistral execução (figs. 267 a 274). Este edifício responde definitivamente às alternativas estilísticas propostas no início dos anos 80, demonstrando a riqueza dos resultados que se podem alcançar através desta via: completa e enriquece o tecido urbano circundante, atrai, surpreende e diverte o público que a frequenta. Há muito tempo que se não conseguia semelhante densidade expressiva, completamente improvisada para esta obra e, no entanto, paradoxalmente mais rigorosa do que qualquer «linguagem» pré--constituída.

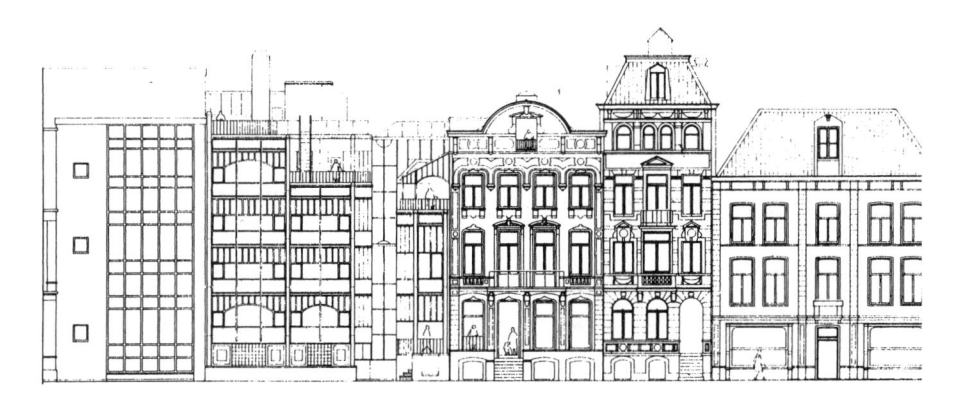

Figs. 262-266 – *Amsterdão, Casa das Mães (A. Van Eyck, 1974-82). Planimetria geral* (na página anterior), *dois aspectos, dedicatória e vista do Plantage Middenlaan. A fachada dos novos edifícios acompanha o alinhamento tradicional das construções, enquanto o corpo interior está articulado com o espaço do pátio.*

I should like this building to be a tribute to C.W. (Carola Giedion – Welcker) 1885 – 1979 and the Great Gang she understood so well: Brancusi, Joyce, Arp, Ernst, Schwitters, Klee, Miro, Mondrian, Rietveld, L C. Picasso, Boccioni, Chirico, Jarry, Apollinaire ETC and (for the Orphic light he reflected), Delaunay. A v Eyck

Figs. 267, 268 – *Nova Iorque, dois desenhos da ampliação da faculdade de Química da Columbia University (Stirling e Wilford, 1980).*

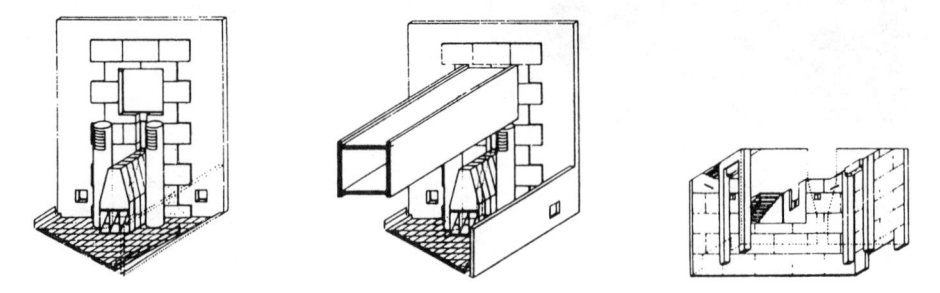

Figs. 269-271 – *Ampliação do Fogg Museum de Harvard (Stirling e Wilford, 1980); três desenhos da ligação entre o antigo e o novo edifício.*

A Gregotti Associati ([77]) cobre um vasto campo de actividades, desde o urbanismo à arquitectura e ao *design*, produzindo a partir de 1974 uma longa série de projectos – para uma intervenção na área da habitação social em Cefalú (1976), para os acessos a Veneza a partir da terra firme (1980), para um centro de acolhimento em S. Marino (1981), para a reestruturação do estádio de Monjuich em Barcelona (1983), para o novo parque urbano de Módena (1984); fig. 276) – projectos que se ficaram pelo papel ou estão ainda por executar. Trata-se de uma produção muito atenta à inserção da obra na realidade do local e que é acompanhada por um trabalho didáctico, crítico e autocrítico sem paralelo na Europa, adquirindo um carácter sistemático a partir do momento em que Gregotti assume (em 1982) a direcção da revista *Casabella*.

([77]) Em 1974 V. Gregotti, P. L. Cerri, H. Matsui, P. Nicolin, B. Vigano; posteriormente os últimos três deixaram o grupo, tendo entrado A. Cagnardi em 1981.

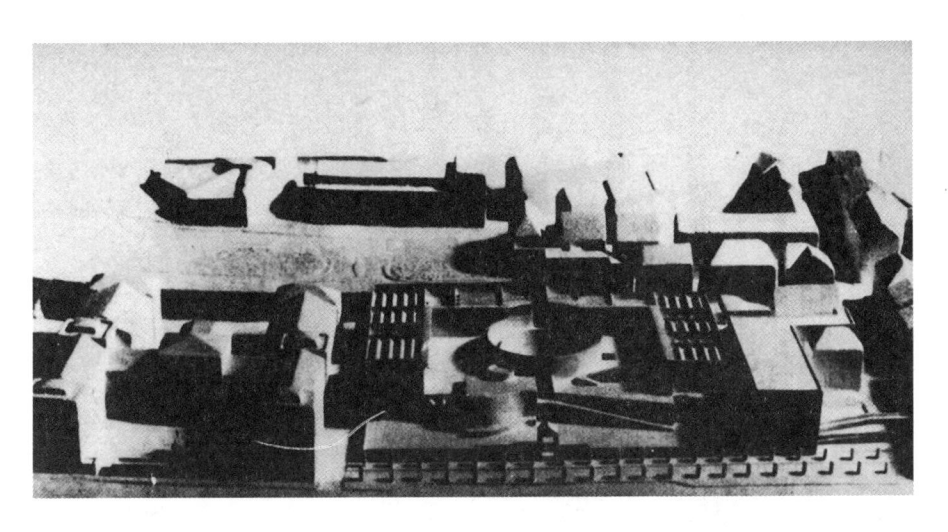

1 rua Konrad Adenauer
2 teatro nacional
3 galeria nacional
4 ampliação

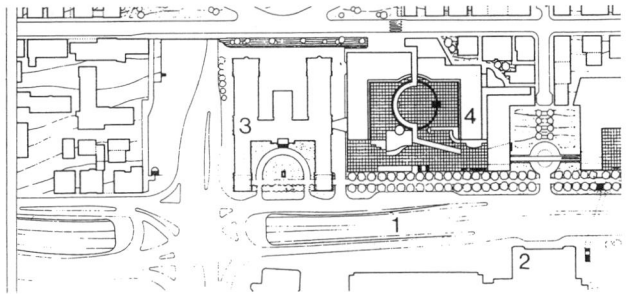

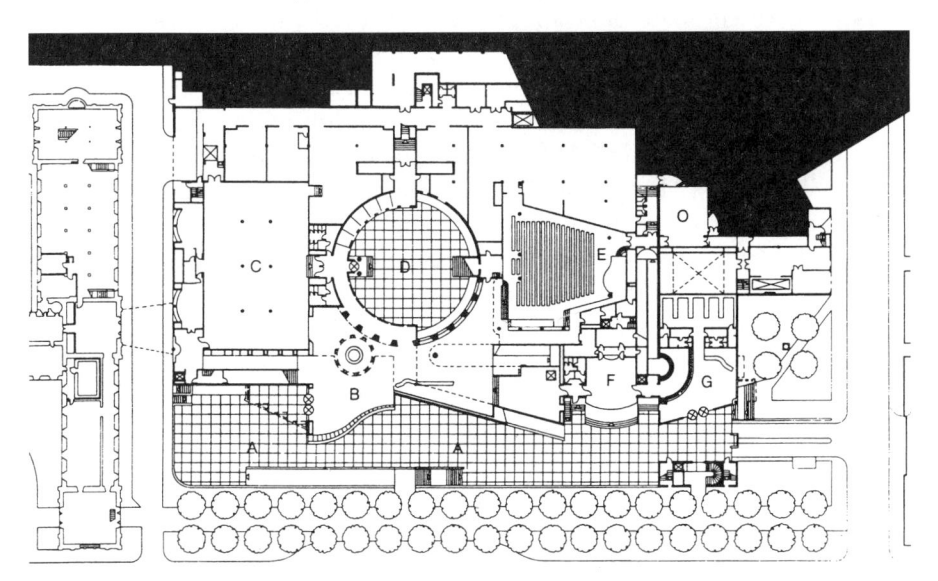

Figs. 272-274 – *Estugarda, ampliação da Staatsgalerie (Stirling e Wilford, 1977-83); maqueta, planimetria geral e planta do piso térreo.*

Fig. 275 – *Fachada envidraçada do átrio do museu de Estugarda.*

Esta abordagem empírica torna-se ainda mais expressiva se considerarmos que na mesma altura é escolhida por muitos arquitectos mais jovens, trabalhando independentemente em vários países do mundo. O português Álvaro Siza Vieira (n. 1933) emerge num ambiente atrasado após uma longa prática, até atingir a mestria e a discrição das suas obras mais recentes, as quais se impõem à atenção mundial após a revolução de 1974 [78]. O japonês Tadao Ando (n. 1941; figs. 283 e 284) – formado num ambiente evoluído – limita deliberadamente a sua acção a temas restritos, de modo a conseguir um controlo arquitectónico mais rigoroso. Também nos países socialistas se verifica esta tendência, surgindo alguns arquitectos originais como o estónio Toomas Rein (n. 1940), formados segundo a orientação internacional do período kruscheviano mas capazes de avaliar cuidadosamente as obras propostas pelas entidades públicas. Finalmente, no contexto dos anos 80, vamos encontrar um arquitecto incomum da geração mais antiga trabalhando ao nível do seu melhor: o inglês Ralph Erskine (n. 1914) que, no termo de uma carreira descontínua na Inglaterra e na Escandinávia, realiza agora as suas obras mais convincentes (a biblioteca de Estocolmo e o bairro de Newcastle-upon-Tyne), onde aplica positivamente as variações e mudanças de opinião que introduziu no seu modo de compor.

Neste rol figuram pessoas e obras que se encontram divididas devido à idade, à educação, à sua orientação. Por isso se torna ainda mais interessante constatar algumas características comuns:

---

[78] *L'architecture d'aujourd'hui* dedica-lhe o seu número 211, de Outubro de 1980.

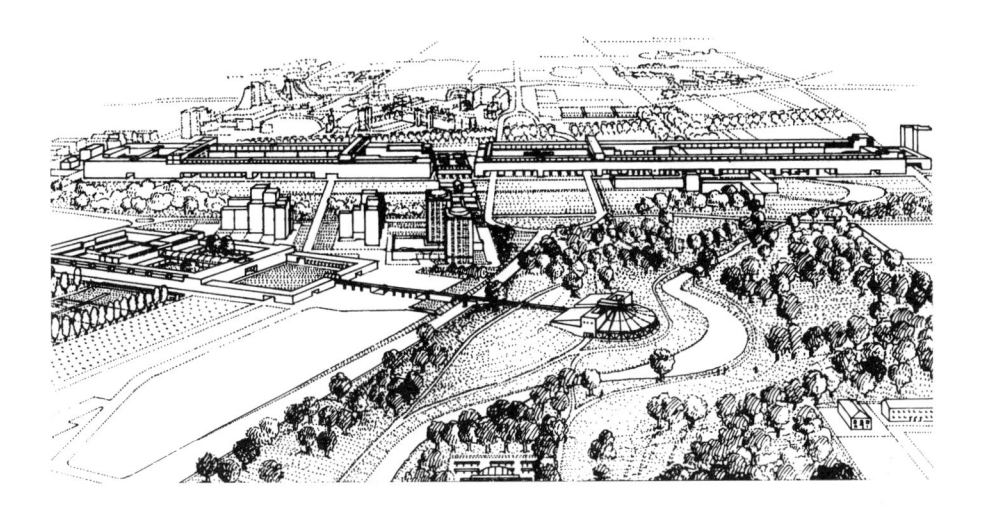

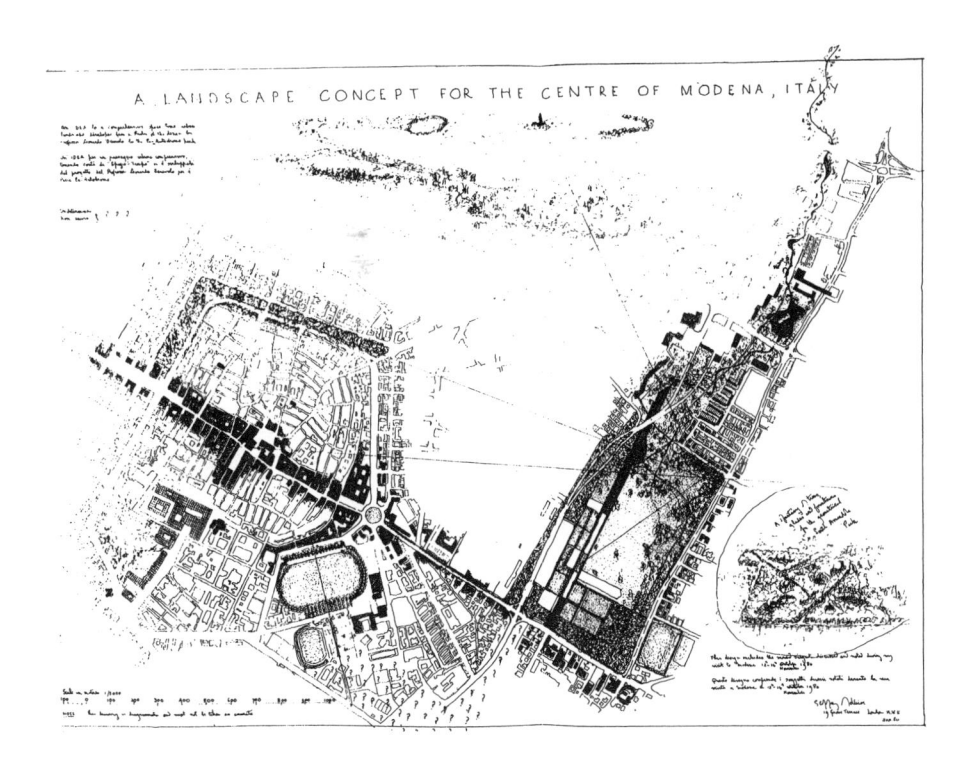

Figs. 276, 277– *Módena, parque Grande e edifícios para habitações, escritórios, lojas, escolas e actividades recreativas (projecto paisagístico de G. Jellicoe, e projecto de construção de Gregotti Associati, 1981-84).*

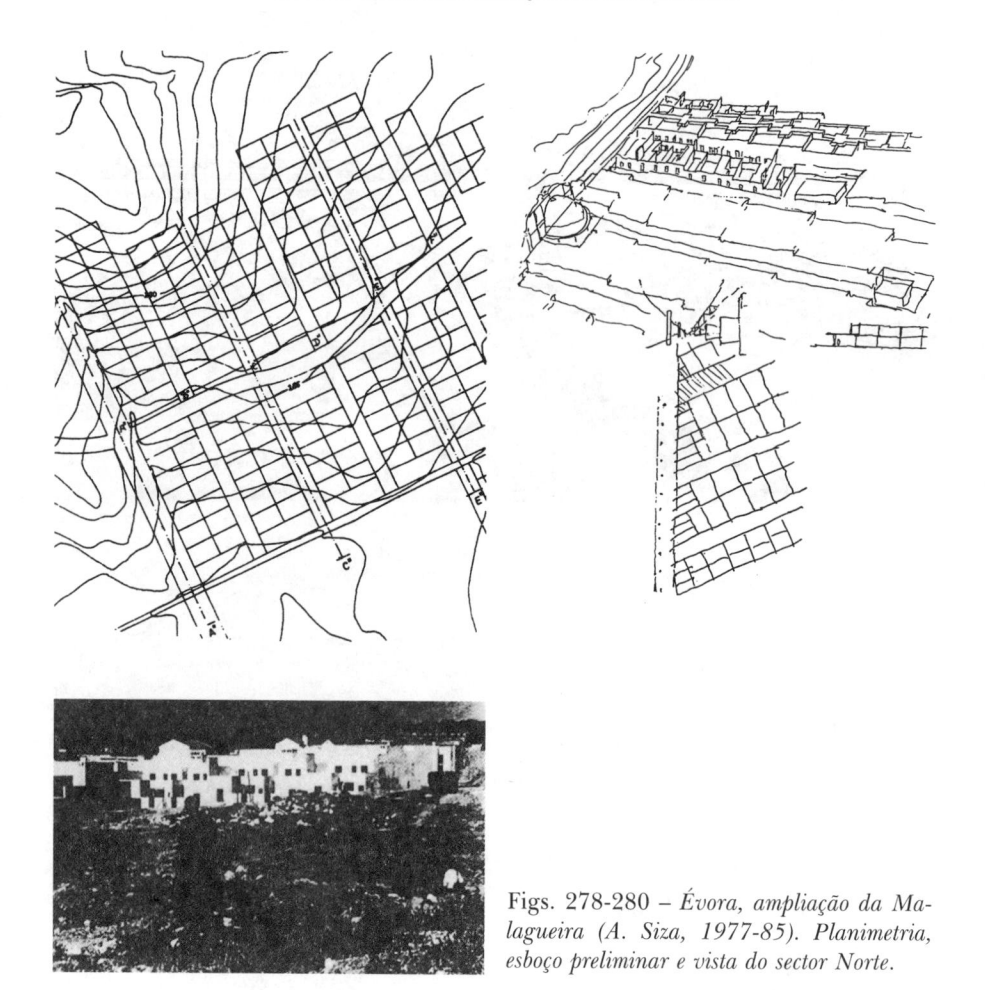

Figs. 278-280 – *Évora, ampliação da Malagueira (A. Siza, 1977-85). Planimetria, esboço preliminar e vista do sector Norte.*

1. A variedade do repertório formal, que utiliza um amplo leque de referências – desde a tradição «moderna» até aos movimentos que se lhe opuseram nos anos 70 e 80 e às fontes históricas onde foram beber – embora sem aceitar a limitação de qualquer sistema formalizado. Esta atitude observa-se, em pequena escala, na articulação global da casa que Van Eyck projectou para Amsterdão e, em grande escala, nos projectos paisagísticos da Gregotti Associati e de Roche-Kinkerloo. Ela produz quase uma colagem de motivos concorrentes nos últimos projectos de Stirling, mas ajuda a captar e a compor os elementos heterogéneos provenientes do material pré--existente quando o novo edifício é adicionado a uma paisagem já construída, mesmo numa escala de construção como a do parlamento australiano, inserido na primitiva composição de Griffin.

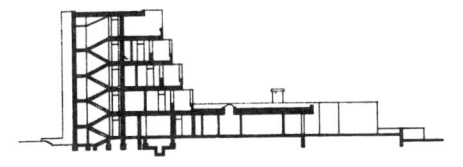

Figs. 281, 282 – *Pärm, casas em série para o empreendimento Pärm KEK (T. Rein, 1972-80).*

Figs.283, 284 – *Wakayama, casa Matsumoto e casa Fuku (T. Ando, 1978-80).*

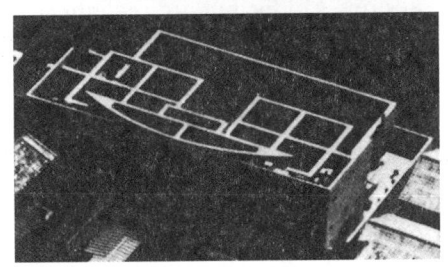

Pode-se falar neste caso de «ecletismo» e alguns dos protagonistas desta corrente aceitam de bom grado esta qualificação ([79]). Mas com maior rigor diríamos que esta combinação de elementos com diferentes origens vem colocar em evidência uma consequência duradoura da polémica estilística do final dos anos 70: não a predominância de um estilo sobre um outro (tornada impossível pela mobilidade do mercado onde este confronto tem lugar), mas antes a ampliação do repertório figurativo contemporâneo que, findas as polémicas dos primeiros três quartos do nosso século, engloba as geometrias antigas e modernas como partes de um inventário finalmente completo.

2. A procura de uma síntese adaptada à especificidade de cada situação e que não deixe escapar nenhuma característica nem nenhuma exigência do tema proposto. Esta atitude sem dúvida que enfraquece a continuidade da produção global e o itinerário de alguns dos arquitectos referidos parece tortuoso e imprevisível. Mas, pela primeira vez, esta descontinuidade não resulta de uma insuficiência do controlo exercido sobre cada situação mas sim da procura de um controlo rigoroso que muda de critérios e de instru-

---

([79]) Stirling, ao receber em 1980 a Gold Medal do RIBA, declara: «Sempre fui um arquitecto com uma ampla gama de interesses e talvez de tendências ecléticas»; e em 1981, ao receber o prémio Pritzker, acrescenta querer realizar no futuro «obras talvez mais ricas em memórias e associações, na progressiva evolução de uma arquitectura radicalmente moderna». Cf. *Venti progetti per il futuro del Lingotto*, cit., p. 210.

mentos conforme a situação a enfrentar. Os arquitectos parecem mais preocupados em aperfeiçoar a organização do local onde são chamados a actuar do que a sua biografia profissional, não hesitando em tudo recomeçar de novo se um novo tema assim o exige. Adiam para outro momento – ou deixam para os críticos, como faz Stirling, que se compraz em os surpreender e despistar – a tarefa de proceder a classificações e apreciações globais.

E neste aspecto contrastam vivamente com outros arquitectos, muitas vezes também bastante talentosos: os estruturalistas como Piano, Foster e Rogers; aqueles que aperfeiçoam um determinado repertório formal, como Rossi, Botta ou Ungers; aqueles que cruzam os repertórios para obter uma unidade complexa programada, tal como Venturi e Moore – arquitectos estes que são facilmente reconhecíveis e previsíveis (e também favoritos dos críticos, a quem facilitam o trabalho). Estes últimos dispendem um esforço menor e figuram melhor no mercado dos *mass media,* embora percam com facilidade o contacto com uma realidade que, ela própria, é hoje fragmentada, contraditória, variável.

3. O mínimo denominador metodológico que sustenta a variedade das abordagens e das experiências é o mesmo que foi defendido pelos melhores arquitectos modernos a partir dos anos 20: a fidelidade ao dado real, à *Sachlichkeit,* à qual se tem acesso através da razão e de um trabalho insistente. A situação transformou-se porque os resultados da paciente pesquisa dos 60 anos precedentes – submetidos à prova das situações e das necessidades concretas – foram desintegrados ou modificados de um modo inaceitável, já não formando um sistema homogéneo. Os princípios gerais desta herança não são já convincentes ([80]) e, deste modo, se se quer trabalhar para a mesma finalidade, torna-se necessário voltar à casuística, à resolução de casos concretos isolados, para só depois conseguir efectuar as sínteses por enquanto inacessíveis. Inversamente, as tentativas de apressar o processo e de formular de imediato as sínteses necessárias parecem destinadas, por enquanto, a transformarem-se em simulacros e a perder assim o contacto com a realidade, acabando por cair no campo superstrutural do mercado das imagens e das palavras.

* * *

([80]) Uma confirmação singular é dada pela *Carta da Arquitectura* do Solidarnosc, divulgada através do Festival d'Automne de 1981 em Paris. A arquitectura funcional é encarada como uma manifestação do totalitarismo moderno.

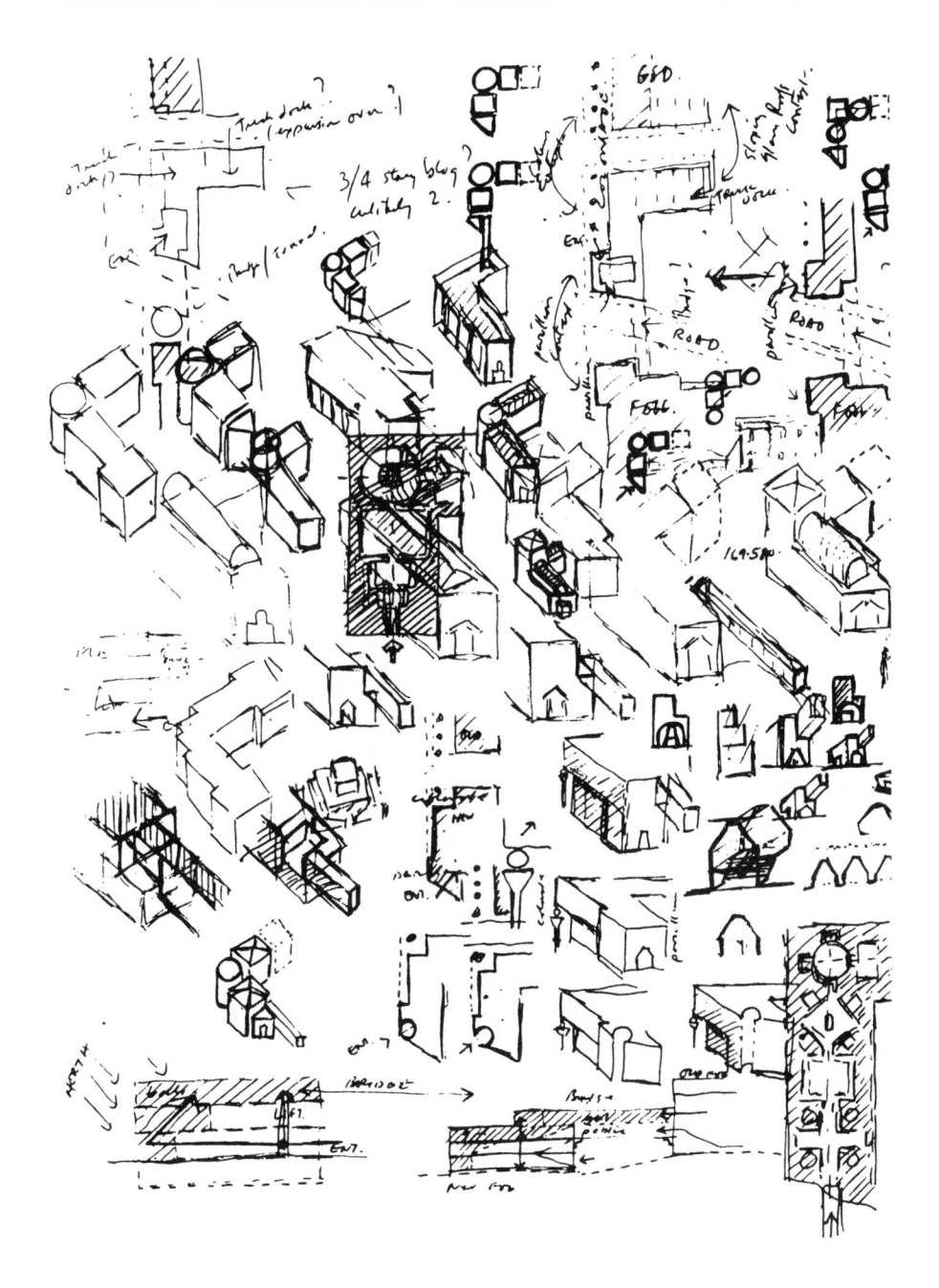

Fig. 285 – *Uma série de esboços preparatórios de Stirling e Wilford para a ampliação do Fogg Museum de Harvard.*

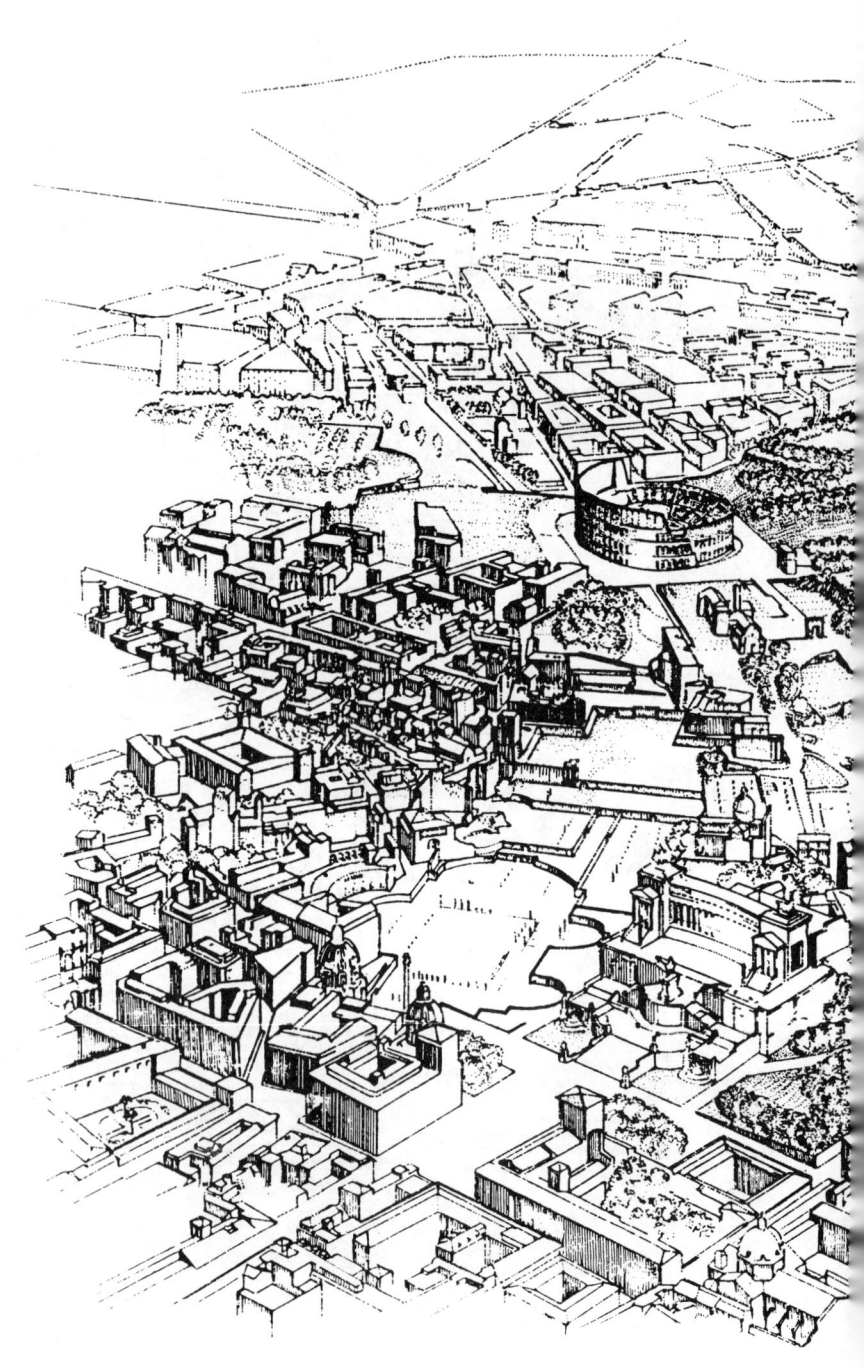

Fig. 286 – *Projecto para o arranjo da zona arqueológica de Roma* (*L. Benevolo, Gregotti Associati, V. Podestà, G. Zambrini*).

Fig. 287 – *O desastre dos nossos tempos ou a liberdade de organização espacial? Desenho de Le Corbusier.*

Em suma, a fronteira da vanguarda arquitectónica nos anos 80 parece ter sofrido uma rotação perpendicular em relação à dos anos 70, atravessando as várias tendências, que os críticos estão ainda ocupados em classificar ([81]), e distinguindo as experiências que se servem dos estilos como meio para resolver situações concretas daquelas que se servem das situações como uma oportunidade para elaborar os estilos. Os sistemas estilísticos perderam, ou estão em vias de perder, o valor de orientações culturais: a distinção significativa não é entre as arquitecturas que obedecem ou não obedecem a uma determinada regra formal – por exemplo, a simetria – mas entre aquelas que *devem* ser simétricas e aquelas que *podem* ser simétricas. Como aconteceu já tantas vezes, as transformações não resultam de ter que optar por uma das alternativas postas no passado, mas sim do facto de surgirem alternativas novas que venham ultrapassar as precedentes.

---

[81] Ainda em 1984, no IBA de Berlim, foi organizada uma grande exposição com o título *A aventura das ideias,* dividida em secções que classificam os arquitectos dos dois últimos séculos em nove categorias ideológicas: *Historicismo* (Fischer von Erlach, Pugin, Viollet le Duc, Wagner, Barlage, Venturi, Portoghesi); *Classicismo* (Boullée, Adam, Schinkel, Perret, Garnier, Loos, Mies, Rossi, Ungers, os Krier, Kleihues); *Romanticismo* (Piranesi, Gaudi, Saarinen, Scarpa, Van Eyck, Venturi, Graves, Hollein, Cook, Stirling); *Organicismo* (Laugier, Wright, Horta, Aalto, Scharoun); *Realismo* (Melnikov, Le Corbusier, Michelucci, Ridolfi, Quaroni, Aymonino); *Expressionismo* (Poelzig, Taut, Mendelsohn, Bloc, Goff, Dotzon, O'Gorman); *Tradicionalismo* (Muthesius, Tessenow, Böhm, Markelius, Gardella, os BBPR); *Positivismo* (Paxton, Eiffel, Candela, Nervi, Otto, Archigram, os SOM, Foster, Piano, Rogers); *Racionalismo* (Durand, Gropius, Stam, Neutra, Tange, Rudolph, Barragan, Roche, Ando, Gregotti). O insucesso da tentativa faz pensar que estas distinções estão definitivamente desacreditadas

UMA TENTATIVA DE BALANÇO

Uma discussão programática sobre a «arquitectura moderna», contraposta a uma arquitectura com um adjectivo diferente e que lhe seja anterior ou posterior, está presente em todo o processo descrito neste livro e não se esgotou de modo algum pelos textos publicados nos anos 80.

No entanto, desde os anos 60 que se impõe um confronto diferente, entre o conjunto dos programas e a realidade em que vivemos e, desde finais dos anos 70, a batalha programática desliza para o mundo do *entertainment*, onde se encontra cada vez mais condicionada por regras superstruturais autónomas. Por isso, e para tentar uma conclusão actualizada para a nossa obra, convém abandonar completamente os termos convencionais do discurso: não nos perguntarmos que fim teve a arquitectura moderna defendida ou combatida depois dos anos 20, antes que tipo de processo foi posto em movimento por ambas as solicitações (as propostas inovadoras e as resistências que se lhes opuseram). Dois terços de século depois da abertura que representou a Bauhaus, podemos agora caracterizar a arquitectura moderna em termos históricos como uma experiência real que se verificou em todos os países do mundo. O quadro resultante é bem diverso do programa inicial mas para todos os efeitos deve-se a partir de agora substituí-lo e tornar-se a base para uma avaliação concreta de qualquer nova proposta programática.

Para tentar uma apreciação histórica global torna-se necessário recordar as características do ciclo de experiências que começou em meados do século XIX e que se prolongaria – mesmo depois do surgimento de um modelo oposto – até aos nossos dias. Estas características são:

– Uma repartição do espaço urbano e territorial entre a administração pública e a propriedade privada. A administração detém uma parte menor – as faixas de terreno para as vias de comunicação, instalações e serviços – e fixa as normas legais para a utilização de todo o resto, deixando que os tempos, os locais e as formas das transformações efectivas (e os consequentes aumentos de valor) permaneçam nas mãos dos proprietários.

– Uma divisão em dois géneros do trabalho necessário para efectuar estas transformações – o técnico e o artístico – distintos na sua componente cultural, na sua prática didáctica e nas formalidades administrativas. Os dois operadores correspondentes – os técnicos e os artistas – encontram-se excluídos de uma verdadeira responsabilidade na construção do ambiente, sendo-lhes reservado um campo de decisões especiais, cuidadosamente circunscrito. Os técnicos definem a estrutura de uma construção já marcada, nas suas características essenciais, por um compromisso fundiário entre burocracia e propriedade. Os artistas decidem quanto às variantes da forma final, de modo a que estas resultem também compatíveis com o esquema distributivo e as estruturas que as suportam.

– Uma formulação do repertório formal (da qual resultam estes termos alternativos) que toma a designação de «ecletismo» e que inclui todos os modelos produzidos pelas várias épocas passadas e pelos vários países do mundo, embora restringindo tacitamente a sua aplicação aos âmbitos já referidos. É deste modo que a perspectiva, herdada da cultura do Renascimento e incorporada nos processos de divisão fundiária e de cálculo das estruturas, conserva um valor organizativo proeminente, sendo todas as outras linguagens históricas revistas em conformidade com ela (o classicismo difundido até hoje na elaboração de projectos urbanísticos e tecnológicos não é senão um vestígio persistente desta situação de privilégio). Esta utilização dos «estilos» históricos e geográficos vem quebrar a continuidade das tradições dominantes na Europa e nos outros países do mundo.

É importante constatar que esta gestão da paisagem construída não é um programa teórico traduzido na prática, mas sim o resultado histórico de várias tendências culturais e económicas, diversas e interagindo entre si. A divisão das tarefas e das vantagens entre a administração e a propriedade vem resolver uma antiga disputa entre uma hipótese completamente dirigista (a dos utópicos) e uma hipótese completamente liberal (defendida por Spencer e outros opositores das reformas higiénicas), voltando a deparar com os limites que haviam travado o novo impulso dirigista da direita iluminada, nas primeiras duas décadas da segunda metade do século XIX. Haussmann vence a polémica com Laffitte quanto ao abastecimento hídrico de Paris e o fornecimento de água potável fica a caber às «obras primárias de urbanização», da responsabilidade da administração pública; perde todavia a polémica com Baroche quanto à aquisição das áreas de construção ao longo das novas avenidas e o valor acrescido produzido pelas obras de urbanização continua a ser assegurado aos proprietários privados. A polarização das duas teorias do ambiente – a técnica e a artística – resulta da bifurcação da cultura renascentista nos séculos XVII e XVIII, encontrando-se já constituída, com todas as suas consequências a nível organizativo, na primeira fase da revolução industrial. O compromisso político que tem lugar em meados do século XIX vem restringir o espaço de manobra de ambos os sectores, favorecendo os posteriores desenvolvimentos de nível mais especializado, e constituindo um obstáculo para os laços organizativos. O ecletismo é, finalmente, o inesperado resultado da polémica entre os estilos totalizadores que se enfrentam na primeira metade do século XIX: quando surge um interesse dirigido para a estabilização destas alternativas (que tem um papel próprio no compromisso alcançado com a nova gestão urbana), desaparecem as pretensões exclusivistas dos defensores do neoclássico e do neogótico e a pluralidade das opções formais é considerada de um modo positivo como sendo a manifestação de uma liberdade superior.

A arquitectura moderna – que nasce após a Primeira Guerra Mundial – constitui uma proposta alternativa para a gestão da paisagem construída, tendo contribuído para uma melhor avaliação da gestão não-conservadora, embora não se preste ainda a um balanço final do mesmo tipo, não só porque se encontra demasiado próxima no tempo, mas também porque não foi ainda desafiada por urna nova alternativa com o mesmo alcance. A melhor maneira de a avaliar é ainda uma comparação com a gestão anterior que resulte na distinção das três características contrapostas que passamos a referir:

– Uma nova abordagem global no que se refere à elaboração de projectos para a construção do ambiente que recusa a distinção entre as duas abordagens tradicionais, a técnica e a artística. Utilizando a linguagem habitual, esta proposta foi descrita como a extensão do método científico ao campo da arquitectura ou como uma alternativa global (e, portanto, artisticamente controlada) ao mundo das formas visuais comuns. Os mestres da arquitectura moderna recusaram ser artistas ou técnicos no sentido tradicional, reivindicando um tipo de actuação diferente que combina a liberdade do artista com a objectividade e o tom prosaico do técnico.

– Um campo mais vasto de opções formais, não dependente dos modelos do passado e liberto da sujeição às regras da perspectiva. Para ele convergem as experiências das vanguardas pictóricas das primeiras duas décadas do nosso século, as quais encerram o ciclo da pintura tradicional e que fazem dela parte integrante da pesquisa arquitectónica tal como anteriormente a definimos. Nas declarações programáticas, o novo repertório era considerado como uma antítese do precedente. Mas a experiência da sua aplicação concreta na arquitectura e nas outras artes leva-nos a considerá-lo antes como uma ampliação que inclui tanto os modelos históricos como a perspectiva (recolocada neste contexto particular), apenas rejeitando a esquematização eclética destas referências. A maior amplitude resulta numa maior liberdade na elaboração de projectos para o novo ambiente, enquanto que a queda do formalismo eclético permite recuperar as relações com o passado, beneficiando simultaneamente a investigação histórica e projectual.

– Uma nova divisão de tarefas entre a administração pública e os operadores, articulada tanto no tempo como no espaço. Toda a área a ser transformada pertence à autoridade pública durante o processo de transformação; em seguida, os terrenos construídos são distribuídos pelos vários operadores públicos e privados, a um preço que permita a recuperação de todas as despesas efectuadas com a sua aquisição e equipamento. A completa disponibilidade do terreno durante um determinado período de tempo é a condição para poder materializar uma nova visão da cidade, cientificamente controlada e livremente imaginada, uma visão adaptada, portanto, às necessidades dos utentes. Este dispositivo surge em finais do século XIX no que se refere à construção resultante da iniciativa pública, sendo tomado como uma forma de corrigir parcialmente a gestão anterior e generalizando-se após a Primeira Guerra Mundial como método alternativo geral.

Se hoje voltarmos a ler um texto célebre e quase esquecido, a Declaração de La Sarraz de 1928, escrita durante a primeira reunião dos CIAM, somos impressionados pela mistura de afirmações sobre a correcção científica, a liberdade artística e a organização político-administrativa, elementos que na teoria tradicional deveriam permanecer separados. Mas é exactamente o afastamento temporal que nos permite situar este documento numa perspectiva histórica que torna esta mistura perfeitamente natural. Cada movimento dotado de uma significação histórica – o humanismo, o iluminismo, o romanticismo, ou mesmo o liberalismo e o socialismo – é uma construção complexa que engloba vários elementos não homogéneos segundo o ponto de vista do período anterior e que cria uma nova homogeneidade no período seguinte. A arquitectura moderna nasce do encontro de várias componentes – o progressivo desenvolvimento da investigação científica e tecnológica, a radicalização da investigação artística, o confronto de várias hipóteses de controlo do desenvolvimento urbano – que evoluíram separadamente no contexto da cultura do início do nosso século. A mudança decisiva dá-se com a descoberta de uma inesperada ligação entre estes elementos, ligação capaz de desbloquear as dificuldades sentidas pela gestão corrente da cidade e do território.

A novidade desta combinação emerge precocemente e com a maior clareza no comportamento humano dos mestres que surgem entre 1910 e 1920, Gropius, Le Corbusier e Mies van der Rohe. Estes começaram a trabalhar em diferentes papéis tradicionais (profissionais independentes ou inseridos nas instituições, professores, técnicos subalternos), mas no interior destes papéis foram cultivando novas propostas, transpondo os interlocutores previstos pelas instituições e dirigindo-se ao último destinatário na cadeia institucional, o homem como fruidor da arquitectura; propostas que, deste modo, mesmo colocando em discussão os papéis e as normas vigentes, eram razoáveis e compreensíveis para qualquer pessoa. Serviram-se, neste caso, do prestígio da apresentação artística para reforçar o tom do seu discurso persuasivo e não para conseguir uma momentânea adesão emocional. E criaram um estilo de trabalho que não havia sido visto desde o século XVI; uma combinação de poesia e de prosa, de audácia intelectual e de adesão à realidade que não tinha nem encontrou ainda uma colocação social precisa, do mesmo modo que a sua integração na sociedade permaneceu até ao fim incompleta, tal como havia sucedido com os humanistas do final da Idade Média.

A novidade da sua atitude ganha maior importância se se considerar que precisamente na mesma altura – o período entre as duas guerras mundiais – a sociedade deixa de estar «de pé atrás» em relação aos artistas de vanguarda, que começam a ser apreciados e muito bem pagos na condição da sua mensagem se restringir ao tempo de excepção do entretenimento e do tempo livre, ideia que o movimento moderno começava a corroer. Os próprios arquitectos modernos, tornados famosos, são solicitados de todas as maneiras a confundir-se com os «artistas». Mas a sua posição cultural introduz uma diferença que os distingue inevitavelmente dos pintores e dos escultores satisfeitos e integrados. Nas suas histórias privadas são identificáveis como funcionários públicos – Dudok, Van Eesteren, May –, como professores universitários – Gropius, Mies van der Rohe – ou como profissionais com poucos estudos – Le Corbusier, Aalto, o próprio Mies. Alguns deles cultivam uma relação colectiva de trabalho (temporária, como Le Corbusier e P. Jeanneret, ou definitiva como Brinkmann, Van der Vlugt, Van den Broek e Bakema) que nenhum pintor ou escultor seu contemporâneo aceitaria. Não ganham verbas comparáveis aos «artistas» e as diferenças de remuneração constituem uma medida historicamente esclarecedora da sua diferente colocação na nossa sociedade. Depois da morte de Le Corbusier, o seu amigo Claudius-Petit contava que ele – o mais importante arquitecto do nosso século – não vivia dos proventos da sua profissão mas sim dos direitos de autor dos seus livros. Os últimos dias de Le Corbusier em Cap Martin e de Picasso em Mougins demonstram claramente a diferença de estilos e de colocação histórica destas duas personalidades.

As duas enumerações que sintetizámos por pontos fornecem-nos um instrumento para avaliar a passagem deste programa à realidade concreta. Trata-se de determinar de que modo se efectuou a passagem entre os dois métodos de gestão da paisagem construída e, visto que ambos englobam vários factores, se esta passagem comporta vários estádios intermédios que se diferenciem através de diversas combinações entre os factores pertencentes a um e a outro, tal como acontece frequentemente na história.

Não se trata pois de comparar duas orientações, mas antes de medir em que grau os componentes de cada um marcaram a realidade, de modo a distinguir um terceiro objecto, diferente dos dois primeiros, a paisagem urbana e rural em que hoje vivemos.

Para não perder o contacto com a realidade, convém estabelecer como ponto de partida os modos concretos de agir, ou seja, reflectir sobre os factores favoráveis e os obstáculos que se deparam à prática da arquitectura. Trata-se de dar seguimento a uma reflexão que tem acompanhado lucidamente todo o processo da arquitectura moderna. Podemos tomar como marco uma carta de Le Corbusier datada de 6 de Outubro de 1953, que enuncia três regras de conduta para os arquitectos (curiosamente aplicáveis, com algumas variantes, a muitas outras actividades do mundo contemporâneo):

A primeira é esta: *«il faut se battre contre des moulins»* («é preciso lutar contra os moinhos»).

Na sua globalidade, o método de gestão tradicional é ainda largamente dominante. As alternativas propostas a partir dos anos 20 ficaram-se em grande parte pela utopia, tendo envelhecido no papel antes mesmo de terem sido verificadas na prática numa escala suficientemente grande. Distinguindo cada um dos aspectos: o controlo público das zonas de construção foi quase sempre aceite como uma excepção, inserida no tradicional compromisso entre administração pública e propriedade de modo a corrigir os seus efeitos menos toleráveis; o novo repertório de soluções funcionais e formais foi aplicado quase somente no âmbito de projectos caracterizados pelo método tradicional, isto é, na dimensão determinada pela repartição fundiária e dentro dos modelos de construção estereotipados que dela derivam. A pretensão de uma nova elaboração projectual integral, fora do dualismo entre ciência e arte, foi precocemente rejeitada como sendo uma aspiração esotérica dos artistas neoplásticos e os arquitectos modernos, que, para poder actuar, tiveram que se utilizar dos antigos papéis, procurando integrar neles as suas novas propostas. O resultado estatístico destas limitações, na maioria dos casos, foi a desintegração dos organismos construídos e dos ambientes urbanos tradicionais. A vastidão das opções possíveis, não fundada numa lógica de conjunto, desorientou arquitectos e construtores, levando à emergência de uma imensa panóplia de soluções distributivas pontuais, de pormenores improvisados e acabamentos incorrectos, tornando plausível, na mesma base, a necessidade de um regresso aos modelos formais precedentes.

Fig. 288 – *Uma carta de Le Corbusier datada de 6 de Outubro de 1953.*

Por sua vez, a permanência do interesse privado na valorização das áreas e a associação da indústria da construção com a especulação fundiária impedem uma selecção em grande escala dos produtos arquitectónicos, ainda que apenas em termos de conveniência económica. De facto, o volume de lucro especulativo nas transacções de propriedades é de tal modo elevado em relação ao volume do lucro empresarial na construção dos edifícios, que torna este último praticamente irrelevante: a construção torna-se sobretudo um expediente para rentabilizar o valor potencial de um terreno, pouco importando se a obra foi bem ou mal projectada e executada. O construtor tem em vista um outro objectivo e o utente deve apenas ser levado a ocupar de qualquer modo o edifício terminado. O arquitecto não é estranho a esta situação porque, ao aceitar um campo de trabalho tão delimitado, recebe em troca uma «liberdade» de invenção formal que não é controlada por ninguém e cujo reflexo nos custos é facilmente contido dentro dos limites do lucro fundiário. A discussão arquitectónica torna-se uma forma de confrontar os modos de preencher esta margem.

Nas obras de iniciativa pública e nos bairros construídos em zonas públicas decai o interesse pela valorização da propriedade. Mas se estas intervenções permanecem minoritárias e ocasionais, então sofrem a influência dos modelos e dos hábitos vigentes no resto do mercado e é inútil esperar que a sua qualidade venha a ser muito diferente.

Nos casos melhores, esses modelos e hábitos destacam-se como as peças mais consistentes de uma colagem de construções dispersas que constituem a maior parte da paisagem urbana nos países desenvolvidos.

No panorama mundial, o confronto entre o antigo e o novo método de gestão desemboca numa alternativa de mais graves consequências. As zonas povoadas pelo homem sofrem transformações cada vez mais intensas e rápidas que apenas podem ser submetidas a um padrão quando as inovações formam um sistema coerente. Onde, pelo contrário, a modernização é remetida para segundo plano mas o método e os interesses tradicionais resistiram às oposições, o organismo urbano cinde-se em duas partes: uma para as classes dominantes, onde são respeitadas as directivas dos projectos e dos planos de urbanização e uma outra para as classes desfavorecidas, onde tais regras não são observadas. Estes fenómenos, referidos na premissa à segunda parte deste livro, vêm colocar um dilema mais radical: trata-se então de reivindicar a ideia de controlo urbano e de construção desenvolvida nos países industrializados ou de contestar todo o aparelho normativo vigente para enxertar a investigação arquitectónica na espontaneidade da autoconstrução, tal como o tentou fazer Turner?

É impossível, após mais de meio século, considerar estas limitações como obstáculos secundários e superáveis: a «cidade moderna» realizada (ou seja, a cidade resultante da aplicação das propostas «modernas» à realidade concreta) é esta em que vivemos e ela é globalmente pior do que a precedente. As tradicionais regras burocráticas e de perspectiva – o alinhamento dos edifícios ao longo das ruas, as composições simétricas, as relações entre altura e largura nos espaços públicos – foram abandonadas sem que tenham sido substituídas por outras mais razoáveis. Por outro lado, o regresso a essas regras vem agravar as condições estruturais (a combinação de interesses entre burocracia, propriedade e «liberdade» artística) que, com a sua permanência, obrigaram a que focasse a meio caminho a transição entre os dois métodos e que, proliferando por todo o mundo, de imediato comprometem a integridade do organismo urbano.

E daí que a dimensão utópica, a amargura causada por aquilo que se não pode fazer e o estudo dos obstáculos insuperáveis ocupem – e devam continuar a ocupar – a maior parte da investigação contemporânea. Neste aspecto, a situação não se modificou muito desde o princípio do século: os moinhos continuam de pé depois de muitos assaltos, a submissão da arquitectura a normas encontra-se ainda distante e o cenário físico pertence à categoria dos valores sacrificados pelo «desenvolvimento» contemporâneo. Um observador imparcial como J. K. Galbraith procura explicar este falhanço no trigésimo capítulo da sua obra *New Industrial State* através de três causas: o primado da produtividade económica, uma ordem confinada à dimensão vertical da empresa mas assente na dimensão horizontal do território e o método como esta ordem é levada avante, mais através do trabalho colectivo do que do trabalho individual ([82]). Mas explicações tão gerais não resolvem o nosso problema específico: encontra-se ainda distante o momento em que as ordens da investigação científica e da criação artística, separadas desde o início do século XVII, poderão ser reconduzidas à raiz comum que as mais recentes pesquisas no campo da biologia nos deixam entrever. A arquitectura moderna tentou esta operação num momento menos propício, tendo em vista o longínquo objectivo enunciado por Mondrian em 1922: «A beleza realizada na vida: isto deve ser mais ou menos possível no futuro» ([83]). A pouca receptividade da época prejudicou os resultados concretos e a investigação em breve se encontrou «à beira do precipício», sem poder retroceder para enfrentar ordenadamente as dificuldades concretas.

É necessário mudar de objectivo ou de processos e instrumentos? Esta a questão que se nos coloca.

A segunda regra opõe-se à primeira: *«Il faut renverser Troie»* («é preciso conquistar Tróia»).

É necessário que cada nova proposta tenha sucesso em alguns casos, que faça prova das suas potencialidades no campo dos factos e não apenas no

([82]) Trad. ital., Turim, 1968, pp. 300
([83]) Cit. in O. Morisani, *L'astrattismo di Piet Mondrian*, Veneza, 1956, p. 131.

campo programático. Um sucesso parcial possibilita uma maior atracção do público utente (as pessoas acreditam nos factos e não nas teorias) e a posterior obtenção de um maior sucesso. A renovação da arquitectura exige não só intransigência como também astúcia e oportunismo para penetrar nas muralhas de Tróia.

Esta necessidade encontrava-se bem presente nos iniciadores da arquitectura moderna e explica a ânsia de um comprometimento, de aproveitar as oportunidades, de trabalhar para qualquer cliente que oferecesse espaço para novas teorias, mesmo para além dos limites da prudência.

Hoje, 60 anos depois, podemos efectuar uma apreciação global do conjunto dos resultados concretos, os quais formam um vasto património espalhado por todo o mundo.

Em alguns países europeus o processo de urbanização por meio da iniciativa pública desenvolveu-se e tornou-se maioritário antes ainda do início do movimento arquitectónico moderno (na Holanda ou na Suécia), simultaneamente a este movimento (na Alemanha de Weimar) ou imediatamente a seguir mas ainda a tempo de canalizar para o sector público a maior parte do desenvolvimento urbano do segundo pós-guerra (na Inglaterra). Neste país pôde a moderna arquitectura consolidar-se através de obras de dimensão considerável, libertas de vínculos de propriedade e ligadas entre si pela continuidade da intervenção pública. Os resultados iniciais puderam ser corrigidos e repetidamente aperfeiçoados através de aproximações sucessivas, ou seja, de um modo verdadeiramente científico: as várias exigências económicas, técnicas e formais puderam ser sintetizadas com sucesso mediante um oportuno equilíbrio entre contribuições individuais e colectivas. É assim que, entre os resultados desta nova cultura arquitectónico, podemos hoje contar com cidades inteiras: algumas *new towns* inglesas, algumas metrópoles como Amsterdão e Estocolmo e ainda uma «cidade mundial» como o Randstad holandês, com vários milhões de habitantes.

Em muitos outros países tal integração não chegou a ter lugar e as numerosas obras de menor impacto aí existentes – edifícios isolados ou bairros – apenas potencialmente denotam uma nova organização urbana de conjunto. Finalmente, o objectivo principal enunciado pelos programas teóricos – um «estilo internacional», ou seja, um sistema coerente de regras comparável ao da tradição eclética – falhou completamente. Uma selecção dos resultados à escala mundial – apenas entrevista nos repertórios estabelecidos nos anos 20 e 30, do primeiro Bauhausbuch ao livro de Roth – nunca foi tentada e até mesmo um local de confronto privilegiado como o CIAM foi desactivado em 1959. Reconhecia Gropius em 1964, pouco antes de morrer, que «a batalha pela unidade está quase completamente perdida» ([84]).

---

[84] «Civiltà delle macchine», Julho-Agosto de 1964, p. 18.

Foi este objectivo, conjugado com os recursos de um incomparável talento, que motivou a acção de Mies van der Rohe nos últimos dez anos da sua vida. A empresa que Gropius considerava colectivamente falhada – «a procura de soluções fundamentais, passíveis de desenvolvimento, crescimento e repetição» [85] – foi assumida pelo velho mestre como meta do seu trabalho individual e foi levada até ao ponto em que se extinguiram todas as marcas de individualidade sem que, no entanto, se visse diminuída a muito elevada qualidade dos resultados (referidos no Capítulo II da Primeira Parte). Os elementos da equação projectual – onde se abrigam as opções pessoais não comunicáveis – são reduzidos ao mínimo, ao mesmo tempo que se alarga o leque das combinações de conjunto e surge a possibilidade de uma pesquisa sem limites (tal como aquela que a partir de Palladio se difunde por todo o mundo durante dois séculos), transmissível do mestre para os seus alunos e continuadores. Em algumas obras – já terminadas ou iniciadas logo após a morte de Mies – não é possível fazer a distinção entre o que foi concebido pela mão do mestre e o que foi concebido por outros. Estas obras fundamentais que não são resultado de um trabalho individual têm vários precedentes no passado e talvez se venham a tornar essenciais no futuro. Presentemente, no entanto, continuam a ser casos isolados e pouco seguidos, também porque a polémica entre as tendências dos anos 70 e 80 classificou esta via como uma das variantes do novo ecletismo contemporâneo, o qual tentámos caracterizar no Capítulo III da Segunda Parte. Entretanto, são estas obras encaradas como o produto de um mesmo propósito: a cidade moderna imaginada desde há 150 anos como o oposto da paisagem desintegrada, sem significação e opaca que vem cobrindo a superfície da Terra, e entrevista por Baudelaire numa efémera imagem de 1861:

Je savourais dans mon tableau
l'enivrante monotonie
du metal, du marbre et de l'eau [86],

ou concebida e codificada pelos artistas do grupo neoplástico embora apenas na tela branca dos seus quadros. Este projecto que se quer intransigente não foi ainda completamente eliminado pelo curso da história, pois prossegue na zona central do Loop de Chicago, nas planícies de Detroit, nos espaços recuperados entre os arranha-céus de Toronto e de Montreal. O futuro dirá se estas obras pertencem a um ciclo já concluído ou se em si contêm as premissas para um novo relançamento.

---

[85] *Idem*, p. 18.
[86] *Rêve Parisien, vv.* 10-12: mas nos versos seguintes a imagem de novo se submete ao exotismo da cultura eclética da época.

Uma outra linha de investigação, pouco marcada mas sempre constante, reconhece ser a síntese impraticável e dedica-se à análise rigorosa dos casos particulares sem os tentar classificar e submeter previamente a normas: foi a via inteligentemente escolhida por Le Corbusier nos seus últimos anos e é a orientação comum partilhada por alguns dos melhores arquitectos dos anos 80 (referidos no final do Capítulo III da Segunda Parte) que abandonaram a eclética via apontada pela conclusão da polémica sobre as linguagens em finais dos anos 70. Estes arquitectos tomam consciência de que a cidade contemporânea já não pode ser modificada no seu conjunto, tentando mesmo assim resolver as suas múltiplas rutpuras, para tal se apoiando numa coerência mental – o «pensamento» do testamento de Corbu – que surge neste momento como o único elemento transmissível e subtraído ao consumo do mercado. Também esta atitude não oferece quaisquer garantias e não se sabe se a longa marcha através da cidade já construída conduz a algum lado ou se ela evolui sobre si mesma confirmando a tendência já existente. De qualquer modo, o desafio está lançado e algumas brechas abriram-se nas muralhas de Tróia, embora não suficientemente grandes para deixar passar um cavalo.

A terceira regra deixa de lado os resultados para incidir sobre o comportamento quotidiano: *«Il faut-être cheval de fiacre, tous les jours»* («é preciso ser cavalo de fiacre, todos os dias»).

Esta atitude, adoptada pelos pioneiros da arquitectura moderna em resposta à rigidez dos procedimentos e dos interesses consolidados, adquire um novo significado nas actuais condições da produção arquitectónica e do mercado das imagens, sendo o mais evidente elemento distintivo das experiências que seguem esta via.

Um movimento comum à maior parte das experiências que referimos como contrapondo-se ao «moderno» é o desejo de uma participação no tranquilo e opulento mercado da «arte» contemporânea. Dado este passo – ou seja, afastadas as responsabilidades concretas, que são remetidas uma vez mais para um outro sector e reconstituída a especificidade da «composição arquitectónica» no campo da recreação tudo o mais surge como sua consequência: abrem-se os canais paralelos do comércio de élite para as obras originais e do comércio de massa para as imagens reproduzidas, as quais precedem necessidades sociais e económicas em rápido crescimento. (Alguns arquitectos mostram-se indecisos entre vender os seus desenhos como instruções para uma construção ou como «obra de arte» para colocar na parede. Para os outros, o sucesso consiste na divulgação dos seus desenhos e de fotografias das suas obras em revistas, tendo em vista a sua publicação sob a forma de livro ou monografia: o processo simplifica-se se os colegas trocam de lugar para escreverem reciprocamente as monografias uns dos outros).

Este circuito vem acelerar as transformações. Cada tendência vive em função do seu sucesso junto do público e quando o interesse diminui deve ser substituída por uma diferente tendência, sendo que a própria escolha da designação exige uma permanente discussão (as diversas etiquetas propostas nos últimos anos – «pós-moderno», «pós-industrial», «supermannerism», «modern classicism» – são consideradas desactualizadas pelos seus promotores logo ao fim de poucos anos). A perda de actualidade é, no entanto, compensada por uma colocação no Panteão da história e esta consagração é muitas vezes exigida antecipadamente. As revistas sobre arquitectura contemporânea encontram-se repletas de referências (sumárias e diletantes) aos monumentos do passado e as apresentações feitas aos novos projectos ou realizações contêm oportunas alusões ao passado, as quais servirão em seguida para facilitar a sua conservação e posterior consumo.

A «ideia da arquitectura como trabalho» [87] conduz a um campo completamente diferente onde as variáveis a ter em consideração são muito mais numerosas e problemáticas: todas aquelas, afinal, que concorrem para a composição do cenário construído em que vivem as pessoas. O arquitecto não pode ter a pretensão de as coordenar de um lugar superior – especialmente na falta de uma metodologia de intervenção universalmente aceite – mas pode integrar-se do modo mais simples com outros especialistas empenhados na constituição desse cenário: os técnicos de cada sector, administradores, juristas, etc. E deve trazer para este encontro não uma mensagem superior mas sim uma liberdade de espírito que lhe permita determinar quais as mudanças necessárias às pessoas, e que lhe possibilite uma base suficientemente ampla para fundamentar as opções colectivas.

Graças a esta atitude, podemos esperar que a longo prazo se dê uma desdramatização das opções arquitectónicas, um esfriamento das polémicas e uma aproximação da arquitectura relativamente às actividades, próprias da vida individual e social, que complementam as construções do mundo moderno. Um edifício difere dos outros devido a algumas diferenças importantes mas que podem ser medidas: ele é tecnicamente mais simples do que um computador ou navio, mas cumpre uma função mais complexa e mais duradoura no tempo – circunstâncias que autorizam procedimentos diferentes mas não de naturezas tão diversas como o são os actuais.

A ideia de harmonia não deve ser abandonada mas sim integrada na actividade quotidiana, tal como a gentileza e o bom humor no decurso de um duro trabalho. A organização cultural que exclui a beleza da vida quotidiana é a mesma que a cultiva num campo separado, transformando-a

---

[87] V. Gregotti, *Modificazione*, in «Casabella», n.° 498-499, Janeiro/Fevereiro de 1984, p. 7.

numa experiência limitada e excepcional. Tendo em consideração esta alternativa, a batalha iniciada na segunda década do nosso século prossegue ainda e de modo algum se encontra decidida.

ÍNDICE